重陽文存

明度题

史论与史评

金普森 著

ZHEJIANG UNIVERSITY PRESS
浙江大学出版社
·杭州·

目　录

1

《浙江通史》总论

　　浙江地处中国东南沿海，素称"鱼米之乡""文物之邦"，文明昌盛，历史悠久。早在距今45万年前的中更新世，地处浙北的安吉就已有远古人类活动的踪迹，掀开了浙江历史的序幕。在距今约10万年前的旧石器时代中晚期，原始人群"建德人"已生活在浙西山地。从新石器时代灿烂的河姆渡文化算起，浙江的历史也已经有7000年时间了。

　　我们这部12卷的《浙江通史》，将向读者全面叙述自旧石器时代的"建德人"以来，特别是从河姆渡文化到中华人民共和国建立这一历史长时段的浙江历史和文明。在这篇《总论》里，我们试从中国大历史的视角，讨论7000年浙江历史发展和演进的特点，区域社会和区域文化的变迁，浙江文明在中华文明史上的地位；从历史编纂学的角度，简要地叙述浙江史与区域史研究的学术意义，编撰这样一部鸿篇巨著的地方通史的学术价值和意义；以及《浙江通史》的编撰思路和编纂的方法。

一、浙江7000年：族群、文化与区域变迁

　　区域，现代汉语又称地域。从这一概念的学术意义看，不同学科的学者都可以根据各自的研究取向，从地理学、经济学、文化学、行政学等不同的维度、不同的层面，来划分和界定区域的内涵及其

空间范围。历史学视野中的区域社会,一般来说,是从地理学、文化学和行政学等诸多层面,综合考虑若干种相关要素,即以地理环境、民族、文化、语言、行政区划等方面的特征为依据,来划分和界定区域社会的。按照我们的理解,区域社会就是建立在一定的地理条件基础上的、具有其独特文化和风土民情特征的、相对独立的地域性社会体系。因此,每个区域社会都具有自成系统的、相对区别于其他区域的文化、语言、风俗、经济和政治的结构,以及建立在上述结构基础之上的区域的共同传统。

"浙江"这个地名的内涵,同样具有地理学、行政学和区域社会学等诸多层面的意义。从地理学的维度,浙江既是水系之名,又是地方政区之名。作为水名之浙江,即钱塘江,其地域范围涵盖整个钱塘江及其上游的新安江流域;作为政区名之浙江,唐代开始设置浙江东道、浙江西道两大方镇,浙江东道领有越、衢、婺、温、台、明、处7州,浙江西道辖境相当于今江苏长江以南、茅山以东及浙江新安江以北地区。浙江成为一个省级行政区,始于元明之际,即公元1366年,朱元璋攻占杭州设置浙江等处行中书省,简称浙江行省。从此,浙江作为一个省级政区,其辖境大致相沿至今。现代的浙江,是中国的一个省、一个地方行政区,浙江省是现今中国34个省、自治区、直辖市、特别行政区中的一个省级行政区,其地理空间涵盖了钱塘江流域及其周边的瓯江、椒江和姚江、甬江等流域。从区域社会学的维度,作为中国的一个省,浙江是中国的一个区域社会,一个在地理环境、社会经济、文化和风土人情方面均极有特色的区域社会,浙江史也就是中国一个特定区域的历史。

浙江作为一个省级地方行政区,历史短暂,不过630多年。但是,浙江大地作为中国的一个区域社会或中华文明的一个地方区系,早在浙江建省以前就已经存在,并在数千年间发展出了独具地域特征的社会、经济和文化。区域社会和区域史意义上的浙江,其时空跨度均大大超越了政区意义上的浙江。我们这部《浙江通史》，从编纂思路的酝酿之初，就着眼于把浙江史作为中国大历史的一个地域区系，把浙江文化视为中华文明的一个区域性的亚文化系统，从区域社会、区域文化的角度切入和立论，而不仅仅是编写一部省史。

从文明的民族性或区域间文化和风土民情的差异性加以审视，"建德人"以来的浙江历史至少可以划分为四大段：第一段为旧石器时代，旧石器时代中国的区域差异及其特征，因年代远古至今不得其详。第二段为新石器时代，即从河姆渡文化到良渚文化末期，河姆渡文化、良渚文化的居民主体到底是属于哪一个种族，至今学术界虽还有争论，但他们与中国北方地区族群人种的差异是确定无疑的，我们姑称之为"先越人"。第三段为历史上的夏商周春秋战国时代，吴国、越国之民，文献中称"越人"，越人与南方的"百越"很可能属于同一个族类，而与中原的华夏族则显然是两个不同的族类。第四段为秦汉以降，从秦始皇、汉武帝时代的强制移民，到"永嘉之乱""安史之乱""靖康之乱"时的汉人南迁，随着北方华夏族即汉族的不断迁入，以及土著越人的不断汉化，在历史的互动中融合而成浙江大地上的主体民族——汉族。关于浙江这一区域社会里发生的民族、文明和文化的变迁史，让我们从新石器时代开始逐一叙述吧。

（一）文化圈理论、九州制与吴越文化区的形成

新石器时代，即距今约 1 万年到 5000 年间，中国各地的新石器文化已然自成体系、各具特色。考古学家苏秉琦根据对各地新石器文化遗址的层位关系和出土器物的类型学分析，将中国新石器时代文化划分为六大考古文化区系，即：以关中、豫西、晋南为中心的中原文化区，以山东为中心的东方（或称海岱）文化区，以环洞

庭湖与四川盆地为中心的西南文化区,长江下游以太湖为中心的东南文化区,以鄱阳湖到珠江三角洲一线为中轴的南方文化区,以及燕山南北、长城地带的北方文化区。① 按照这一划分,新石器时代的浙江,分属于东南和南方两大文化区:浙北地区的河姆渡文化、马家浜文化均属于长江下游以太湖为中心的东南文化区,而浙南的相当一部分区域,则应当划入南方文化区。新石器时代的浙江人,即河姆渡文化、马家浜文化和良渚文化的主体居民,从人种学的角度看,河姆渡人的某些方面既具有蒙古人种的特征,又明显与现代赤道人种即现代澳大利亚-尼格罗人种特征更加相似。② 至于良渚人,其属性至今还像那个时代一样,充满着神秘的色彩。

进入有文字记载的历史时代以后,在迄今最古的典籍和史书里,夏、商、周时期的中国被称为"九州"。根据传统史家的说法,夏朝开国君主大禹建国之后,把他所统治的疆域划为"九州",分别称为冀州、兖州、青州、徐州、扬州、荆州、豫州、梁州和雍州。《尚书·禹贡》在划定"九州"分野的同时,逐一记述了各州的土地、物产、贡赋的等级,以及各地的风土人情。现今的浙江,那时属于扬州,境内的会稽(今绍兴境内),为大禹治水的中心地区,属于中华文化播及之地、文化开化之土。

春秋战国时期,即公元前770年至前221年期间,周王室的政治权威衰落,王纲解纽,诸侯力征,前有齐、晋、秦、楚、吴、越争霸,后有"战国七雄"变法称雄,传统的以"九州"制为标志的地域分野从此被彻底打破。现代的学者,往往以列国为依据,把这一段的中国划分为若干文化区,如晋文化、秦文化、楚文化、齐文化、燕文化、

---

① 苏秉琦:《关于考古学文化的区系类型问题》,《文物》1981年第5期;《重建中国古史的远古时代》,《史学史研究》1991年第3期。

② 潘其风、韩康信:《中国新石器时代居民的体质特征》,《中国大百科全书》(考古卷),中国大百科全书出版社1986年版,第711页。

吴越文化、百越文化,等等。在列国并起的春秋战国时代,浙江大地钱塘江以北的大部分地区,在吴国强盛时大部分为吴国控制;钱塘江以北的一部分和南岸的大部分地区,则为越国的疆土。越国灭吴后控有整个吴、越之地。至于现在的浙南地区,则与现福建省同属一个文化区,其居民均属百越族,分别建有两个王国,浙南的称作"瓯越",闽北的称作"闽越"。瓯越与闽越,族系一致,文化相同,司马迁的《史记》将其合并记述,为《东越列传》。

因此,一般学者习惯于把春秋战国时浙江的大部划归吴越文化区。从更宽泛的意义上,先秦时期的浙江又可划入百越文化区。创造吴越文化的吴人和越人,吴国的王室为西北周人的后裔,一般民众则为南方土著。至于越人,从越王句践到黎庶百姓,还有更南边的瓯越,在中原人看来,都是些讲"鸟语"(越语)、"断发文身",大不同于中原华夏族的南蛮人种。从人种和血统方面看,迄今还没有什么证据可以证明吴人、越人的族属与良渚文化居民之间存在渊源关系,倒是有更多的田野考古资料显示其与南方的"百越"具有密切的关系。

(二)大一统、郡县制与边缘化的地域社会

公元前 221 年,秦始皇统一中国,分天下为三十六郡,在原吴、越两国之地设置了会稽郡,浙江大地从此纳入中华大一统王朝的治理之下,在此之前,楚国早在公元前 333 年已经大败越国,楚人从西向东、从北向南逐渐占领了故吴之地,而越国则日渐衰落,终于在公元前 222 年为秦国所灭。秦朝在故吴、越之地设立会稽郡,辖境辽阔,相当于现在江苏省长江以南,浙江省仙霞岭、牛头山、天台山以北,安徽省水阳江流域以东和新安江、率水流域之地。天台山以南现今浙南的温州、台州及丽水的一部分地区,即战国时的瓯越国之地,则与闽越国(现福建省境)合并设置了闽中郡。汉沿秦

治,但会稽郡的辖区范围一度扩大,南部拓展到福建全省,治所也从吴县(今苏州)迁移到山阴(今绍兴)。

秦、汉大一统王朝在故吴、越之地设郡县统治的同时,还以武力为后盾,通过强制土著向内地移民,彻底改变了浙江的人种结构。公元前210年,秦始皇南巡会稽,一方面把土著越人强行迁往已经华夏化的故吴地,另一方面又把华夏人迁入越地,初步改变了浙江的人种结构。西汉武帝时期,东瓯与闽越交战,归附汉朝的东瓯王率众4万多人迁徙庐江郡(今安徽省西南部地区)。汉武帝先是听任东瓯故地为降汉的闽越人所占,随后便将这部分闽越、东瓯之民强行迁居到内地的江淮之间,东瓯国从此不复存在。原来生活在浙江土地上的土著越人,纷纷逃往山区,是为"山越"。中原内地的汉人于是"乘虚而入",他们最初占有平原地区,继而向山区拓展。因此,从秦始皇南巡会稽强制进行大规模移民,到汉武帝的武力消灭东瓯国,浙江大地在这短短的100多年里,从种族、语言到文化,发生了一次具有划时代意义的全面的结构性转型。

从秦汉到隋唐宋元时期,大一统王朝在历史上的大部分时间对中国疆土实行着相当有效的政治控制。先秦时期一系列土生土长、文化特色分明的区域文化,在同一种政治制度、同一个儒家文化的模式熏陶之下,逐渐向统一的中华文明融汇趋同。此后的浙江地域社会,虽然在经济和文化上依然保持着自身的地域特色,但这种地域特色或差异,是同质文明和同质文化中的风土民情差异,与先秦时期那种文明文化的民族性差异,显然不能同日而语。

以汉代的地区差异而言,司马迁的《史记·货殖列传》、班固的《汉书·地理志》曾经分别作过经济和文化上的划分。司马迁把西汉疆土划分为若干个经济和文化独具特色的区域,如关中、巴蜀、三河(河东、河内、河南)、燕赵、齐鲁、楚越,楚越之地又分西楚、东楚、南楚。浙江(钱塘江)以北为东楚,以南为越地。越地"东有海

盐之饶,章山之铜,三江、五湖之利,亦江东一都会也"。^① 从经济
的角度看各地的区域特色:"楚越之地,地广人稀,饭稻羹鱼,或火
耕而水耨,果隋蠃蛤,不待贾而足,地势饶食,无饥馑之患,以故呰
窳偷生,无积聚而多贫。是故江、淮以南,无冻饿之人,亦无千金之
家。沂、泗水以北,宜五谷桑麻六畜,地小人众,数被水旱之害,民
好畜藏,故秦、夏、梁、鲁好农而重民。三河、宛、陈亦然,加以商贾。
齐、赵设智巧,仰机利。燕、代田畜而事蚕。"^②东汉时全国划为 13
个行政区,除关中、洛阳两京之地外,为豫州、冀州、兖州、徐州、青
州、荆州、扬州、益州、凉州、并州、幽州和交州。现今浙江之地属扬
州,扬州辖六郡,其境约相当于今江苏南部、安徽大部,以及江西、
浙江和福建等省的全部。秦汉两朝的政治、经济和文化中心都在
中原地区,浙江与江南其他地区一样,因楚、越的灭亡和秦汉一统
而沦为边缘化的区域。

(三)从边缘区域到全国重心区域的轮替与位移

这种边缘化的地位,到三国时因东吴立国东南而发生转机。
随着大一统政治格局的瓦解和三国鼎立的政治格局的形成,三个
区域性的政治中心相继在中原、巴蜀和东南地区崛起,并自然地成
为三大区域性的经济中心和文化中心。三国以后的南北朝时期,
以淮河—秦岭为分界线,南北两地的文明在政治对峙中相对独立
地发展,并且在经济、文化上形成了特色鲜明的区域差异。隋唐以
后,这种区域性的特色或差异不仅没有随着政治大一统格局的重
新确立而消失,反而在政治统一、社会稳定所提供的社会经济和地
方文化的发展平台上发展得越来越鲜明突出。从地理和经济等方

---

① 司马迁:《史记·货殖列传》,中华书局 1982 年版,第 10 册,第 3267 页。
② 司马迁:《史记·货殖列传》,第 10 册,第 3270 页。

面的特点着眼,唐人心目中的国家大抵划为三大区域:一为中原或北方地区,一为巴蜀地区,一为江南地区,江南地区包括长江中下游地区及其以南的所有南方地区。出于行政的需要,唐朝又把全国划为十道:关内道、河南道、河北道、河东道、陇右道、山南道、剑南道、淮南道、江南道和岭南道。宋代的地方行政区划,以"路"取代唐朝的"道",但唐代以淮河—秦岭为界线的三大地理和经济上的区域性板块划分,依然沿袭而没有发生实质性改变,只是唐人将中原北方、巴蜀之外的地区统称为"江南",而宋人则更准确地界定为"东南"。

五代十国时,十多个小王朝相继并存于南北各地。吴越王钱镠割据东南,建立吴越国,拥有现今浙江全省和江苏的一部分地区。浙江之地成了一个政治、经济和文化上都相对独立的小王国。因此,吴越之地作为一个地域社会,其区域的空间界限十分清楚。五代十国时吴越国这样一种独立的地域社会的历史,因北宋重新统一全国而结束;吴越国立国以后形成的空间界线,也随着吴越王向宋太祖的纳土称臣而消失,又回归到大一统王朝治下。

秦汉魏晋南北朝以降,现今浙江之地从政区归属看,一直与现江苏南部、安徽南部、江西东部和福建省联系在一起,分分合合,互为统属,特别是现浙江省境与外省交界地区的一些府县,在历史上一直归属于不同的地方政区。西汉时,浙江分属于丹阳郡和会稽郡。东汉永建四年(129),以钱塘江为界,会稽郡一分为二,东为会稽郡,西为吴郡。现今浙江全境于是分属于丹阳、吴和会稽三郡。到三国吴时,会稽郡又一分为四,分别称作会稽、东阳、临海、建安。后又分临海之一部置永嘉郡。从三国到东晋,会稽、东阳、新安、临海、永嘉并称浙江东五郡。隋唐时地方上实行州(郡)、县二级政区制,现今浙江省区域范围分属于苏州、杭州、湖州、睦州、越州、婺州、衢州、处州、温州、台州和明州等11州。后来又在州之上设置了一级政区,叫作"道"。到唐代后期确立了道、州、县三级行政区划,现今浙江各县分属于浙江西道、浙江东道。

两宋的地方行政区划分为路、府、县三级,以路统州领县,浙江的大部在北宋时属于两浙路,在南宋时分属于两浙东路、两浙西路。当然,随着南宋定都临安,两浙路成了偏安东南的宋朝王畿之地,浙江大地于是从秦汉以来的边缘地带重新崛起,变成了全国的政治、经济和文化的中心区域。

(四)浙江设省与浙江地域社会的定型

浙江作为一个相对独立的地域社会,是在明代时最终确立的。元代的地方行政体制,以行省为一级政区,统辖路、府、州、县。现今浙江之地属于江浙行省的一小部分。当时的江浙行省共辖 30 个路、1 个府、28 个州、143 个县,其范围包括现今上海、苏南、皖南和浙江、福建两省全境。以杭州为省城的江浙行省的设置,为浙江独立设省奠定了基础。

朱元璋率军攻占杭州后设置浙江等处行中书省(简称浙江行省)。明朝建国后,行省改称"承宣布政使司",浙江布政使司作为天下 13 个布政使司之一,统辖杭州、严州、湖州、嘉兴、绍兴、宁波、台州、温州、处州、金华、衢州等 11 府。浙江大地以往分属于不同地方政治权力中心统辖的各府、州、县,历史上形成的一个个风土民情各具特色的亚地域文化,从明代起同处于一个行省官署的管辖制控之下,开始了汇聚、整合和融会贯通的进程,并随着专制政治权力以杭州为中心向整个省境不断辐射,逐渐发展成为大一统王朝治下的一个相对独立的地域社会,中华文化大传统下的一个具有鲜明地方特色的区域文化范型,即今人所谓浙江社会、浙江文化区。

但是,自秦代纳入大一统王朝的版图以来,浙江大地毕竟一直归属于两个以上的地方政府(历史上分别称作郡、道、路)管辖统治。浙北地区的杭嘉湖平原、钱塘江南岸的宁绍平原、钱塘江上游的新安江流域、浙中的金衢盆地,以及浙南的瓯江流域地区,由于自然地理环境的差异,以及受到各个地方政治权力中心的影响,历史上已经形成了一个个方言不同、风土人情各异的亚地域文化系统。明代在浙江设省以后,境内各地方文化在政治权力的整合下逐渐发展成为一个全国性的具有特色的地域文化范型,同时,由于自然地理环境差异和文化传统自身的稳定性,历史上的浙东与浙西,以及浙东的宁绍、金衢和台温处之间,在社会、经济和文化上依然保持着固有的地方特色。

这种人类学家称作"大传统"中的"小传统"的地域社会内部的文化差异,可谓自古已然。明代浙江籍的人文地理学家王士性,曾以生动的语言描述了浙江省境内风土民情的地方特色:"杭、嘉、湖平原水乡,是为泽国之民;金、衢、严、处丘陵险阻,是为山谷之民;宁、绍、台、温连山大海,是为海滨之民。三民各自为俗,泽国之民,舟楫为居,百货所聚,闾阎易于富贵,俗尚奢侈,缙绅气势大而众庶小;山谷之民,石气所钟,猛烈鸷愎,轻犯刑法,喜习俭素,然豪民颇负气,聚党与而傲缙绅;海滨之民,餐风宿水,百死一生,以有海利为生不甚穷,以不通商贩不甚富,闾阎与缙绅相安,官民得贵贱之中,俗尚居奢俭之半。"①按照我们的理解,明代浙江实际上可以划分为四个具有相对稳定性的亚文化区域,即钱塘江以北至太湖边的杭嘉湖平原地区,钱塘江以东的宁绍平原地区,浙东沿海一带椒江和瓯江流域的台、温滨海地区,以及包括浙中的金衢盆地及其相邻的严州、处州等地的丘陵山区。在浙江这个地域社会里,地区之间风土人情各异,杭嘉湖平原地区、宁绍平原地区、温台沿海地区、

① 王士性:《广志绎》卷四,中华书局1981年版,第68页。

金衢盆地等各地域社会内部又有数个亚地域社会共存共荣,从明、清、民国一直延续到现在。

7000年浙江的历史、文明和文化,就是在这样一种地域社会的离合变迁、"大传统"与"小社会"交互作用的时空背景中萌生、发展、繁荣和昌盛起来的。

二、浙江在中国文明史上的地位

"文明"一词,是英语 civilization 的汉译。在西方学术界,"文明"是一个兼具历史性、连续性和地域性的综合概念。国内学术界,特别是在历史学和考古学界,大多是从"文明是人类社会发展的历史阶段"这一定义,来使用"文明"的概念和术语的。在此意义上,中国有 5000 年的文明史,中华文明是与美索不达米亚文明、埃及文明、印度文明、爱琴海文明和玛雅文明并列的六大文明之一,并且是世界文明史上唯一延续至今、从未中断的古代文明。

中华文明是中国各族人民共同创造的。从长城漠北到岭南交趾,从黄河两岸到长江流域,从东部沿海到青藏高原,我国境内各个区域都以其独具特色的地域文化,如江河入海、九九归一,汇聚陶铸出了博大精深、辉煌灿烂的中华文明。从河姆渡文化、良渚文化到当代以民营经济为主体的工业文明,浙江人以其如火山喷射般的生命力和创造力,浙江文化和浙江文明以其独特的地域特色,为中国文明的发展繁荣和昌盛作出了巨大贡献。《浙江通史》需要回答的问题是:浙江 7000 年历史具有哪些特点? 历史上的浙江人为中华文明作出了哪些贡献? 我们认为,历史上的浙江,至少有六个时期在政治、经济、文化的发展中位居全国前列或在全国处于领先地位。这六个时期分别是:河姆渡文化时代,良渚文化时代,吴越争霸时期,定都杭州的南宋时期,明清时期,以及民国以来的工业文明时代。让我们从农业革命发生的远古时代谈起。

(一)河姆渡文化:改写了长江流域的历史和中国的史前史

中国的农业革命发轫于距今 1 万年前后。到距今七八千年前后,黄河、长江流域一系列新石器时代聚落的先民们初步完成了由采食经济向产食经济的过渡。在黄河流域,磁山文化、裴李岗文化和大地湾文化时期,出现了许多长久和稳固的农业定居点(村落),这些村落社会的居民,凭借石铲、石镰之类农具,从事锄耕为主的旱地农业,种植粟、黍等谷物,并且饲养猪、狗、鸡等畜禽。在长江流域,以江汉平原为中心,涵盖现今湖北全境、湖南北部和江西西部一带的长江中游地区,在距今约八九千年前后的彭头山文化、城背溪文化的聚落里,先民们凭借石铲等原始工具,在江岸、河畔和湖边种植水稻,饲养猪、狗和水牛。长江下游三角洲地区环杭州湾一带现浙江省境内的河姆渡文化,以及年代稍早的跨湖桥遗址和稍后的马家浜文化,与上述黄河、长江流域的新石器时代早期文化相比,从时间上看虽然要晚一点,但是,河姆渡文化以其在社会、经济和文化方面达到的发展高度,在我们的祖先实现从采食经济向产食经济转型的生存竞争中脱颖而出,后来居上。

河姆渡文化主要分布在环杭州湾周边地带的宁绍平原地区,距今约 7000 年至 6000 年间。生活在河姆渡文化聚落中的先民们,在水乡泽国的沼泽地里,凭借石锛、骨耜、木耜等农业工具,种植水稻。在河姆渡遗址第四层,出土了大片人工栽培稻的遗存,稻谷、稻壳、稻秆和稻叶的堆积层,最厚处达 1 米以上。经考古专家估算,当时遗址中稻谷的总量多达 120 吨以上,是迄今为止世界上发现的最丰富的史前稻作农业的遗存。河姆渡文化的居民饲养猪狗,捕鱼捞虾,发明和建造起大规模的干栏式建筑,遮风挡雨,避寒驱湿。他们掌握了原始的纺织技术,发明了独木舟和船桨,还制造陶器,挖掘水井,改善饮用水的质量,并且造出了迄今世界上最早的木质漆碗。河姆渡时代浙江人的精神世界也同样令人瞩目,遗址里出土了几件以双鸟与日月同体为母题的骨雕艺术品,其中一件象牙雕刻图案,上刻两只左右对称、向上飞舞的神鸟,拱着一轮红日。这件精美的艺术品向我们展示的,是远古时代浙江先民中流传的鸟日同体神话。河姆渡遗址和河姆渡文化的发现,从根本上改写了长江流域的历史和中国的史前史。

(二)良渚文化:中华文明的起源之一

新石器时代的良渚文化是继河姆渡文化之后浙江历史发展的第二次高潮。良渚文化距今约 5300 年至 4000 年间,其聚落遗址的分布空间以太湖流域为中心,涵盖现江苏省的长江以南地区、上海市和浙江省的北部地区。其影响所及,北跨黄河流域,西入两湖江汉流域,南及现江西、福建、广东诸省。

良渚文化时期是中国历史上的一个重大转折期,是中华文明和国家从萌生到崛起的伟大历史时代。在当时的东亚大陆,与良渚文化并存的有中原黄河流域从仰韶文化和大汶口文化发展过来的龙山文化,东北辽河流域的红山文化,长江中游江汉平原从大溪文化发展而来的屈家岭文化,等等。中原地区和江汉平原地区早期文明的标志性特征,一是一大批古城堡的出现,二是大型宫殿或宗教性建筑,三是墓葬规模及其随葬品投射出来的贫富分化和复杂的社会结构的形成。

良渚文化遗址的中心区,位于现杭州市余杭区的大观山果园内。该遗址为一座人工营造的巨型土台,东西长约 670 米,南北长约 450 米,高约 6 米,总面积达 30 万平方米。巨型土台上还布列有三个较小的土台。考古学家根据遗址上的宫殿式建筑基址等遗物以及周围的聚落群推断，大观山遗址是良渚文化时代的城市，是当时政治、经济、文化、宗教和军事的中心。良渚文化时代最有代表性的遗物，是考古学家称作"土筑的金字塔"的高土台，这种土台都是人工堆筑，规模不一，遍布于浙江、江苏和上海的良渚文化分布区，高土台上一般都有大型墓葬和祭坛，墓室中的随葬品中最为著名的是精美的玉器，包括玉钺、玉琮、玉璧、玉冠状饰、玉三叉形器等。从玉器上雕刻的神人兽面像，可以肯定这些玉器都是当时贵族阶层使用的重要礼器。

良渚文化时期的社会、经济和文化的发展水平比河姆渡文化时期有了长足的进步。那时的人们已经使用犁耕，稻作农业、蚕桑丝织业、玉器制造业，以及陶器、木器、竹编、造船、酿酒等手工业的生产规模已经十分可观，特别是各地出土的成千上万件精美的玉器，还有湖州钱山漾遗址出土的 5000 年前的丝绸残片，制作工艺令人叹为观止。

与新石器时代晚期黄河流域和长江流域其他新石器文化比较，良渚文化的社会经济发展水平显然都是首屈一指、无与伦比的。良渚文化时期数以万计的精美绝伦的玉器所投射的太湖流域酋邦社会拥有绝对财富的质与量，大观山遗址宫殿建筑基址的恢宏气势，一处处"土筑金字塔"营造工程所涵摄的良渚社会动员、组织和集中大规模人力的能力，玉钺、玉琮、玉璧、玉冠状饰和玉三叉形器等用作表示墓主生前身份等级的礼器，以及使用这些礼器的规范化所显示的礼制在当时社会中的成熟度，还有大、中、小三种类型的墓葬的墓地规模及其随葬品等差悬殊所显示的社会分层和等级制结构的复杂程度，都表明早期国家已经在太湖流域诞生。

公元前第三千年末期，现代科学家称作"宇宙期"的大规模自然灾害异常期降临地球，百年大旱、特大洪水（海侵）、特大地震、持续严寒等一系列极恐怖的自然灾害，交相侵袭长江流域，从根本上打乱了东南地区的文明进程,导致了良渚文化的突然衰亡和良渚古国的解体。随着良渚文化在东南地区的整体消失,与中原地区夏、商、周三代辉煌的青铜文明形成鲜明对照,浙江和江南地区社会、经济和文化的发展一度倒退返祖:农业衰退,玉器制造业消失,渔猎与采集经济又回到了浙江大地。

(三)越王句践及其霸业:浙江文明的重新崛起

浙江历史的第三次高潮出现在春秋战国时期。公元前6世纪至前5世纪,吴国、越国相继崛起,吴王夫差、越王句践先后驱师北上,与中原诸侯决战于黄河边上,一度大败群雄,称霸天下。浙江的地域文明,开始摆脱了夏商周时期衰弱不振之势,重新夺回了在全国的领先地位。

越国是古越人建立的国家。越人为南方土著,与中原华夏族并非同一族属。虽然吴国的王族是周王的后裔,但其居民无疑也是江南土著。吴人与越人语言相通,风俗一样,同文同种,享有共同的生活方式:饭稻羹鱼,断发文身,裸身赤脚,习水便舟,居住干栏式建筑。《汉书·地理志》说:吴、越两国的君主均好勇尚武,故其民"好用剑,轻死易发"。越人的原始宗教信仰体系,明显具有"泛灵论"的特征,认为世上的万物都具有灵性,因而"好淫祀",鸟、蛙、水神、祖先,几乎都是他们崇拜和祭祀的对象。

吴、越文明属于青铜文明。总的来说,吴、越的青铜文明,从国家组织、职官设置到钟镈礼器和文字书法,大多从中原各国学习得来。例如越国流行的"鸟虫书",就是在中原篆书的基础上,加上鸟纹修饰而成的文字。因此,与中原文明比较,越国文明虽没有夏商周三代文明那么深厚的底蕴、那种恢宏的气势,但也颇有地域特色。吴、越的海军与造船业,《越绝书》说句践称霸之时,"死士八千人,戈船三百艘"。吴、越兵器铸造业,尤其是青铜剑,"肉试则断牛马,金试则截盘匜"。20世纪60年代湖北江陵出土的一柄越王句践剑,经现代冶金专家鉴定,剑的铜锡配比适当,火候温度齐足,铸造技艺精湛,剑刃磨砺精细,可与现代精密磨床制造的产品相媲美,不愧为"中华一绝"。

(四)从秦汉到六朝:吴越之地的汉化与礼乐文明的本土化

战国秦汉之际是浙江文明史进程发生根本性变化的历史大转折时期。

早在公元前333年,西北方的楚国出兵大败越国,渐次进占太湖流域,越国的国势从此走向衰败,并最终于公元前222年为秦始皇所灭。秦始皇推行郡县制,把越地纳入大一统王朝版图,还在公元前210年南巡会稽,祭大禹,在会稽山上立石碑歌功颂德,展示大一统王朝的武力。为了控制尚勇习武的越人,秦始皇还凭借专制主义国家机器,以武力强行改变越地的民族结构,一方面把大批的土著越人北迁到华夏化了的故吴之地,另一方面又把大量的华夏族居民迁入越地。此后,汉武帝在平定瓯越、闽越以后,把归顺的越人强行迁移到江淮地区。随着汉人携带中原先进的生产技术不断迁入越国,以儒家文化为主体的汉文明终于在浙江扎根并且发展起来。在短短的200年间,浙江大地从政治、经济到文化,从民族结构到风土人情,都发生了历史性的巨变。

这一历史巨变对吴、越之地社会发展进程的影响是巨大的。秦汉大一统王朝不仅摧毁了自三代以来以土著越人为主体缓慢发展起来的吴越文明,而且从根本上改变了浙江大地文明发展的历史走向,从秦朝到西汉时期的200年间,与关中地区相比,浙江乃至整个江南似乎成了经济文化落后的蛮荒之地,以致有的历史学家至今还习惯地把浙江历史上的这一历史时段,称作浙江文明发展史上的低潮期。

当然,秦汉时期的浙江乃至江南地区,在与关中地区的横向比较中固然显得有些落伍,但从本地区自身历史的发展进程看,随着华夏族或汉族的大量迁入,以及中原文明、儒家文化和先进的生产技术的全面输入,从前"四夷所居"的吴越之地,在完成了华夏化或汉化的同时,社会经济和文化的进步也是至为明显。到了魏晋六朝时期,在三国鼎立、南北朝分治的年代,吴越之地因偏处江南、远离中原的动乱和兵燹,又迅速发展起来。

从秦汉到六朝,吴越之地社会经济和文化发展最突出的地区当属会稽郡。三国时,东吴对土著"山越"实行"强者为兵,羸者补户"的政策,将居住在山区的越人迁到平原耕作区,加速了浙北平原地区的开发。东汉永和年间,会稽太守马臻主持修筑了大型水利工程—鉴湖。该湖位于现绍兴境内的山会平原,围堤而积水成湖。天旱以湖水灌田,水涝则泄田水入湖,为该地区土地垦殖和农业的发展奠定了基础。晋室南迁定都建康,中原汉族大规模迁居江南,"三吴"(会稽、吴兴和吴郡)地区,大片大片的沼泽地、荒原和山地被开垦出来。东晋初期会稽内史贺循主持开凿了从会稽经柯桥、钱清、萧山到钱塘江的浙江运河,改善了会稽郡的对外交通,从而促进了当地社会经济走向繁荣,并成为东晋六朝时最发达的地区。从东汉开始,浙江各地就已开始烧制青瓷器。六朝时,曹娥江两岸越窑遍布,青瓷制造业发达。会稽郡还是当时江南地区铜镜铸造业的主产区。会稽的剡溪流域,山藤漫山遍野,山民就地取材,造出的纸张质地极佳。凡此种种,都凸显了会稽郡的富饶和繁荣。在南朝时期,会稽是与京城建康遥相对应的江东一大都会。

社会经济发展带动了文化的进步。至迟在东汉时期,儒学已经在浙江的上层社会普及。土著和外来的世家大族以及士大夫阶层,都尊崇名教,修习儒学经典,讲习礼法,忠孝节义已经成了吴越社会的主流价值观念。尤为可贵的是,对"外来的"儒家文明和儒学经典,浙江人没有一味地盲从或者墨守成规全盘接受,而是从一开始就持着一种批判的精神,一种求真求实的态度。浙江上虞出了个大思想家王充,撰写不朽巨著《论衡》,揭橥"疾虚妄"之大纛,以实证的精神针砭东汉谶纬神学和庸俗经学之流弊。历史学家赵晔编写的《吴越春秋》,还有同时代的《越绝书》,同为我国现存最古的地方志。这些著作为整个汉代的思想史和学术史增添了难得一见的夺目光彩。

魏晋六朝是一个士族社会。在江南地区的吴、会稽和丹阳三郡,从东吴时起就已崛起了一大批极有势力的世家大族,号称"江东大族"。"永嘉之乱"以后,一批批北方士族渡江南逃,移居江南三郡。这些侨居士族与江东大族,把持东晋和宋、齐、梁、陈历朝政治,垄断各种社会和经济资源,养尊处优,谈玄信佛,创造了继汉开唐的"六朝文化"。东晋六朝文化的主旋律是"清谈"与"玄学"。王羲之、王献之父子的书法,谢灵运的山水诗,沈约的诗歌声律,虞翻及其家族的经学,曹不兴的佛像绘画,虞喜的"岁差"及其天文历法成就,以及干宝《搜神记》、吴均《续齐谐记》等志怪小说的创作,都是东晋六朝时期浙江文化的标志性人物和创作。

(五)隋唐五代:江南社会经济的发展与全国经济重心的南移

隋唐时期的浙江,最具历史意义的事件是江南运河的开凿和连接杭州与北京的南北交通大动脉—大运河的全线贯通。江南运河的开通,直接带动了杭州城的出现,并使这个位于钱塘江口、自秦汉以来800余年间一直默默无闻的小县城,在短短的一二百年间迅速发展和繁荣起来,成为隋唐以后闻名遐迩的一个大都市,"川泽沃衍,有海陆之饶,珍异所聚,故商贾并辏"。与此同时,南北大运河的开通也极大地方便了浙江与中原地区政治、经济和文化的交流,推动了浙江社会经济的持续发展和钱塘江流域的全面开发。

大唐盛世,政权稳固,社会安定,人民安居乐业,浙江的社会经济于是在六朝的基础上得到进一步发展。在农业生产方面,由于河堰、山塘、湖堤等水利灌溉工程的不断修筑,农具的改进和耕作技术的提高,以及双季稻种植的推广,农业收成比前期有了较大的提高。太湖周边的平原地区逐渐成为全国粮食的主要产区之一。"安史之乱"以后,中原的农业生产受到战争破坏而大伤元气,江南一度成了朝廷粮食的主要来源,"南粮北运"局面开始形成,折射出全国的经济重心从此开始从中原向江南转移的趋势。

这期间浙江大地的手工业生产,从采矿冶炼、青瓷烧制、丝绸织造、造船、煮盐、制茶、酿酒,到造纸和雕版印刷等,无论是生产行业、制作工艺,还是产品的质量和产量,都有了引人注目的发展。其中,越窑烧制的青瓷,胎骨坚致轻薄,釉色清纯温润,莹润如玉,被时人推为上品茶具;晚唐五代时开发的越窑新品"秘色瓷",尤为古代瓷器中的精品。湖州出产的绫绢,轻如蝉翼,薄如晨雾,"异彩奇文相隐映,转侧看花花不定";越州的丝织品,仅向朝廷进贡的品种就有数十种之多,不仅产量胜出其他地区,而且质量也非同一般。中唐以后,在浙江的雕版印刷作坊里,刻印出来的白居易、元稹等人的诗作,是我国最早的雕版诗集之一,这种印刷品的问世,促进了文化知识从上层社会向民间的传播和普及。

唐朝推行历代最开明的文教政策,在思想领域,儒学、佛教和道教三教并行。这期间,浙江乃至全国文教领域发生的最有意义的事件,是科举取士制度创立并确立为历代相承的定制。与此相应,官办的州(郡)县学在浙江各地建立起来。思想开放,文化发达,造就了文学艺术的空前成就。浙江产生的具有全国性影响的诗人,可以列出长长一个单子,如号称"初唐四杰"之一的骆宾王,与李白、张旭等人并列"醉中八仙"的诗人贺知章,名列"大历十才子"的钱起,诗歌与贾岛齐名的孟郊,早期词人张志和,晚唐诗人兼小品作家罗隐,以及客居浙江的大诗人白居易,等等。还有书法大家智永、虞世南、褚遂良,政治思想家陆贽,也都是名垂千古的一代风流人物。

隋唐时期是佛教在中国广泛传播的时代。据统计,唐代浙江建有佛教寺院937所,占当时全国佛教寺院总数的17.6%,是中国佛教寺院分布最密集、数量最多的地区。隋代天台山的高僧、佛学大师智凯,生活在天台山20多年,在那里化缘建造佛寺,聚合僧众,潜心研习佛教,创立了中国第一个本土化的佛教宗派—天台宗。天台宗在唐代陆续传播到新罗和日本等国,对日本的思想文化产生了极深远的影响。

进入公元9世纪以后,唐朝在政治腐败、藩镇割据中覆灭,中国历史进入了"五代十国"时期。在唐朝解体之际,钱镠在杭州拥兵自立,建立吴越国,其疆土包括现浙江省的全部及苏南、闽北的一部分地区。吴越国偏安东南一隅,钱镠实行"保境安民"的基本国策,立足两浙,尊奉中原,远交近攻,加强防御;扩建杭州城,修筑捍海石塘,发展生产,保障国用。在中国大部分地区陷入战争和动乱的年代,钱镠施行切合实际的国策,使吴越国避免了兵燹和动乱,农业、手工业继续发展,黎民百姓安居乐业,成为当时中国罕见的一方乐土。

公元978年,吴越国纳土归宋,浙江大地重新回归大一统王朝的版图之中。

(六)南宋定都杭州:浙江文明史的又一座高峰

南北大运河开通之后,江南经济持续发展。从唐代中期开始,发生了全国经济重心从中原地区向江南地区转移的趋势,这一趋势经五代和北宋250多年的发展,日渐巩固而不可逆转。北宋朝长达 167 年长治久安、社会稳定的局面,为中华文明继大唐盛世之后开创新一代的繁荣和辉煌奠定了坚实的基础;而唐宋之际发生的气候的剧烈变化,更为浙江所在的江南社会经济持续发展,进而超越中原地区,提供了千年一遇的契机。

公元 10 世纪后半叶,气候从唐五代的温暖期进入到寒冷期,12 世纪初气候变寒加剧,虽在 13 世纪初一度有所回暖,但整个两宋时期的气候都处于寒冷期。气候寒冷与太阳黑子活跃使黄河流域地区持续干旱,河流、湖泊在宋代出现了大规模的干涸、淤积以至消失的现象;而在长江流域,寒冷期使得气候更加凉爽,且雨雪充沛。自然界的气候变迁对南北方的农业乃至整个社会经济产生了截然不同的影响。夏商周以来,北方的黄河流域一直是中华文明的中心区,是全国政治、经济和文化的重心所在,由于数千年间随历代王朝更替而持续发生的兵燹和动乱,人口压力导致的对资源的过度开发,那里的自然植被和土地资源已经损耗严重,再加上黄土高原独特的地质结构,使中原地区的水土保持及对水文与土壤肥力的维护能力方面,与江南地区相比处于极为不利的地位。[①]在此背景下,江南地区的土地资源、水利资源、渔业资源和矿产资源以前所未有的规模和速度开发出来,农业、手工业经济日趋繁荣,海外贸易也发展起来,人口繁殖,经济富庶,财税额增加,宋代区域经济重心于是发生了根本性的结构变化:江南地区取代中原而成为国家财政的主要来源地、朝廷的大粮仓。

两浙路的富庶,在江南首屈一指。北宋时两浙路的面积 122622 平方公里,在全国 19 个路中列第十三位。元丰年间(1078—1085),两浙路拥有田地 36344198 亩,位居全国第五;人口

[①] 郑学檬:《中国古代经济重心的南移和唐宋江南经济研究》,岳麓书社 1996 年版。

有 1778953 户,位居全国第一;人口密度为 14.51 户/平方公里,仅次于成都府路的 15.77 户/平方公里;户均田地 20.4 亩,居全国第十一位;垦田率即每平方公里田地数为 296 亩,高于全国平均垦田率 185.01 亩/平方公里。在此土地资源和人力资源的基础上,两浙人凭借其聪明才智,大力兴修水利,改进生产工具,提高生产技术,培育粮食新品种,改良农作物品种,推广复种制、精耕细作等方法,使本地区的社会经济发展水平不断向前推进,成为全国经济最发达的地区之一。

从北宋中期开始,两浙路向朝廷提供的粮食、布帛和赋税,都已跃居全国第一位。大文豪苏轼一言蔽之,曰:"两浙之富,国用所恃,岁漕都下米百五十万石,其他财赋供馈不可悉数。"① 当时全国诸路每年向京城输送的漕粮总数为 600 万石,两浙路上供大米 150 万石,占漕粮总数的四分之一。两浙地区,即今人所谓江南地区,自此成了国家的主粮仓,正如当时的民间谚语所说:"苏湖熟,天下足。"南宋定都杭州以后,随着浙江成为全国的政治中心地位的确立,更使得全国经济重心南移,两浙地区成为全国的经济中心和文化中心。

杭州城的崛起,是两宋时期浙江文明最具象征性的标志。

五代时的杭州,是吴越国的都城,经吴越国的规划建设,城市已经初具规模。进入北宋以后,杭州城的市政建设继续发展,海塘经过修筑更加稳固,河道得到整治,城市规模有所扩大,西湖经过疏浚和整治,湖光山色更加清新秀丽;景区佛寺遍布,"文彩莹丹漆,四壁金辉煌"。城市经济日益发展繁荣,丝织业、印刷业、造纸业、制瓷业的发展水平均位居全国前列。杭州文教发达,人才辈

---

① 苏轼:《进单锷吴中水利书状》,《苏轼文集》卷三二,中华书局 1986 年版,第 916—917 页。

出,诗词名家如"西昆体"诗人钱惟演,有"梅妻鹤子"之称的诗人林和靖,以精通音律著称的大词人周邦彦。科学家沈括撰写了中国古代科技史上最重要的著作《梦溪笔谈》;沈括的同乡、平民毕昇,在杭州城的印刷作坊里发明了活字印刷技术,这是中国古代最伟大的"四大发明"之一。因此,北宋时的杭州,凭借城市的繁荣和风景优美而一举超越苏州,成为一方名胜,号称"东南第一州"。

南宋定都临安(今杭州),杭州于是一跃而成为全国政治、军事、经济和文化的中心。据《梦粱录》等文献记载,临安城的人口多达 30 余万户,皇宫建筑富丽堂皇,规模与豪华程度完全可以与北宋汴京的建筑媲美。南宋皇城坐落在杭州西南的凤凰山麓,宫殿建筑散布在方圆四五公里的空间里,据《武林旧事》记载,宫内有大小宫殿 30 余座,以及堂 33、阁 20、斋 4、楼 7、亭 90 等各式建筑。杭州城西,美丽的西湖,湖光、塔影、山色相互映衬,"水光潋滟晴方好,山色空蒙雨亦奇"。城内店铺林立,商业繁荣,勾栏、瓦肆遍布大街小巷,演出着各种戏曲和杂技。杭州无疑是当时世界上最美丽、最繁华的城市之一。

天子脚下的浙江,人文昌盛,冠于全国。永嘉学派、永康学派、金华学派,先后崛起,各领风骚。以叶适、陈傅良为代表的永嘉学派,推崇学以致用,反对空疏学风,倡导义理与功利并举,治学重在"实事实理",尤其是探究有关国计民生的实用之学,并提出了反对重农抑商、保护和扶持商贾、流通货币、发展商品经济等思想。南宋状元陈亮针对朱熹、陆九渊等理学家"皆谈性命而辟功利"的弊端,创立永康学派,主张事功之学,提倡实事实功,注重政治措施的实际效果,自成一家之说。金华学派的创始人吕祖谦,与大儒张载、朱熹并称"东南三贤",在金华、武义等地的书院里聚徒讲学,博取众说,熔于一炉,号称"吕学",因其活动和影响的范围主要集中在婺州,故又称婺州学派。辛弃疾、李清照、陆游等诗人、词家,生活在"靖康之变"后偏安东南一隅的南宋时期,直面故国半壁江山陷于异族统治的现实,赋诗言志,填词抒情,倾诉国破之恨,抒发爱国之情,在中国诗词史上留下了无数千古绝唱。号称"永嘉四灵"的诗人徐照、徐玑、赵师秀、翁卷,行走江湖,以清新刻露之词写野逸清瘦之趣,与称霸诗坛的江西诗派反其道而行之,给南宋诗坛注入一股清新自然之气。

两宋时期的浙江,社会经济呈现一派繁华景象,海外贸易开始发展起来。

早在北宋时,为了增加财政收入,搜集奇珍异宝以满足皇室的消费,朝廷就极重视东南沿海的海上贸易。杭州、明州(今宁波)和广州;是当时的三个最大的海外贸易港口。特别是明州,不仅是北宋与日本、高丽进行海上贸易往来的主要港口,还与爪哇、占城、暹罗、渤泥、大食等国有贸易往来。一批批商船从明州出海,把瓷器、茶叶、丝绸、书籍和文具等输往海外各国;同时把高丽的人参、药材和海外各国的珍奇宝物输入国内。宋室南渡后,朝廷在财政困乏的情况下,更加倚仗海外"市舶之利",浙江对海外的贸易因而得到快速发展。在杭州、明州之外,朝廷还把温州也辟为对外贸易的港口。都城临安,外国商船云集,朝廷设置市舶务加强管理。《梦华录》云:"市舶务在保安门外瓶场河下,凡海商自外至杭,受其券儿考验之。"

(七)元代浙江:大运河南端的百年繁华

元朝灭宋,中国重归一统。随着南宋的覆没,杭州和浙江在全国的政治地位一落千丈,从一代京都降为东南名城,从王畿之地回归远离京城的边远省城。但是,失却政治中心优势的浙江,依然凭借其得天独厚的自然环境和经济基础,在南北大运河的南端继续保持着经济和文化在全国的领先地位。

元朝统治时期,浙江是江浙行省的一部分,江浙行省的辖区兼有宋代江南东路和两浙路之地,杭州为江浙行省的省会。元朝统治浙江的87年间,推行民族歧视政策,即所谓"四等人制",浙江人被朝廷划归"四等人"之末的"南人",位居蒙古人、色目人和汉人之下,政治、经济和法律地位极低,从祈神赛社、习学枪棒武术到演唱戏文和评话,都要受到官府的禁止或限制,备受民族压迫和歧视。而隋唐两宋"科举取士"制度的长期搁置,更使南人入仕做官梦想的实现难于上青天。在政治领域的发展空间受到限制的时代,浙江人的聪明才智和旺盛的创造力,几乎全部倾注到了经济生产和文学艺术创作领域,从而促成了元代浙江社会经济和文学艺术的发展和繁荣。

在社会经济领域,与宋代相比,元代浙江的农业生产技术有了提高,农作物品种增加,特别是棉花从南方引入并在各地推广种植,是浙江农业史上的一件大事。在手工业方面,随着庆元(今宁波)、澉浦港与海外贸易的迅速发展,浙江的制瓷业、丝织业、印刷业、制盐业和造船业继续保持繁荣。官营手工业的规模和产量都不复南宋之盛,但民间手工业的发展超越了南宋,嘉兴路的民间丝织业,生产的花样品种有绢、绫、罗、纱、水锦、缂丝、绮、绣等。入元以后,龙泉青瓷生产规模继续扩大,迄今发现的窑址就有330多处,这些窑场里烧制的青釉瓷器,质量上乘,闻名世界。

元代浙江经济最有成就的是海外贸易。元朝对外实行开放政策,海外贸易蓬勃发展,贸易规模超越宋代。元朝实行市舶司和市舶制度,直接控制海外贸易。据《岛夷志略》记载,元朝商人出海到过的东南亚、南亚、西亚、东非各沿海国家和地区有97个之多。当时浙江境内的外贸港口有庆元、澉浦、温州、杭州。至元十四年(1277)朝廷在全国设立7个市舶司,浙江独占其四,其余三个是泉州、上海和广州。元代时从庆元到高丽、日本的航线畅通,贸易规模极大,从浙江港口出口到海外各国的物资,包括生丝、绸缎、棉布、瓷器,以及各种日用品、中药材和矿产品;而从海外各国进口的商品,主要是珍宝、象牙、犀角、玳瑁、钻石、铜器、檀香、木材等。世界著名的意大利旅行家马可·波罗曾经游历杭州,并在其游记里记载了杭州的美丽和富庶。永嘉人周达观奉命随使赴真腊(今柬埔寨),在那里居住一年,回国后撰写的《真腊风土记》,是现存记录柬埔寨古代文明极盛时期—吴哥时代的最重要的历史文献。

元代时的浙江,在本土的道教和本土化了的佛教获得发展的同时,许多外来的宗教,如称作"也里可温"的基督教、犹太教,以及波斯的摩尼教等,都随着对外开放和海外贸易的发展而传了进来。

元曲和南戏是中国文学史上的一代之胜。元曲包括杂剧和散曲,从 14 世纪初至 60 年代,杂剧的活动中心从大都(今北京)移到杭州,郑光祖、沈和、乔吉、秦简夫等一大批戏曲作家,在这里创作了《倩女离魂》《王粲登楼》《三战吕布》等剧作,延续了杂剧的繁荣。郑光祖也得以与关汉卿、马致远和白朴三人一起,并列为"元曲四大家"。号称元代散曲两大家之一的庆元(宁波)人张可久,一生漫游江南,创作散曲,描绘自然风光,留存作品 800 多篇,是现存作品最多的散曲家。元代后期,杂剧由盛转衰,起源于宋代的温州地方剧—南戏于是发展起来。与杂剧相比,南戏的押韵和宫调都较自由,登台演唱的角色可生可旦,现存南戏中最著名的剧目,无疑是元末瑞安人高则诚的《琵琶记》。该剧取材民间传说"赵五娘与蔡伯喈"的故事,在民间广泛流传。元代浙江画坛,前期有湖州籍天才艺术家赵孟𫖯,摆脱南宋画院古板格调的束缚,开创一代画风,他的书法用笔圆转流美,骨力遒劲,世称"赵体";他的绘画以山水、花竹、人马擅长,尤工人物、鞍马。后期有永嘉的黄公望、嘉兴的吴镇、湖州的王蒙,以及诸暨的王冕,都是一代大师,其中黄公望、吴镇、王蒙三人与无锡画家倪瓒并称"元画四家",成就极高。此外,历史学家胡三省的《资治通鉴音注》,自称"三教外人"的邓牧的异端思想,以及义乌籍名医朱丹溪的医学成就,都粲然可观。

(八)明清时期:浙江古代文明的最后辉煌和现代化的艰难起步

从中国文明发展史的大视角观察,在政治领域,随着南宋的覆灭,杭州作为一代皇城的政治中心地位从此一去不复返,经过有元一代的重新定位,浙江人无奈地接受了从皇城到行省、从中央到地方的角色变换。但是,政治上的边缘化位置,不仅没有削减或影响明代浙江人的文明创造力,在某些方面甚至还强化了这种创造力。凭借这里得天独厚的自然地理环境,政治边缘化了的明代浙江人,在社会经济、思想学术和文学艺术等诸多领域创造出来的文明成就,不仅直追南宋时的辉煌,有的领域甚至后来居上,位居全国领先或重心所在的地位。

明清时期,浙江和整个江南地区的农业文明,从社会经济的发展水平到文化教育的发达程度,都继续保持着在全国的领先地位。从明朝建国、清朝入主中原直至覆亡,浙江和江南经济在将近500年的时间里持续繁荣,这里生产的粮食和财富通过大运河源源不绝地输往中原,确保定鼎北方的明清两朝有效地维持住了对中国全境的控制,成功地抵御了北方游牧民族一次次的侵扰,从而使中华文明在大一统政治格局的治乱循环中,血脉相传不断延续。

文明的生存、延续和发展,既需要有一个相对优越的自然地理环境,更需要以国家的政治稳定和社会稳定为前提。在明、清两代大一统王朝政治和社会长期保持稳定的基础上,浙江和江南地区以粮食生产为主、以家庭为生产单位的小农经济迅速发展起来。风调雨顺之年,鱼米之乡,丰衣足食,人丁兴旺,浙江在明代时已经成了全国人口密度最高的省份之一。人口压力一方面促使社会经济从原先已经比较发达的平原地区继续向前发展,另一方面,随着番薯、玉米、马铃薯等山地农作物的引入和种植技术的普及,人口压力也推动了从平原向偏僻山区移民,促使浙江全境特别是南部山区在明、清两代得到了全面开发。

当然,明代浙江社会经济的重心依然在浙北的杭、嘉、湖地区。明代中叶以后,江南地区的社会经济全面超越宋元时期,浙江的杭州、嘉兴、湖州三府以及南直隶的苏州诸府,从单纯的"天下粮仓",发展到以植桑养蚕、种植棉花、织造丝绸、生产棉布为主导产业的高度发达的农业和手工业文明。这一文明的特征是:在农业生产领域一举突破宋元时期单一的粮食生产,发展出以种桑树、种棉花为主的商品化种植业,形成了以养蚕缫丝、织造丝绸棉布等农副产品加工为主导产业的商品化的手工业,从而带动、促进了乌镇、濮院、双林、菱湖、南浔、塘栖等一大批工商业市镇的兴起。这些人口上万的工商业市镇,以丝织业、棉纺织业、刺绣、榨油、印刷、制笔、制陶、酿酒为主导产业,商品经济繁荣甲天下,逐渐发展形成了以江南市镇为中心、遍布全国的商品市场网络,江南地区城乡之间商品流通空前活跃。

从明代中叶起到清朝乾隆、嘉庆之世,浙江和江南社会经济的发展,虽在明、清两朝鼎革之际的数十年间因遭遇战乱而一度毁坏以至于停顿,但从全国范围看,却一直凭借其对传统农业生产结构的超越而保持着在全国的领先地位。

杭州和苏州是明清江南地区乃至全国著名的两大工商业都会。在杭州、苏州以及江南地区一些人口在万人以上的市镇里,出现了一大批经营丝织业、棉纺织业的"机户",以及成千上万的"以机为田,以梭为耒"的"机工"。机户凭借其资本和经营能力设机房、购置织机,雇用机工到他的小作坊干活;机工以出卖劳动力为生,计日论资,实即雇佣工人。机户与机工构成了雇佣与被雇佣的关系。这种被一些学者称作"资本主义萌芽"的新的生产方式,最初出现在 16 世纪至 17 世纪初期的杭州和苏州等地,主要集中在丝织业、棉纺织业和榨油作坊里。到清代中期时,从江南地区的丝织业、棉纺织业,进一步扩展到全国其他地区的许多行业,如江西景德镇的制瓷业、广东佛山的制铁业、云南的铜矿业、大运河上的航运业、川楚陕一带的冶铁业、木材业和造纸业。

明清两代长达五六百年的社会稳定、经济繁荣,为浙江文教的发达和"文物之邦"地位的确立奠定了坚实的基础。

明朝建国,纠正和重建了因元朝统治而遭到破坏的中华礼乐文化传统,尊经崇儒,表彰程朱理学,设立科举,以八股取士,立学校,兴教化,推行《御制大诰》、"四书五经"和《性理大全》教育,在明初的这场官方意识形态的重建运动中,以宋濂(1310—1381)、方孝孺(1357—1402)为首的浙江儒士,为礼教纲常的重建发挥了主导作用。在理学思想和八股教育走向教条僵化、国家陷入政治衰败、社会陷入思想道德危机之际,明代中叶的浙江人王阳明(1472—1528)以其胆识掀起了一场声势浩大的思想解放运动。王阳明及其弟子们在全国各地筑书院、建讲舍、联讲会,聚徒讲学,宣传"知行合一""心即理""致良知"的学说,天下士子云随影从,良知、心学于是风行天下。王阳明死后,阳明学派发生分化,浙江籍弟子钱德洪、王畿继承先师遗风,讲学数十年不辍,发展成为阳明后学的浙中王门之学。晚明的绍兴人刘宗周(1578—1645),则又在纠正王学末学流弊的基础上,揭橥"诚意""慎独"之说,创立著名的蕺山学派。

明清时期,号称"文物之邦"的浙江产生了一大批具有全国性影响的文化名人。在地理学方面,与徐霞客齐名的地理学家王士性(1547—1598),一生遍游九州,撰写了《广志绎》《广游志》《五岳游草》等人文地理学的奠基之作。湖州人潘季驯积数十年治理黄河的经验,撰写了世界水利史上早期的治水著作《河防一览》。余姚人朱舜水(1600—1682)在明朝覆灭后亡命日本,在那里聚众讲学,宣讲儒学,倡导"经世致用",为儒家文明在日本的推广普及贡献了后半生。在历史学方面,明代史家谈迁(1594—1658)以一人之力、六易其稿完成了明代编年史名作《国榷》;黄宗羲开创历史学的浙东学派,继之而起的万斯同致力于《明史稿》的编纂,全祖望专注于文献整理和考据;章学诚(1738—1801)在致力于编修地方志的同时,还撰写了《文史通义》这部与唐代刘知幾的《史通》齐名的史学名著,奠定了章学诚浙东史学殿军和集大成者的地位。

在文学艺术领域,明代浙江籍的宫廷画家戴进(1388—1462)在书画创作上开创了"浙派"绘画;落拓不羁、不事权贵的明代艺术家徐渭(1521—1593)在诗文、戏曲、绘画、书法等方面皆卓有成就;明清之际的画家陈洪绶(1598—1652)对人物、花鸟、虫草、山水无所不工;清代画家蓝瑛的山水画驰名一时。在戏曲领域,清初戏曲大家李渔(1611—1680)集编剧、导演和戏剧评论于一身,在中国戏曲史上留下了绚丽的风采;戏曲大家洪昇(1645—1704)创作的《长生殿》,是清代传奇的代表作;大词人朱彝尊(1629—1709)开创浙西词派;民间传说故事《梁山伯与祝英台》《白蛇传》开始在浙江民间流传开来,先后演变成为中国著名的民间传说。

特别令人骄傲的是,从晚明开始,浙江人在全国率先开始了拥抱西方文明、批判专制政治制度、探索古老文明发展方向的尝试。在西方传教士利玛窦进入中国以后,杭州人李之藻(1565—1630)、杨廷筠以其对外来文明的卓识,与徐光启一道,在传播天主教的同时,致力于西方自然科学知识的输入工作,编译、介绍和印刷出版了一大批西方的数学、天文、历法著作,在中西文化交流史上写下了光彩夺目的一笔。

明清之际,大思想家黄宗羲(1610—1695)在反清斗争失败后,归隐老家余姚,以绍兴证人书院、余姚姚江书院为舞台,致力于讲学与著述,撰写了一大批政治、思想、哲学和历史著作。其著名的《明夷待访录》,猛烈批判中国数千年的专制制度和专制政治,指出君主是天下之大害,专制制度是天下不得安宁的罪恶之源,主张以"天下之法"取代君主"一家之法",提倡"工商皆本",主张改革土地和赋税制度。黄宗羲还撰写《明儒学案》,倡导"经世致用",培养出万斯大、万斯同、邵廷采等一批学者,开创浙东史学一派。到了晚清"日之将夕,悲风骤至"的王朝末世,又是浙江的思想家龚自珍(1792—1841),奋起批判专制政治的腐败和黑暗,疾呼"更法""改图",为近代维新思潮的兴起导夫先路。

1840 年鸦片战争以后,西方列强用坚船利炮轰开了清朝闭关自守长达数百年的国门,同时也把西方的工业文明输入到中国。从鸦片战争以后的 60 多年的历史时段里,浙江人与整个中华民族一样,在被动挨打中"睁开眼睛看世界",逐渐开始了与西方文化的交流和沟通。人们对西方文明的态度,也从最初的全面排拒转变为全面学习和接受。从"洋务运动"、戊戌变法、晚清"新政"到辛亥革命推翻帝制、建立共和,古老而伟大的中华文明,从政治、经济、社会、文化,到思想、价值观、民族心理和人们的生活方式,全方位地进行大变革。中国社会逐步地变成半殖民地半封建的社会。从政治上讲,由独立国变成半殖民地国家,从"家天下"的君主专制走向共和、法治与民主;从经济上讲,封建经济逐渐解体,资本主义因素缓慢发展,中国从传统的农业经济走向工业经济;从文化上讲,打破以扼杀个性为特征的封建礼教文化的禁锢,引进了自由、民主、人权等西方文明价值观。废科举办学堂成为一种时尚。

浙江地处东南沿海,鸦片战争中,舟山、镇海成为主战场之一。鸦片战争后,宁波作为清政府对外开放的五口通商口岸之一,于1844 年初正式开埠,开辟江北岸为外国人居留地。接下来,温州也于 1876 年对外开放。1877 年 4 月,英国在温州设临时领事馆,强占江心屿部分土地。中日甲午战争后,1895 年杭州被增开为商埠,杭州拱宸桥一带被划设为日租界。1896 年 10 月,杭州海关开关。杭州的开埠和日租界的设立,大大加强了日本在浙江的势力。紧接着,英国等列强也要求在杭州划地设立租界。在杭州拱宸桥一带,除日租界外,多国租界面积达 1095 亩。

列强通过不平等条约取得政治、经济上的特权,利用控制浙江海关的便利,在浙江纷纷设立洋行。据 1880 年统计,宁波出现了32 家洋行,温州也出现了英、美、日、法、德等国家的洋行,温州城内"瓯为海国,市半洋行"。洋行的开设,导致大量外国商品在浙江倾销。

浙江工业现代化起步较晚。浙江是洋务运动的薄弱地区,左宗棠曾在杭州试行仿造小轮船,不久他任闽浙总督而移驻福州,其洋务事业亦随之迁闽。浙江的民族资本主义企业首推通久源机器轧花厂。1887 年,慈溪人严信厚(1828—1906)和当地士绅联合在宁波创办通久源轧花厂。开办数年获利丰厚。1894 年严信厚把单一的轧花向纺纱、织布拓展,建立通久源纱厂,成为一家综合性的纺织企业。1889 年起,庞元济与丁丙等在杭州筹建通益公纱厂,1894 年,楼景晖在萧山建通惠公纱厂。通久源、通益公、通惠公 3 家纱厂并称"三通",是当时浙江最具规模的近代企业。与此同时,浙江的机器缫丝工业在杭州、绍兴、萧山、嘉兴、桐乡、富阳等地先后发展起来。据不完全统计,从 1895 年到 1899 年,浙江共创办了 18 家机器缫丝工厂。其他轻工业,如火柴厂、面粉厂也有新发展。

从戊戌维新开始,各地掀起了办报刊、开学堂的热潮。1897年冬出版的《杭报》为浙江本地日报之始。1897 年《平湖白话报》创刊,"以鼓吹革命为宗旨"。同年,在杭州创办《经世报》并在上海设立分社。1901 年创办的《杭州日话报》,"旨在鼓吹新政"。1896

年孙诒让在瑞安创办的瑞安学计馆为浙江晚清史上第一所新式学堂。陈虬则创办中国第一所中医学校—瑞安利济医学堂。林启任杭州知府后，大力兴办近代教育，创办了求是书院、蚕学馆、养正书塾，分别是浙江近代高等教育、专科教育、中等教育的代表学校。此外，宁波储才学堂、绍兴中西学堂、湖州崇实学堂也是晚清时期浙江有影响的新式学堂。

在推翻专制王朝、建立共和国的过程中，浙江是共和革命的发源地之一。蔡元培、陶成章、章太炎等浙江人于 1904 年在上海成立革命团体光复会，光复会后来归入孙中山的旗下，与兴中会、华兴会等革命团体合并，在日本成立中国同盟会。同盟会以"驱除鞑虏，恢复中华，建立民国，平均地权"的政纲相号召，在全国各地发动了一系列反清武装起义。其中，徐锡麟、秋瑾在皖浙两地组织起义，失败后英勇就义；陈其美在辛亥革命之前，奉孙中山之命回国开展地下斗争，在沪浙京津等地联络会党，率领江浙革命党人起兵响应武昌起义，在上海建立军政府；章太炎主编同盟会机关报《民报》，宣传革命思想等等，都为共和革命的胜利立下丰功伟绩。

（九）民国时期：浙江在经济、政治和文化上造就了空前的事业

1911 年 11 月 1 日，杭州光复，以汤寿潜为都督的浙江军政府成立。它是按三权分立原则和同盟会设计的建国方案建立起来的资产阶级地方民主共和政权。浙江军政府成立后，一方面在省内采取措施，重振社会秩序，稳定社会经济，刷新社会风气；另一方面派出以朱瑞为支队长的援宁支队，与江浙地区友军协力攻克南京，并参与筹建中华民国南京临时政府。在"浙人治浙"的口号下，浙籍人士治理浙江七年，但是浙江出现了按不同学校毕业而形成的士官派、陆师派、保定派、武备派等派系，互相展开权力斗争，在此形势下，北洋势力直接执掌浙江。1927 年 2 月，北伐军进占杭州，

至月底,北伐军光复浙江全境,结束了北洋军阀在浙江的统治。1927年1月,以国民党人为主体,并有中国共产党党员宣中华、韩宝华参加的浙江临时政务会议在宁波成立,张静江任主席。杭州光复后,该会迁至杭州行使临时省政府的职权。中华民国国民政府建立后,由于浙江籍的政治人物成为国民政府的最高领导人,形成了"蒋家(蒋介石)天下陈家(陈果夫、陈立夫)党"以及"国民党半个中央在浙江"的局面,浙江在全国的地位凸显出来。在蒋介石权力不断上升的过程中,以及国民政府的组建中,浙江籍的国民党元老、金融巨头甚至帮会骨干给予多方面的帮助,而蒋介石等也把自己的家乡置于绝对控制之下。

根据"以党治省"的方针,首先改组和加强了国民党省党部等机构。1927年4月,成立"清党"后的国民党浙江省执行委员会。全省以旧府属划分为11个区,每区由省党部委任特派员和助理员各1人,办理"清党"和整理党务事宜。在政务方面,1927年4月17日,国民党中央政治会议决定设立浙江分会,不久,成立了以张静江、蒋介石等17人为委员的浙江省政务委员会。同年7月,浙江省政务委员会改为浙江省政府委员会,张静江任主席。之后,经过多次调整,形成了民政、财政、建设、军事、教育等厅的政府运作系统。全省设1市75县,1932年,全省划为7个行政督察区,旨在加强对县级政府的督察。在县政建设中,举办了县长考试,还将兰溪县辟为实验县。在县级以下先后实行过街村制、村里制、乡镇制,乡镇以下立保甲,确立了对浙江的绝对控制。

民国时期,浙江和浙江人对中国工商业发展最具影响的是,号称"宁波帮"和"江浙财团"(或称"浙江财团")的浙江籍工商业资本家群体在中国的崛起。

晚清时期,宁波商帮在京津地区和长江中下游的商业重镇有相当势力。民国时期,宁波商帮中新一代商人脱颖而出,他们生长在通商口岸,能不失时机地开拓活动地域,更新经营项目,充分发挥自身人才、行业、资金、资源等方面的优势,把商业同金融、工业、交通运输业紧密结合起来,从而使宁波商帮以新兴的近代商人群体的姿态跻身于全国商帮之首。民国时期,是宁波商帮臻于鼎盛时期。也在这一时期,特别是40年代前后,宁波商帮先后转移到海外,他们抓住战后世界经济发展和港台独特的历史机遇,以港台为跳板,转向日本、东南亚和南北美洲等地发展,成为活跃在世界经济舞台上颇受世人瞩目的宁波帮。

"江浙财团"是以上海为基地的江苏、浙江的工商金融势力的总称,以金融势力为主,一般以中国银行、交通银行、中国通商银行、浙江兴业银行和浙江实业银行为代表,主要人物有张静江(1877—1950,浙江吴兴人)、虞洽卿(1867—1945,浙江镇海人)、傅筱庵(1872—1940,浙江镇海人)、钱新之(1885—1958,浙江吴兴人)、王正廷(1882—1961,浙江奉化人)、张嘉璈(1889—1979,江苏宝山人)。

民国时期,浙江经济有长足的发展。浙江当局比较重视经济建设,汤寿潜实施裁撤厘金措施,不畏艰险,主持集股筑路。在张静江主持下,1929年举办了闻名于世的西湖博览会,提倡和促进了民族工商业的发展。1929年2月,浙江省决定自筹资金兴建自钱塘江边西兴至江西玉山的铁路,定名为杭江铁路,1934年1月全线通车。而后,浙江、江西两省商请铁道部报行政院,由浙赣两省、铁道部等组成浙赣铁路联合公司,筹建玉山至南昌的铁路,后延伸至萍乡,杭江铁路遂名为浙赣铁路,1937年9月竣工。在筹建浙赣铁路的同时,浙江省政府于1933年决定建造钱塘江大桥。1934年开工,1937年9月26日铁路通车,11月17日公路通车。这是我国第一座自行设计建造的铁路、公路两用双层大桥。它的建成既提高了浙江在东南社会经济发展中的地位,也促进了浙江社会经济的发展。1937年,浙江的工厂数与资本额分别是辛亥革命前的26倍和36.7倍。令人愤慨的是,浙江经济发展的这一良好势头,由于日本侵略军的入侵浙江而中断。1937年12月24日,日军侵占杭州,浙江省党政机关迁移至金华、丽水地区。为了阻止日军南侵,刚竣工通车的钱塘江大桥不得不被炸断。敌我隔江对峙。1941年日军发动了宁绍战役,侵占了杭甬铁路沿线的萧山、绍兴、宁波等地。1942年日军又发动了浙赣战役,浙赣沿线的诸暨、义乌、金华、衢州等地沦陷。日军所到之处,烧杀淫掠,无所不为,浙江人民愤怒地称日本侵略军是"根据天皇命令行动的野兽集团"。

抗日战争胜利后,浙江的工商业有了恢复和发展,到1947年达到复兴的高潮,浙赣铁路、钱塘江大桥也于1947年修通并恢复运输。浙江的轻工业、银行金融业均有所恢复。但是好景不长,全面内战爆发以后,浙江的工商企业又陷入困境。

民国时期浙江的教育与文化在全国独领风骚,教育得到了前所未有的发展。浙江籍的先进人物积极宣传科学、民主与自由,提倡新的伦理道德,提倡新文学,在全国起了先锋的作用。文学巨擘鲁迅(1881—1936,绍兴人)在1918年发表小说《狂人日记》,揭露封建礼教吃人的本质,接下来的《阿Q正传》,以其对国民性的深刻反思,一举奠定了他作为新文化运动旗手的历史地位。钱玄同(1887—1939,湖州人),出任《新青年》的编辑和撰稿人,提倡白话文,鼓吹"文学革命",致力于推广"国语运动",是中国新文化运动中的一员猛将。清代翰林中的叛逆者蔡元培(1868—1940,绍兴人)对新文化运动的贡献同样卓著。蔡元培在南京临时政府中担任教育总长,主持教育改革。而后出任北京大学校长,提倡"兼容并包,思想自由",使北京大学成为新文化运动的摇篮。张元济(1867—1959,海盐人),从20世纪初期开始主持商务印书馆,奉行中外并重、兼收并蓄的宗旨,出版了大量西学、新学和国学著作,为科学和新思想在中国的传播作出了卓越的贡献。

　　20世纪具有全国乃至世界影响的浙江籍教育家、学者、诗人、作家和画家,我们还可以列出长长的一大串名单,他们是:革命家、思想家和学者兼于一身的反专制斗士章太炎(1869—1936),参与制订《大清新刑律》,第一次全面引入西方法律制度的晚清法学家沈家本(1840—1913),追求自由和爱情的新月派诗人徐志摩(1897—1931),诗人戴望舒(1905—1950)、小说家郁达夫(1896—1945)、茅盾(1896—1981),作家周作人(1885—1967)、朱自清(1898—1948)、梁实秋(1902—1987)、夏衍(1900—1995),创建西泠印社的书画篆刻艺术大师吴昌硕(1844—1927),画家潘天寿(1897—1971)、丰子恺(1898—1975),国学大师王国维(1877—1927),佛学大师和艺术大师李叔同(1880—1942),佛学专家马一浮(1883—1967),倡导"新人口理论"的学者兼教育家马寅初(1882—1982),教育家经亨颐(1877—1938)、马叙伦(1884—1970)、夏丏尊(1886—1946)、蒋梦麟(1886—1964)、竺可桢(1890—1974)、罗家伦(1897—1969),哲学家、思想家杜亚泉(1873—1933)、张东荪(1886—1973)、戴季陶(1890—1949)、曹聚仁(1900—1972),经济学家千家驹(1909—2002),文艺理论家冯雪峰(1902—1976),语言学家陈望道(1890—1977),历史学家蔡东藩(1877—1945)、范文澜(1893—1969)、吴晗(1909—1969),考古学家罗振玉(1866—1940)、唐兰(1901—1979)、夏鼐(1910—1985)、陈梦家(1911—1966),等等。

　　在经世致用、实事求是和追求真知的学风浸润下,一大批较早觉醒的浙江仁人志士熔铸古今、会通中西,既重视泰西之学,也重视中国传统文化,既注意、倡导新学,也不笼统摒弃旧学,可以说是古今中外,兼容并包,随时代变化而与时俱进,开创了民国时期浙江政治、经济、文化和教育上的独特局面。

三、浙江史研究:一个学术史的回顾

历史上的中国,幅员广袤,总面积相当于整个欧洲。但与欧洲历史上小国林立形成鲜明对比的是,自秦汉以来的 2000 多年里,中国大部分时间都处于以儒家思想为主体官方意识形态的大一统王朝的统治之下。然而,从地理、文化和民族的角度观察,各地区之间存在的自然地理条件的差异,以及人类因这种差异和挑战而形成的经济、文化、语言、宗教和传统等种种因素的差异,经由历史合力的作用而造成了地区间社会、经济和文化发展的不平衡,形成了一系列独具特征的区域社会和区域文化。区域史研究的目的和意义,就是要通过对区域内独具特色的文化、风俗、经济和政治结构的研究,揭示区域社会的社会结构、文化模式和风土民情的特征,展示人民、文化、历史和传统的风采,展示区域中的民族、文明和文化发生、发展和演化的历史进程,进而通过不同区域社会的比较,揭示一个国家、一种文明乃至整个人类文明的发生、发展和演进的一般规律与特殊规律,进而深化对传统和国情的认识。

从区域史的角度,由于浙江在中国文明发展史上所占据的独特地位和分量,浙江史的研究和《浙江通史》的编纂自然具备了独特的学术价值和意义。

如上所述,浙江是中国历史上经济、文化最发达的地区之一,浙江 7000 年历史对中国文明史的贡献很大。姑且不论新石器时代河姆渡文化和良渚文化的辉煌,即以历史时期而言,浙江是南宋王朝的建国之地,中国历史上有“八大古都”——北京、南京、西安、洛阳、开封、杭州、成都、绍兴,而浙江拥有其二;从南宋到民国,浙江的文明尤其是经济和文化的发展水平长期居于全国领先地位,当之无愧属于中国历史上地位最重要的区域之一。因此,从区域史的维度研究浙江,分析和探讨浙江历史和区域文明发展演进的特点及其规律,揭示浙江、江南与全国,以及浙江、江南与周边区域之间的互动,无疑是中华文明和中国史研究应有的题中之义,同时也是编纂一部有深度、高品位的《中国通史》或《中国文明史》的必要前提。大概正是基于这一认识,早在 20 世纪 30 年代,浙江区域史研究就引起了一批有远见的历史学家的兴趣和重视。当时的历史学家张其昀、全汉升、卫聚贤、孙正容等,都曾发表过浙江史研究的论文或著作。

最早从区域文化的视角研究吴越文化的学者,是 20 世纪 30 年代的历史学家卫聚贤;而最早从区域史的角度从事浙江史研究的学者,则当推 20 世纪 40 年代在浙江大学任教的历史学家谭其骧。1936 年 8 月,卫聚贤等史学家在上海发起成立吴越史地研究会,蔡元培出任会长,卫聚贤为总干事。在河姆渡遗址、良渚文化遗址还深藏地下之时,卫聚贤等人根据对苏南、浙北地区采集到的一批远古时代陶片的观察,敏锐地意识到东南古文化与中国文化之间的联系,大胆提出了"中国文化起源于东南江海之交"的命题。在当时,甚至连浙江有没有新石器文化都还是个引起争议的话题,卫聚贤等人的新见解,无疑是一种惊世骇论。围绕这一命题,曾经在当时上海的学术圈内发生过一场学术争论。争论的成果是,由吴越文化研究会汇编成一册《吴越文化论丛》出版发行。由于得不到科学发掘的田野考古资料的支持,更主要的还是由于抗日战争的爆发,关于吴越文化的研究和争论不久便偃旗息鼓了。

谭其骧在抗战胜利后发表在 1947 年 10 月 4 日杭州《东南日报》上的《浙江省历代行政区域——兼论浙江各地区的开发过程》一文,称得上是浙江区域史研究的奠基之作。该文从全省各地县治设置时代的先后,以及从老县的行政区域中析分出新县治的史实,推断地区性移民的时间、过程和范围,进而论证浙江历史上的开发进程。从学术史的角度看,谭其骧的这篇论文,即使到今天也仍然具有区域史研究的方法论意义。

自此以后,尤其是近20年来,随着区域史、区域文化研究在国内学术界渐成时尚,有关浙江区域史的研究吸引了越来越多的历史学家特别是浙江籍历史学家的介入,浙江史坛和浙江区域史的研究逐渐走向繁荣。回顾这些年来的浙江史研究,我们认为有以下四个显著的特点:

一是浙江区域史研究的范围全面拓展。从新石器时代的河姆渡文化到现代浙江的政治、经济、文化、思想、教育,从一般断代史、专门史到杭州、宁波、温州地方史,从历代政治人物到诗人、作家,7000年浙江历史的每一个时段都有一批学者从事相关的研究。在每一时段的各个领域都可以看到历史学者耕耘的身影和足迹。其中,杭州大学的两宋浙江史研究、民国浙江史研究,浙江省社会科学院历史研究所的吴越文化研究、明清江南经济史研究,杭州师范学院地方史研究所的杭州史研究,浙江师范大学的宋代浙江经济史研究,在20世纪80年代以来,分别都有围绕相关课题组织起来协作攻关的学术团队发表和出版了一些具有全国性影响的论著。

二是规范化的史学研究渐成主流。改革开放以来的历史学家们,以学术化、规范化的态度潜心历史研究,拓宽研究视野,不断深化选题。其中陈桥驿的浙江历史地理研究,游修龄的浙江稻作史与中国农业史研究,牟永抗、王明达等人的浙江史前史研究,董楚平、陈剩勇、林华东的吴越文化研究,王志邦的魏晋六朝浙江史研究,徐规的南宋史研究,林正秋的南宋临安城历史文化研究,方如金的宋代浙江经济史研究,陈学文的明清江南城镇经济史研究,蒋兆成的明清杭嘉湖社会经济史研究,沈善洪、吴光的王阳明、黄宗羲与浙江思想史研究,仓修良、王凤贤的浙东学派研究,徐和雍、郑云山、赵世培的浙江近代史研究,胡国枢、姚辉、金普森、张学继的浙江辛亥革命与民国人物研究,杨树标的蒋介石研究,朱新予的浙江丝绸史研究,李志庭的浙江开发史研究,陈荣富的浙江佛教史研究,滕复、董平等人的浙江文化史研究,周少雄的浙江文学史研究,林士民的宁波港海外交通史研究,乐承耀的宁波史研究,沈晓敏的民国时期浙江省议会研究,等等,在拓展浙江区域史研究范围的同时,把浙江区域史研究推进到一个前所未有的高度。

三是一大批浙江史研究论著的出版。最近 20 年来出版的浙江史论著,例如董楚平的《吴越文化新探》《吴越文化志》,林华东的《河姆渡文化初探》《良渚文化研究》,王志邦的《江东史新论》,陈学文的《明清时期杭嘉湖市镇史研究》《龙游商帮》,樊树志的《明清江南市镇探微》,李伯重的《唐代江南农业的发展》,蒋兆成的《明清杭嘉湖社会经济史研究》,倪士毅的《浙江古代史》,徐和雍、郑云山、赵世培的《浙江近代史》,李志庭的《浙江地区开发探源》,滕复等人的《浙江文化史》,方如金的《陈亮与南宋浙东学派研究》,顾志兴的《浙江藏书家藏书楼》《浙江出版史研究》,王兴福的《太平军在浙江》,董平的《陈亮评传》,徐建春、梁军的《王士性论稿》,仓修良的《章学诚和文史通义》,郑云山的《秋瑾评传》,金普森的《虞洽卿研究》,杨树标的《蒋介石传》,胡国枢的《蔡元培评传》,朱顺佐的《邵力子传》,朱顺佐、金普森的《胡愈之传》,陶士和的《民国浙江史研究》,等等,都是在各自领域有深度、有影响的力作,是最近 20 年来浙江区域史研究的阶段性、代表性成果。

四是浙江史研究的史料整理和出版工作取得显著进展。早在 20 世纪 80 年代,浙江省社会科学院历史研究所、杭州大学历史系等单位就组织人力着手进行浙江史研究的史料准备工作,编辑出版了一批相关资料汇编,如陈学文主编的《嘉兴府城镇经济史料类纂》《湖州府城镇经济史料类纂》,胡国枢、姚辉等选编的《辛亥革命浙江史料选辑》和《续集》,徐吉军、丁坚之编著的《浙江历代名人录》,杭州大学历史系资料室编的《浙江地方史论文资料索引(1949—1981)》,杭州市政协编的专题论文集《南宋京城杭州》等。浙江省政协文史委在历年编辑出版浙江文史资料丛刊的基础上,又于近年推出了七大卷的《浙江文史集粹》。

在浙江历代地方志的整理、影印和出版方面,上海古籍书店推出了《天一阁藏明代方志选刊》,上海书店先后影印出版了《天一阁明代方志选刊续编》《中国地方志集成(浙江府县志辑)》《中国地方志集成(乡镇志专辑)》,中国书店编辑出版了《稀见中国地方志汇刊》。浙江省地方志编纂办公室组织编写了《浙江大事记》,整理出版了雍正《浙江通志》,还组织编写了《浙江人物简志》。此外,台湾商务印书馆影印出版了《文澜阁四库全书》,大陆多家出版社编辑出版了《四库全书存目丛书》,中华书局编辑出版了《元明史料笔记丛刊》等等。以上提到的学术著作和文献资料,为浙江区域史研究,特别是我们这部《浙江通史》的编纂工作,奠定了坚实的研究基础和史料基础。

四、《浙江通史》的编撰思路

通史之"通",兼具贯通、会通之义。因此,顾名思义,《浙江通史》作为一部史书,就是要连贯地叙述各个时代的历史事实,全面地描述7000年来浙江这块土地上发生的政治、经济、军事、社会和文化的事件和现象。历史著作的生命在于真实,真实来自客观,来自实录。《浙江通史》对于历史事实的叙述,不仅要强调贯通7000年的浙江文明史,会通浙江文明的政治、经济、社会和文化等各个领域,更要追求反映历史、人物和事件的客观和真实,强调历史记载的直书实录,力求全面叙述7000年浙江文化的丰富内涵和文明的辉煌成就。

这部《浙江通史》如果有一些创新之处,那就是在研究和编写的思路上,注重对千百年来生活在浙江这块土地上的人、种族或民族的变迁史的叙述,强调对于历史上浙江人与自然环境互动的探讨。因此,本书的内容不仅力求全面地描述和展示7000年浙江文化的丰富内涵和浙江文明的辉煌成就,而且力求全面描述和展示"建德人"特别是河姆渡文化以来的浙江人的生活、浙江民间社会的变迁过程,全面描述和展示自古以来浙江这块土地的开发、利用及其演变的过程。与以往的通史著作相比,《浙江通史》力图打破现有通史偏重描述政治史、政治制度和政治事件的传统框架,着重突出环境、人、社会和文化诸要素及其互动,努力把《浙江通史》写成一部浙江人的历史,人的发展和浙江地域社会结构、社会阶层的变迁史;一部浙江人与地理环境的互动史,自然环境的演变、土地和资源的开发史;一部浙江文化和文明发展史,地域文化的进化与退化、停滞与发展的演变史。

(一)《浙江通史》是一部浙江人的历史

历史是人创造的。正因为有了人和人类的活动,才有了文明和文化,也才有了历史。离开了人,或者抹煞了人在历史发展中的主体性,任何历史都将黯淡失色。因此,我们奉献给读者的这部《浙江通史》,首先是一部浙江人的历史。

从新石器时代早期到21世纪的7000年间,生活在浙江大地上的浙江人,从种族或民族特性的角度,已然换了一拨又一拨,可谓沧海桑田,逝者如斯!距今7000多年的新石器时代的河姆渡人,从人种的特点看,应当属于东亚的蒙古人种(黄种人),但其体质特征又具有明显的现代赤道人种即现代澳大利亚—尼格罗人种特征，长颅并带有宽而平的鼻骨，小眼眶，上面部较低，且有明显的齿槽突颌。继河姆渡人而起的良渚人，由于至今尚无保存完整的可供研究的人骨标本发现，我们对其体质特征了解并不多，但从零星的人骨标本和文化特点，我们基本可以推测良渚人与河姆渡人的人种特征是存在差异的。春秋战国时期生活在吴越土地上的吴国人和越国人，吴国王室为中原周人的后裔，而以越王句践为代表的越国人，以及吴国的一般民众，则都是土著越人。从人种特征看，讲越语、断发文身的越人，无疑更为接近以现代蒙古人种为代表的南亚类型。

从秦汉开始，历史上浙江的人口和民族结构一共发生过三次大变动。第一次发生在秦汉之际，秦、汉大一统王朝消灭越国、东瓯和闽越，占领吴越之地的同时，凭借专制主义的国家机器将越人强行迁往北方，而北方的中原人移居越地，从而初步改变了越地的人口结构。从人种和血统分析，汉代生活在现今浙江土地上的居民，主要由两部分构成：一是从江淮及其以北地区迁入的中原人，即汉人，他们主要聚居在今杭嘉湖一带及宁绍平原地区；一是土著越人，他们慑于专制王朝的武力，基本上都逃往山区，在三国时称作"山越"。

浙江人口和民族结构发生的第二次大变动是在东晋南朝时期。在中原地区陷入连年战乱的魏晋南北朝时期，远离战场的江南地区成了北方汉人避难的乐土。从西晋末年"永嘉之乱"开始，北方汉人大量迁入浙江，从杭嘉湖地区不断往南开拓，从宁绍平原深入到了瓯江流域。如果说，土著越人在三国时期浙江的人口结构中还占有较大比例的话，那么，随着东晋南朝时大量北方汉人的迁入，汉语和儒家礼乐文明在浙江的传播，以及在儒家礼乐文明主导下的侨居士族及汉人与土著越人的通婚、融合或同化，到了隋唐时期,浙江的人口结构中,汉族已经占据了绝对多数的地位。

南宋时期,随着宋王朝定都临安(今杭州)以及数十万北方人的涌入,魏晋南北朝时期以来以汉人为主体,或者说由侨居的汉人与土著越人的通婚融合而形成的以本地汉族为主体的浙江人口或民族结构发生了秦汉以来的第三次大变化,北人与南人从血统到文化的大同化和大融合形成了新一代汉族浙江人。

人口、移民和民族结构的大变化,自然引发了社会结构的大变动。从社会结构看,河姆渡人尚处于部落社会阶段,良渚人生活在酋邦社会,而春秋战国时期的越人,由于在很大程度上接受了中原礼乐文明及其政治制度,越国社会显然应当划入与中原各国类似的以"封土建国"为特征的封建社会。秦汉以后,随着大一统王朝对浙江和全国统治的确立,生活在浙江土地上的浙江人,从此成了中央集权专制王朝统治下的"编户齐民"。随着人口、民族和社会结构的变迁,浙江土地上的风俗习惯、风土人情也多次发生了变化。姑且不论从越文化到汉文化的演化,即使在秦汉以后,同处于以儒家伦理为主流意识形态的传统社会,2000年间浙江人的道德观念和社会思潮的巨大变化,也是极为惊人的。《浙江通史》通过对浙江7000年历史的深入研究,全面揭示和叙述人口、民族和社会结构的演化,家庭、家族和宗族的变迁,两性关系和女性地位的演变,展示由这些变迁带来的价值观念、道德伦理、社会思想和风俗习惯的变革、演进的历史进程。

(二)《浙江通史》是一部浙江人与自然环境互动,以及对自然资源的开发史

人类创造文明、创造历史,但人类的创造活动离不开特定的自然地理环境,气候、河流、湖泊、地形地貌、植被、动物、海岸线等自然因素的变化,都会对人类的生活方式、生产方式、价值观念产生

极大的影响。在生产力低下的古代社会,地理环境对人类文明的影响尤为重大。一般来说,人类只能适应地理环境,因势利导,顺势而为,努力与自然相协调,才能对自然环境有所改造,进而在与自然的抗争中生存下来,创造和发展出文明。

现代浙江是中国自然环境最优越的地区之一,此地濒临东海,山清水秀,土地肥沃,物产丰富,自宋元以来就享有"上有天堂,下有苏杭"的称誉。然而,这种得天独厚的环境并非自古皆然。

从河姆渡文化时代开始,浙江的自然环境至少经历了多次大的变化。

河姆渡时期,这里属于温热、潮湿、多雨的亚热带气候,年平均气温至少比现在高出 2—3 摄氏度。那时的平原地区是一片泥沼湖泊,丘陵和山区则是茂密的原始森林,瘴气弥漫,虎、豹、大象等野兽横行,河姆渡人在这种险恶的环境中生存下来,并创造了令世人震惊的以稻作农耕著称的河姆渡文化。进入距今约 5000 年的良渚文化时期后,自然界气候转凉,气温降低,杭嘉湖平原地区的湖泊沼泽面积缩小了,气候的变化更有利于农耕植物的栽培和生长,人类的生存环境得到改善,村庄和聚落比从前有了成倍的增加,第四纪冰川期结束后地球上这一段最适宜人类生存的气候环境,是大自然对良渚人的恩赐,他们创造的以稻作农业、玉器制造业、礼仪制度以及社会组织形态为标志的良渚文化,可以说达到了东亚史前文明的巅峰。

到了距今约 4000 年的良渚文化末期,自然界气候发生了一次大变化,即地理学家称作"宇宙期"的自然灾害异常期的降临,中断了良渚文化的发展进程。恶劣的自然环境直接导致了良渚文化在东南地区的整体性消失。从良渚文化的衰落,可以看到远古时代的人类在应对自然挑战时的无奈。

从夏商周三代到明清时期,自然界的气候变化大致以北宋初期为分界线,公元 1000 年以前,我国的气候比较温暖,浙江的气候更接近现代东南亚一带的热带气候;公元 1000 年以后,我国的气候转向以寒冷为主,浙江的气候条件总体上与现代的状况差不多。

从夏代初期开始,浙江的自然环境趋于恶劣,至少到汉代初期,依然不如北方的中原地区那么适宜人类的生存和发展。多雨,潮湿,高温,《史记》说"江南卑湿,丈夫早夭",《管子》说"越之水浊重而洎,故其民愚疾而垢",都指出了战国秦汉时期浙江的自然环境远不如现代,不太适宜人类的生存和文明的发展。从晋代开始,先是"永嘉之乱"导致大批北方汉族移民浙江,带来了北方先进的生产技术;接下来是隋代开通江南运河,缩短了浙江与北方经济发达地区的距离;到北宋初期气候转冷而使得江南地区变得极适合以水稻种植为主的农业生产,以及"靖康之难"后南宋定都杭州,大大推进了浙江全境的开发,促使浙江的地域经济、文化不断走向繁荣,最终成为"鱼米之乡""文物之邦"。到明清时期,由于经济发达,人口膨胀,以及番薯、马铃薯、玉米等旱地农作物新品种从海外传入,从平原和丘陵向深山老林开发以缓解人口压力就成为可能。此时,浙江大地从平原到山区,已经是处处灯火,遍地炊烟,土地资源得到全面开发。因此,向广大读者全面地叙述历史上浙江境内移民和开发的过程,展示生态与环境、资源与人口关系的变化,就构成了《浙江通史》的一大特色。

(三)《浙江通史》是一部浙江文明和文化发展、演化的地域文明史

《浙江通史》注重揭示浙江历史上人与环境之间的互动,突出对环境与开发、文化与文明成就的叙述。全书在叙述浙江 7000 年历史进程、展示浙江文化和文明成就的同时,一方面注意到浙江历史与中国历史乃至世界历史进程的相关性和同步性,认识到浙江文明与中华文明的同质性的事实;另一方面,我们还力求揭示浙江历史的特殊性,努力揭示浙江历史的地域特色,揭示浙江7000年历史发展和演化过程中的特点。那么,与全国其他地区的地域史相比,浙江史、浙江文化和文明演化的历史进程具有哪些特点呢?

与世界上任何地区的文明史一样,浙江的地域文明与文化的发展史,同样拥有高潮,也出现过低潮,伴随着高潮与低潮而来的,是文明、文化、历史和社会的转型。以历史长时段的眼光考察,如果把河姆渡文化以来浙江的地域文明和文化史置于中华文明发展史的纵轴上,与同时期全国其他地区的文明发展水平和程度作一比较,我们认为,浙江7000年历史大致可以划分为三大段:新石器时代为第一段,从夏商周到隋唐五代为第二段,从宋元明清到现代为第三段。从文明的发展水平看,在新石器时代,河姆渡文化、良渚文化的发展水平或发达程度,毫无疑问处于全国的前列;从宋元明清时期到如今21世纪之初,浙江的经济、文化和社会的总体发展水平也一直与全国同步,甚至走在全国的前列;而在夏商周以后相当长的一段时间里,浙江的文化却处于停滞或退步状态。《浙江通史》在写出7000年历史发展、进步和进化一面的同时,也要写出退步或落后的另一面,并尝试探讨导致文明和文化退化和落后的深层次的历史原因。

与三大历史时段的划分相对应,7000年的浙江地域文明和文化,曾经发生过三次具有划时代意义的历史转型,这三次历史转型分别是:第一次是良渚文化突然消失,文明进化的过程发生中断;第二次是秦汉以后,随着大一统王朝的建立,中原人南下,古越人北迁南徙或逃往山区,浙江大地上的人种和语言都发生了变化,文化和文明的性质随之发生了巨变;第三次是鸦片战争以后,随着西方文明的侵入、工业文明的兴起,浙江的文明和文化与全国同步,开始了从农业社会向工业社会的转型。伴随着浙江社会的大转型,历史曾经给了浙江人多次难得的发展机遇,其中最大的机遇有三：一是西晋末年的"永嘉之乱"，二是北宋末年的"靖康之变"，三是晚清时期鸦片战争以后国门向西方文明的洞开。前两次机遇发生在古代，当中原地区因战争而发生混乱时，一批批北方人为躲避战乱南逃，进入长江流域，进入浙江大地，并从此在南方地区定居下来。中华礼乐文明的传播，汉族精英的输入，促进了古越大地文明和文化的发展和进步。同样，正因为有了长江以南包括浙江在内的大片幅员辽阔的腹地，为北方遭遇战乱的汉人提供了避难的乐土，才使中华文明得以薪火相传，绵延数千年而不绝。浙江、长江流域和南方地区为保存中华文化，为中华文明的发展作出了很大贡献。

总之，《浙江通史》就是要通过对浙江 7000 年历史的深入研究，向读者展示浙江的人口、移民、民族和社会的演进过程及其特点，展示浙江这块号称"鱼米之乡"的热土千百年来逐渐开发的历史，展示这块号称"文物之邦"的土地所创造的文明的成就和风采，揭示和把握这一地域文化、地域文明发展和演化的历史进程。我们相信，通过对浙江以及其他各个地域社会及其历史的深入研究，将会大大增进人们对于中国历史、中国社会的了解和认识，加深和丰富人们对中华文明博大精深的内涵和中国文化深厚的历史底蕴的认识，从而提升国人的民族自豪感和责任感。

五、本书的立项、编纂方法、体例与分工

随着历史科学的发展，区域历史的研究随着区域经济的发展而愈来愈为人们所重视。浙江地处东南沿海，历史悠久，20 世纪 80 年代起，经济的发展十分迅速，在我国历史上以及当代史上均占有重要地位。根据浙江省委、省政府提出建设文化大省的要求，

有必要组织我省的史学工作者,编写一部多卷本的《浙江通史》。1997年2月,杭州大学历史学系金普森提出编写《浙江通史》的设想。1997年8月29日,经浙江省哲学社会科学规划领导小组批准,12卷本《浙江通史》被列为1997年浙江省哲学社会科学重大课题,由杭州大学人文学院院长金普森和浙江省社会科学院历史研究所所长陈剩勇担任主编并组织实施。这是一项重大课题,必须组织浙江省的学有专长的历史工作者共同承担。编纂多卷本《浙江通史》提到议事日程上后,由浙江省历史学会专门邀请我省对浙江历史素有研究的专家学者在桐庐召开了《浙江通史》编纂体裁体例研讨会。与会者认为编纂《浙江通史》,此其时也,就体裁体例以及编纂思路提出了宝贵的意见。为了加强对《浙江通史》编纂工作的领导,保证编纂任务的完成,浙江省委、省政府决定成立《浙江通史》编纂工作指导委员会,时任浙江省政协主席刘枫为主任,时任浙江省委常委、宣传部部长梁平波和浙江省副省长徐志纯为副主任。指导委员会下设办公室,时任浙江省委宣传部副部长、浙江省社会科学院院长侯玉琪兼任办公室主任。

经过近一年的准备、酝酿,主编提出了编纂思路、结构和篇目安排,聘请了13位学者承担12卷的编纂任务。每卷还可约请若干学者参与研究与撰稿。在各卷拟就撰写大纲的基础上,为确保《浙江通史》的质量,使之真正编成一部高品位的学术精品,《浙江通史》编纂工作指导委员会邀请我省史学界的一批著名学者,于1997年11月底召开了专家咨询会议。出席咨询会议的专家有:沈善洪、毛昭晰、孙达人、沈文倬、徐规、陈桥驿、魏桥、黄时鉴、陈学文、董楚平、杨树标、梁太济以及谢宝森等。专家们认真审议了《浙江通史》的编纂思路及其体例,审议了各卷作者拟定的撰写大纲,并提出了详细的修改意见。

在听取专家意见的基础上,编写成员反复研讨,进一步明确编纂思路，一致认为要打破以往通史著作固有的旧框框，突出写人，写社会，写文化和文明，写环境和开发。在全书的结构上，《浙江通史》将打破现有通史流行的把历史划分为政治、经济、文化、军事四大块的史书结构，一改传统史学偏重描述政治制度和政治事件的写法，转向注重对社会史、文化史的叙述，重墨叙述和展示7000年来生活在浙江这块土地上的人的发展和进步，地域社会结构和社会阶层的演化，地域文化的发展和进步。

在全书的篇目安排上，并没有采用现今许多通史著作通行的叙事模式，而是选取每一时期中对当时或后来的历史产生重要影响的人物、事件或历史现象，提纲挈领，予以重点叙述。例如，隋朝时江南运河的开凿和南北大运河的贯通，是浙江历史上具有里程碑意义的重大历史事件。南北大运河的开通，一下子拉近了浙江、江南与中原的距离，浙江与中原地区之间的人员交往特别是商品流通变得方便了。大运河促进了江南和浙江的开发，推动了唐代以后杭嘉湖地区农业经济的迅速发展，使全国的经济重心由北方转移到江南成为可能。而杭州城的崛起，更是直接受益于大运河。现今的杭州，在秦汉时只是钱塘江口的一个小县城—钱唐县，从秦汉到南北朝的1000多年间几乎没有得到发展。大运河开通以后，默默无闻的江边小县，成了南北交通枢纽的南端终点站、南北物资和人员的集散地，大大促进了杭州城的发展和繁荣。当然，南北运河的贯通，也强化了定都中原的专制王朝对浙江的政治控制和经济剥削，浙江人创造的财富从此源源不断地输往北方，为巩固大一统的王朝作出了积极贡献。

明末清初时番薯、玉米、马铃薯的传入和广泛种植，是另一例其重要意义被低估的史实。以往的通史著作往往把此事作为一般事件处理，仅仅在描述清代农业时，说当时农业方面增加了几个新品种；而忽视了番薯、玉米、马铃薯的传入和广泛种植对清代社会和后来历史的深远影响。本书清代上卷专辟一章予以重点叙述，不仅叙述了异域农作物引种和普及的过程，还全面探讨了由这一事件引发的后果：一方面，这些适宜于山地种植的高产农作物新品种的引入，使"七山一水二分田"的浙江山区与平原一样，也可以养活大量的人口，促使当时的人们不断向丘陵和山区移民，从而有效地缓解了明代中叶以后巨大的人口压力；另一方面，饥民蜂拥移民山区，成片成片的山林遭到砍伐，大片大片的山地开垦出来，种植番薯、玉米、马铃薯，使得原先郁郁葱葱的山林和植被遭到破坏，导致山区水土流失和自然环境恶化。另外，番薯、玉米、马铃薯的传入和广泛种植，还从根本上改变了浙江人特别是山里人的饮食结构和饮食方式。由此可见，番薯、玉米、马铃薯的传入和广泛种植，对于浙江的历史来说，绝不是可有可无的小事，值得深入探讨和叙述。

因此，《浙江通史》在全书结构和章节篇目的安排上，以有代表性、影响性的事件、风俗、现象和人物为重点，突出浙江历史发展的地域特点、浙江文化的丰富内涵、浙江文明的历史成就。

需要指出的是，《浙江通史》毕竟是一部地方史，浙江的历史特别是秦汉以后的历史，终究是中国历史的一个组成部分。地域社会的变迁、区域文化的形成，在很大程度上都受制于整个中国乃至世界的政治、经济、军事、文化的发展状况和趋势。因此，《浙江通史》在叙述中，还注意到浙江与全国的关系及其互动，注意到浙江与世界的关系及其互动。

另一方面，浙江作为一个省级行政区划，从明太祖朱元璋最初设置浙江行省，距今只不过 600 多年时间。行政区是人为划定的，虽然历史上每个行政区的建与废、分与合，多少都照顾到一个区域的自然地理、物产风俗等因素，但与文化区相比，各种行政区的划分，更多地带有行政和政治的色彩，而不是如文化区那么自然天成。从总论的第一部分，我们已可明了今天的浙江省行政区的范围，特别是与周边的江苏、上海、安徽、江西和福建等省市相邻的地区，从语言、风俗习惯、经济生活和风土人情等方面，在历史上往往与周边地区密切联系在一起，分别属于不同的文化区系。

例如，在先秦时期，浙北平原的湖州、嘉兴一带，与苏南地区同属于吴文化区；而现今浙南地区与福建省，在新石器时代就属于同一个瓯越文化区，两地的居民，族属相同，语言相通，同风同俗。又如东汉时以钱塘江为界，将秦始皇设立的会稽郡一分为二，东为会稽、西为吴郡，而吴郡的范围已经远远越出现今浙江省的行政区范围。再如宋代时，浙江归属于两浙路，有关人口和经济的数据，无法按现今浙江省的区划范围进行重新划分使用；一些发生在两浙但在现今浙江省境之外的事件，对浙江经济和文化都具有重要影响。凡此种种，都促使我们在编写《浙江通史》古代有关卷中，尽量放宽历史的时间和空间界限，大胆地超越浙江省境，以确保历史事件和史实的完整性。

《浙江通史》的学术性取向，要求每一卷作者在具体研究和撰稿的过程中，既要充分地消化和吸收大量现有的研究成果，也要做深入的专题研究；对那些有较大争议的学术问题，既写出争论各方不同的观点，又要亮出作者的观点和取舍，以充分体现百家争鸣和自由开放的学术精神。在行文上，则力求做到学术著作的严谨性，用语要准确，表述要科学。关于纪年，1840 年以前采用中国历史纪年，括注公元纪年；1840 年以后直接采用公元纪年，必要时括注历史纪年或民国纪年。

从通史的学术定位，兼顾到当今科学机构量化评估的现实，我们在分配各卷的编撰任务时，也尝试进行了人员分工上的创新。全书由主编提出编写思路，并拟定全书各卷的编写大纲，以保证全书的整体性、统一性和完整性。与此同时，为了确保全书的学术质量,由主编分别指定一位专家负责一卷。各卷的撰稿工作,可以由指定的专家一人独立承担,也允许该专家组织几位专家合作完成。因此,《浙江通史》12卷,分而言之是各卷作者独立完成的学术专著,合起来则是一部思路统一、体例统一、内容连贯、有一定学术深度和品位的通史著作,一部集体项目与个人专著相统一的历史著作。但是,这种分工有时就像一把双刃剑,在确保全书学术品位、体现各卷作者学术风格和特色的同时,由于出自不同的作者之手,通史12卷在理论架构的磨合、前后各卷的衔接方面,以及对一些理论的理解和具体史实的把握上,难免存在一些不尽如人意的地方,我们谨代表本书的全体作者,真诚地欢迎国内外历史学家和读者朋友批评指正。

金普森　陈剩勇

（原载金普森、陈剩勇主编:《浙江通史》,杭州浙江人民出版社,2005年）

浙江革命党人与南京临时政府之筹建

中华民国临时政府的建立,是辛亥革命的伟大成果。这是中国历史上破天荒的大事变。浙江革命党人在大事变中作出了巨大贡献。特别是杭州光复,浙江军政府成立以后,革命力量的重新组合,发动了攻宁战役,举行了援鄂、北伐,为创建中华民国南京临时政府,发挥了特殊作用。

一、杭州光复和浙江军政府建立

1910 年 7 月,中国同盟会中部总会在上海湖州会馆成立后,浙籍陈其美负责江浙地区的革命工作。与此同时,陶成章也从南洋回国到上海,建立了锐进学社,作为光复会的总机关,并与各地光复会联络,指导各地革命运动。当武昌起义消息传来之后,他们秘密筹划武装起义,以响应武昌起义。

10 月 26 日,中国同盟会中部总会研究江浙沪革命问题,“全体决议,暂避开各地区,专注全力于杭州”①,即以杭州为东南第一发难之地。陈其美到杭州后,召集同志开会,提出:先由清政府统治相对薄弱、革命势力发展比较快的浙江发动起义,“待杭举义完成,抽拨一部分军队,火车运送到申,占领上海全市”,然后进苏州,

---

① 中国近代史资料丛刊《辛亥革命》,上海人民出版社 1954 年版,第 7 册,第 150 页。

"若南京举义不利,即前进攻宁"。① 为此,派人去上海、宁波、绍兴等地联络会党,侦察形势、绘制地图,为举事作各种准备。经过多次商议,暂定在 1 月 3 日至 7 日之间在杭州举行起义;吕公望在处州、金华等地联络会党,攻打富阳,以牵制杭城清军力量;推定童保暄为临时都督,杭州光复后,推汤寿潜为都督。

1910 年 11 月 2 日,上海方面派来的王金发、张伯歧、王文庆、董梦蛟、蒋志清(即蒋介石)、蒋著卿等敢死队员百余人抵杭州,武装起义工作基本就绪。浙江省巡抚增韫已惶惶不安。11 月 3 日,浙江省谘议局副议长沈钧儒亲赴抚督,劝增韫投诚,宣告浙江独立,以免杀戮之惨。增韫拒绝。11 月 4 日,上海起义的消息传到杭州,增韫知道末日的到来,令仁和知县沈思齐起草一份宣布"浙江独立"的布告。布告尚未贴出,杭州起义的枪声即已打响。

11 月 4 日晚上,杭城的新军占领了艮山门和望江门。各路起义军迅速攻占杭城各要塞,完成了对旗营的包围,曾韫携母潜逃时,被包围抚署的革命军俘虏。至 5 日凌晨,杭州全城已基本光复。

武装起义胜利后,革命党人着手组织政权,发电报到上海,"报告光复情形,请汤(寿潜)即来"②。5 日下午,汤寿潜在陈时夏、高尔登、王清夫等人陪同下到达杭州。各界立即在谘议局开会,选举汤寿潜为浙江都督。11 月 7 日,杭州召开各界代表大会,宣告浙江军政府成立。

浙江革命党人为什么要请出曾经反对革命的立宪派领导人汤寿潜出任都督? 其原因有二:

一是汤寿潜本人的转变,他对君主立宪方案,对清朝统治已经

① 中国近代史资料丛刊《辛亥革命》,第 7 册,第 150 页。
② 中国近代史资料丛刊《辛亥革命》,第 7 册,第 156 页。

完全失望,政治信仰已转向民主共和。

二是新生的革命政权需要一位有资望的人来主持。起义前夕,在讨论新政权领导人时,有人推举同盟会会员褚辅成任都督。褚辅成拒绝了,其理由是:"东南及江浙各省均在观望中,吾省宜推一负有重望者担任,方足以资号召,革命较易成功。汤寿潜先生为沪杭甬铁路争自办,众望所归,堪膺此选。"①于是当时按照事前商定的:杭州光复后,推汤寿潜为都督。推选一位有"资望"的人物担任各地光复后新政权的领导人,是当时中国中产阶级革命派的普遍心理,也是当时中国及浙江中产阶级社会力量薄弱这一客观条件下的无奈选择。

汤寿潜出任浙江军政府都督,并未影响革命后建立的新政权的性质。因为军政府都督之下设司令部及各部部长多数为革命党人担任。周承菼为总司令(所有陆军、巡防营等均受其指挥),褚辅成任政事部长,庄嵩甫为财政部部长,陈汉第为民政部部长,汤尔和为外交部部长,傅修龄为交通部部长,陈泉卿为总务部部长。②周承菼、褚辅成、庄嵩甫、陈泉卿都是同盟会、光复会会员。军政府内设参议会,作为临时议会机关,"凡施行全省之重要政务及一切规章,参议会均有议决权"③。参议会成员基本上都是同盟会、光复会会员。这样,革命后建立的浙江军政府,中产阶级革命派掌握了权力。浙江军政府成立后的短短半个月内,全省各地纷纷以各种方式宣告"光复""独立",11个府城全部实现了光复。浙江全省的光复和浙江军政府的成立为筹建中华民国南京临时政府奠定了后方基地,在政治、军事和经济上得到了最有力的支持。

---

① 浙江省文史工作委员会编:《浙江辛亥革命回忆录》,浙江人民出版社 1981 年版,第 33 页。

② 《杭州光复后进程种种》,《申报》,1911 年 11 月 10 日。

③ 中国近代史资料丛刊《辛亥革命》,第 7 册,第 157 页。

二、浙江军政府的攻宁之役

浙江军政府成立后,在采取措施稳定政局,发布政令、革除封建陈规陋习,荡涤旧社会的污泥浊水。与此同时,在军事上发动了攻宁、援鄂和北伐,以彻底推翻清王朝在全国的统治。

南京是历来兵家必争之地,当时是清朝在江南的政治、军事中心,清南洋大臣、两江总督驻节于此,有江宁将军铁良、江南提督张勋督重兵防守。所以能否克复南京,是关系到东南各军政府能否巩固、辛亥革命能否取得全胜的生死攸关的问题。

还在武昌起义前,同盟会就在驻南京的新军第九镇中进行策反工作,多数新军表示拥护革命。武昌起义爆发后,第九镇官兵情绪高涨。两江总督张人骏、江宁将军铁良察觉新军不稳,即下令收缴枪炮,断绝军需,并将徐部调出南京。移驻秣陵关。11月8日,徐绍桢率部起义,进击南京。因反动军队已在南京城内外严密布防,而新军既缺乏武器弹药,又未与城内革命党人取得联系和配合,因此起义军进至雨花台即遭反动军队阻击而溃败。徐绍桢赴上海与沪军都督及旅沪革命团体商议,决定组织江浙联军协力攻取南京。浙江军政府接电后,参议部立即进行研究并通过了援宁决议,委派朱瑞为浙江援宁支队长,吕公望为参谋长,率八十一标、八十二标一营、炮兵一队、工程兵一队、宪兵一队共3200余人的援宁支队,于11月12日出师援宁。①

11月16日、20日,徐绍桢在镇江都督府连续召开浙军及联军中苏军、沪军等各军将校参加的军事会议。会议作出决定:"浙军任攻中坚,由麒麟门进占紫金山;苏军任攻南路,进占雨花台;淞军任攻北路,收复乌龙、幕府两山;镇军任攻天堡城。"②

联军分路进攻南京后,首先取得突破的是11月24日、25日浙军配合淞军袭取乌龙、幕府两山。25日,联军以浙军为主力正面进攻南京,浙军从麒麟门向马群进攻,击退清军七八千人的阻击和反扑,击毙张勋的大将、清军统领王有宏,毙敌千余人,俘获数百,一举占领紫金山东部,左右翼分别到达紫金山中部和孝陵卫附近。次日拂晓,张勋亲率奋勇队4000人、骑兵1000余人出城偷袭浙军。浙军与之展开激战,由于敌军在数量和装备上均占优势,战至下午2时,浙军管带赵膺中弹阵亡,士兵伤亡甚多,几难支持。支队长朱瑞和参谋长吕公望身先士卒,亲临火线指挥战斗并进行战斗动员,终于顽强地坚守住阵地。下午5时,在浙军马队等援军达到后,朱瑞抓住时机,号令冲锋。浙军跃出战壕,勇猛冲击敌军,敌溃不成军,张勋逃入城中,未及入城的数百敌军,悉数被俘。

浙军马群之战的胜利,为攻克南京奠定了基础。11月28日,联军总司令部发布各军共同攻取南京城的命令。联军认定"若不

---

① 关于浙江援宁支队人数,现有3000人(胡绳武等:《辛亥革命史稿》,上海人民出版社1991年版,第3册,第383页),4000人(《汤寿潜史料专辑》,1993年版,第10页),8000人(《辛亥革命浙江史料选辑》,浙江人民出版社1981年版,第585页)的不同说法。笔者经考证认为,援宁支队出发时的人数为3200人,不过首批援宁浙军出发后,浙江军政府仍源源不断派出部队充实援宁支队(见《申报》,1911年11月16日、24日、25日),到1912年2月初,浙江援宁支队已达"四标,每标三营,另有炮、马、工、辎四营"(见《申报》,1912年2月6日),按当时军事编制,总数当在8500人以上了。

② 茅乃登等:《江浙联军光复南京》,扬州师范学院历史系编《辛亥革命江苏地区史料》,第404—405页。

夺取此地,南京不可得而下也"。于是命镇军、浙军、沪军等合力攻取天堡城。11 月 30 日,镇军第二标、浙江二队和沪军义勇队从紫金山南麓攀藤附葛,猛烈冲击。浙军敢死队队长叶仰高等战死。至 12 月 2 日凌晨,联军终于攻克天堡城。同日,张勋及两江总督张人骏、江宁将军铁良等仓皇出逃,清朝在南京的统治彻底垮台,南京宣告光复。

浙军在攻宁战役中建立了最大的功绩,张謇说攻宁之役"以浙军论功为联军最,而纪律之严也过他军"①。联军司令部、秘书部、参谋部也赞扬说:"浙军尤奋死力,首催敌锋,歼渠师,卒能以兼旬之力,下名城而立政府。"②浙督汤寿潜在致浙军前线指挥官的信中,高度赞扬浙军在攻宁战役中的功绩,勉励浙军将士再接再厉,为彻底推翻清政府、造就共和而血战到底。他说:"此役所以底成功者,实赖浙军誓死血战……诸君为倾覆专制政体而战,为造一般人民幸福而战,此为二十世纪我中国最可尊可敬之军人","世界共和政体无不以血战得之,诸君实行其铁血主义,何功勿成,何战勿克!"③

三、浙军的援鄂与北伐

在江浙联军光复南京期间,北洋军乘攻陷汉口之势力攻武昌、

---

① 张謇:《兴武将军海盐朱公墓志铭》,《辛亥革命浙江史料选辑》,第 585 页。

② 茅乃登等:《江浙联军光复南京》,扬州师范学院历史系编《辛亥革命江苏地区史料》,第 384 页。

③ 汤寿潜:《致徐则恂队官张兆振指挥官》(1911 年 12 月 6 日),《浙军都督府卷宗》,嵊州市档案馆藏。

汉阳,11 月 27 日,汉阳失陷,首义之区面临严重的军事威胁。各省纷纷组织力量援鄂。浙军军政府充分认识到援鄂的重要性,都督汤寿潜明确指出:"援鄂伐燕,俱不容缓。"[1]但当时浙军正在"力痛于宁,悉索以从,猝未应手"[2],实在无力在军事上援鄂,汤寿潜为此深感歉疚。他在给黎元洪的信中说:"浙军勉及于宁,已若竭蹶,不克溯江而上,愧歉何可言!"[3]但浙江军政府仍在道义上、经济上给予援助。汤寿潜在给黎元洪等的信中高度评价了鄂方抵抗北洋军,苦支危局,使东南各省得以"暂安枕席"的功绩,并不时询问鄂方战事,提出战守方略。在自身财政经济极端困难的情况下,浙江军政府还极力给予鄂方经济援助,用汤寿潜当时的话说,这种援助到了"悉索敝赋以从"[4]的程度。南京光复后,浙江军政府立即派遣许耀、徐聘耕、曲映光等与湖北军政府顾问官孙发绪到武汉,协商援鄂事宜。[5] 只是武汉形势很快得到缓解,浙军援鄂后来没有大举进行。

浙江军政府力主北伐,彻底推翻清王朝的封建专制统治。

早在北方议和代表唐绍仪离京南下的当天,浙督汤寿潜就致函程德全说:"北方愈有事变,北伐愈不可懈",虽有唐绍仪之来,也"不可不以攻为堵",以免清军"出我不意,倾巢前来"。[6] 次日,浙江临时会议召开第一次正式会议,即把北伐列入重要议事日程。会议同仁表示:"北伐一层万不可缓,满奴一日未除,汉民一日不

---

① 汤寿潜:《复绍兴议事会金腾》,《浙军都督府卷宗》,嵊州市档案馆藏。

② 汤寿潜给黎元洪的信(1911 年 12 月 11 日),《浙军都督府卷宗》,嵊州市档案馆藏。

③ 汤寿潜给黎元洪的信(1911 年 12 月 20 日),嵊州市档案馆藏。

④ 汤寿潜给黎元洪的信(1911 年 12 月 30 日),嵊州市档案馆藏。

⑤ 杨镇毅:《光复会与光复军》,《浙江辛亥革命回忆录》,第 242 页。

⑥ 汤寿潜给程德全的信(1911 年 12 月 9 日),嵊州市档案馆藏。

安,为今之计,有进无退。"①此后,浙督汤寿潜不断打电报或致函给江苏、上海、湖北、安徽等省都督及民军议和代表、浙江筹组临时政府代表,一再提醒他们要警惕袁世凯的狡诈本性和玩弄和谈骗术,应切实预防其"诱约进犯";他指出北军的偷袭绝非偶然,必有袁世凯的密令指使,要伍廷芳"以诱约诘责"袁氏,并公布其迭次诱约进犯之罪状,以振作民军反袁士气;他提出民军既以推翻清政府为职志,那么无论奕劻内阁还是袁世凯内阁均应彻底推翻,以明大义,彰天讨,因而应立即与袁世凯决裂,与之宣战,举兵北伐,如一再迁就议和,必将功亏一篑;他坚信孙中山归国后,也"必有北伐之计"。②

12月15日,汤寿潜还亲赴南京浙军司令部慰问前线将士,宣告官兵勿松懈革命斗志,勉励他们继续奋力北进。驻宁浙军全体也多次通电反对议和、主张北伐。其中一则通电说:"和谈消磨锐气,坐失良机,狂糜巨费,误国误民,应立即停止,举兵北伐,浙江精锐之师,尤可身任锋镝。"③

1月15日,即将卸任都督的汤寿潜在此致电孙中山及南京临时政府所有军政首脑及各省都督、总司令,再次恳求临时政府迅速北伐。

浙江军政府还为北伐作了几个方面的切实努力。一是令测绘学堂制图科全体学生速绘北上沿江沿海要道形势图,并派出军事

① 《新浙江纪事》,《申报》,1911年12月17日。
② 详见汤氏下列函电:12月11日给黎元洪、同日给浙江筹组临时政府代表、12月20日给黎元洪、12月22日给程德全、12月25日给孙毓筠、12月26日给锦堂函,均见嵊州档案馆藏《浙军都督府卷宗》;12月23日致伍廷芳、12月24日致程德全和陈其美、12月31日致伍廷芳、1912年1月1日致民军议和代表、1月2日致南北民军代表、1月13日致伍廷芳,均见《汤寿潜史料专辑》,第595—596页。
③ 《浙军全体反对议和、主张北伐通电》,《申报》,1911年12月29日。

侦探,收集军事情报,以为北伐作准备。① 二是扩编援宁支队,令其出师北伐。南京光复后,浙江军政府又调驻宁波的新军第八十三、八十四标开赴南京编入援宁支队,将该支队扩编为包括4个步兵团、1个炮兵团,工兵、辎重兵、骑兵各一个营的诸兵种的浙军第一师,共1万余人。从1912年1月15日始,驻宁浙军冒着严寒陆续渡江沿津浦路北伐,并与粤军、镇军发起组织"联军北伐参谋团"(后包括赣军及江淮各军),以统一步调,协力北伐。② 1月底,北伐浙江司令部移驻临淮。2月中旬,浙军与粤军协力将张勋逐出徐州并进驻该地,成为当时陆路北伐的先锋。③ 后由于南北议和告成,北伐浙军于4月下旬陆续全部返浙。三是在省内继续募兵筹饷,以为北伐后援。1912年1月21日,都督蒋尊簋发出布告,广事征兵。军政府还派王金发部及其在嵊县一带招募的新兵编为第六标,又派俞炜、钱伯坚前往严州、绍兴设局练兵,就地训练,编为第七标。④ 为了保障北伐军饷,都督汤寿潜一再要求"筹饷各绅尽力劝募,俾集腋成裘,共襄大举"⑤。广大人民急军政府所急,踊跃捐款,出现"各界输将争先恐后,即巾帼贤媛皆效奔走"的动人场面。

四、浙江军政府参与南京临时政府的筹建

在南方各省相继光复或宣告独立后,筹建统一的中央革命政

① 《浙江治兵种种》,《民立报》,1911年12月26日。
② 《申报》,1912年1月28日。
③ 《申报》,1912年2月14日。
④ 《浙江治兵种种》,《民立报》,1911年12月26日。
⑤ 《浙江治兵种种》,《民立报》,1911年12月26日。

府对于推进革命事业、消除内外忧患、巩固革命成果即有极其重要的意义。浙江军政府较早意识到这一问题并公开发出了这一倡议。11月11日,浙江军政府以都督汤寿潜的名义与江苏都督程德全联名致电沪军都督陈其美,倡议于上海设立临时会议机关,以筹组中央政府。电文说,"自武汉起事,各省响应,共和政体,已为全国舆论所公认,……美利坚合众之制度,当为吾国他日之模范",因此,急宜仿美国独立战争时大陆会议的精神和方法,"于上海设立临时会议机关,磋商对内外妥善之方法,以期保疆土之统一、复人道之和平,务请各省举派代表,迅即莅沪集议",并提出由各省咨议局和军政府各派代表1人常驻上海。①汤、程的倡议立即得到各省的响应,同月15日,先期到沪的苏、沪、闽代表成立了"各省都督府代表联合会"。

学术界常把汤、程此电看作是江浙立宪派、旧官僚企图操纵临时政府筹建权的表现,因为贬责浙江军政府在筹建南京临时政府中的努力,这是有失公允的。我们暂且不论程德全发起筹建中央机关的动机,就汤寿潜而言,他的目的主要有三:一是统一内外政策,结束独立各省的纷乱局面。这已在前引电文中说得很清楚。在致云南及各省电中,汤寿潜又说今独立各省,"虽同激于义愤,而起事各不相谋,容或多立名目,头绪纷繁,此一都督,彼一司令,……为久远计,不能不虑"②,所以必须组织统一的中央政府。他既在这类公开电文中如是说,也在给他人的信函中这样表白。如他在给黎元洪的信中,对"今日省自为制,纷挐错乱"表示忧虑,指出应急速成立中央政府,统一内外政策。二是统一军事行动,彻底推翻清政府。他在致友人的信中说:"援鄂伐燕,俱不容缓,但得

---

① 《民立报》,1911年11月14日。《申报》1911年11月13日也刊载了该电,但题目变成了《沪军都督府议设临时会议机关启》。

② 《汤寿潜史料专辑》,第594—595页。

临时政府早日成立,庶可望谋定后伐,以靖余孽耳。"①三是避免列强干涉、瓜分。汤寿潜担心革命由于帝国主义的干涉而遭受像太平天国那样的失败,更担心帝国主义乘此旧政府将倾、新政府未立之际瓜分中国,认为避免这种干涉、瓜分的切要之途就是迅速成立共和政府,并设法使列强承认,而这必须统一外交政策,维护社会秩序,保护外人生命财产。他在给友人的信中说:"唯是新国初造,东西强邻,眈眈虎视,……必先保治安,始可不生交涉。"②在另一封信中他又说:"今旧者推翻,新未承认,吾曹遂为无国之民,临时政府能早承认(时临时政府尚在筹建中),则无国也有国,否则,千万进行皆水泡。"③

建都地点和总统人选是筹建临时政府时中央政府最重要的问题,浙江军政府在这两个问题上的主张是与各省代表联合会一致的。

在11月11日的通电中,汤寿潜主张在沪召集临时会议机关,但并没有提临时政府设于何处。当他获悉武昌方面已于11月9日电邀各省全权委员赴鄂组织临时政府后,即于11月16日召集参议员、各部首领等特开临时会议,"倡议亲赴武昌,会合各省筹联邦政府之组织,以定国基"①,后经全体商议,决定改派张元济赴鄂。

11月20日代表联合会议决承认武昌为民国中央军政府、以鄂军都督执行中央政务后,浙江派出汤尔和、陈时夏、陈仪等参加代表联合会参与中央政府的筹建工作。

11月20日,黎元洪以中央政府首脑的姿态通电各省,建议

① 汤寿潜:《复绍兴议事会金腾》,嵊州市档案馆藏。
② 汤寿潜致褒甫的信(1911年11月17日),嵊州市档案馆藏。
③ 汤寿潜致子川的信,嵊州市档案馆藏。
① 《申报》,1911年11月20日。

"先由各省先电举各部政务长,择其得多数票者,聘请来鄂。以政府成立照会各国领事,转各国公使各请本国承认,庶国基可以初定",并拟定临时政府暂设内务、外交、教育、财政、交通、军政、司法7部的组织机构方案,提出除外交首长推伍廷芳外,"财政首长敝省拟举张謇"。① 浙督汤寿潜即复电赞同鄂方主张,并电举了各部首长,除外交推伍廷芳外,"内务程德全、教育章炳麟、财政张謇、交通詹天佑、军政黄兴、司法汪兆铭"②。从中可以看出:(1)当时浙江是主张都鄂的,这与各省代表联合会议决的以"武昌为民国中央军政府"一致;(2)汤寿潜在电文中虽没有明确提出临时政府总统人选,但黎元洪当时以中央政府首脑姿态电告各省的,汤既赞同黎电主张,其总统人选意向是明确的,这也与各省代表联合会议决的"以鄂军都督执行中央政务"一致;(3)在汤所电举的各部长人选中,外交、财政2部人选属附和鄂方建议,其他5部至少有3部得人选是革命党人。

南京光复的次日即12月3日,汤寿潜与陈其美、程德全及留沪各省代表议决以南京为临时政府所在地,12月5日的《申报》、《时报》也说汤寿潜赞成都宁。以前对汤寿潜等的这一都宁决定多有微词,认为是背着赴鄂代表和鄂军政府的一幕"滑稽戏"③,似乎又有控制临时政府筹建权之嫌。其实,这一决定适应了客观形势的变化。武昌是首义之区,且起义爆发后成为全国革命政治军事中心,本是较好的建都地点,但11月27日汉阳沦陷后,武昌一直处于严重的军事威胁之下,而南京是六朝古都,东南第一重镇,南京光复,东南底定,南京已成为最理想的建都处所。事实上,赴鄂

① 转引吴乾兑:《沪军都督与南京临时政府的筹建》,《史林》1992年第4期。
② 《申报》,1911年12月1日。
③ 刘星楠:《辛亥各省代表会议日志》,《辛亥革命回忆录》第6集,中华书局1963年版,第242页。

各省代表在获悉南京光复后也立即作出了"临时政府设南京"①的决定。

12月4日,陈其美、程德全又与留沪代表选举黄兴为暂定大元帅、黎元洪为副元帅,次日复议以大元帅主持临时政府。对于此次选举,浙督汤寿潜先是反对,继则拂袖而回杭州。

汤寿潜反对由留沪代表选举正副元帅、反对举黄的主要原因是:(1)汤寿潜认为,既有前约以赴鄂之代表议组临时政府事,留沪代表只作联络通讯机关,为鄂会后援,那么由留沪代表选举正副元帅,虽情有可原,即为"急求统一起见",然"终似不正当之行为",且"自负去鄂之代表";(2)汤寿潜又认为,既然各省代表联合会早已议决认武昌为中央军政府、以鄂军都督执行中央政务,那么再推黄兴为大元帅,则与"推黎之宗旨顿悖","盖恐负黎",也失信于民;(3)汤寿潜还认为,作为首义之区的黎元洪督师武汉,抗击清军,苦支危局,使东南各省得以"暂安枕席",其功业"于廿世纪亚洲光复史中首屈一指",②是比较合适的大元帅人选。

但与代表联合会中的多数代表一样,浙江军政府在获悉孙中山归国后,对临时总统人选的意向也发生了变化。孙中山抵香港的第二天,浙督汤寿潜就在致伍廷芳电中说:"袁先违约,唐非全权,浙曾有议和作罢之电,今若再与迁就,盖以示弱。中山既来,必有北伐之计。"③这表达了他对南方与袁世凯议和的不满和对孙中山归国主持军政大计的愿望。12月25日孙中山到上海的当天,他又在给程德全的信中说:"中山到沪,情态何似是? 此来能否有总统之资格? 公路(即三国时袁术字,汤借指袁世凯——编注)逢

① 刘星楠:《辛亥各省代表会议日志》,《辛亥革命回忆录》第6集,第246页。
② 汤寿潜:《致黎都督》(1911年12月30日),嵊州市档案馆藏。
③ 《汤寿潜史料专辑》,第595页。

此敌手,恐益坚其诱约进犯之志矣。"①这里,汤寿潜虽然没有明确提出以孙中山为临时政府大总统人选,但显然已在考虑是否举孙中山为临时大总统。

12月29日,各省代表在南京开会正式选举临时大总统,浙江代表汤尔和为会议主席,结果孙中山当选为临时大总统。随即汤尔和等受各省代表会特派,赴沪迎孙中山到南京就职。1912年1月1日,以孙中山为首的南京临时政府正式宣告成立。浙江军政府为南京临时政府的筹建作出了贡献。

---

① 汤寿潜给程德全的信(1911年12月25日),嵊州市档案馆藏。

临时大总统的让窃之考

以孙中山为首的南京临时政府仅存在三个月,就被以袁世凯为代表的北京临时政府所取代。对此,学术界一直认为是袁世凯攫夺了辛亥革命的成果,窃取了大总统职位。最新出版的《中国共产党历史》上还是写:"辛亥武昌起义后,袁世凯先是在帝国主义的支持下,以'拥护共和'的高调骗取资产阶级革命派的信任和妥协,窃取了中华民国临时大总统的职位,继而玩弄权术逼迫南京临时政府北迁,攫夺辛亥革命的胜利果实,打着中华民国的招牌,以北京为首都建立起北洋军阀的反动统治。"(中共中央党史研究室:《中国共产党历史》第一卷上册,中共党史出版社,2011年1月第2版,第18页)。以上表述从表象上看是历史事实,但实质上并非科学的表述。

武昌起义与各省相继光复后,清王朝处于分崩离析状态。1911年10月30日由清廷下罪己诏,表示治国无方。11月1日,清廷宣布内阁总理大臣奕劻辞职,由袁世凯继任,并组成责任内阁。袁世凯任职后,暂停对南方的军事行动,派人与黎元洪联系议和。在南北和议过程中,黎元洪曾说:"以项城之威望,将来大功告成,选举总统,当推首选。"(郭孝成:《和议始末》,中国史学会主编:《辛亥革命》第8册,第66页)黄兴亦曾致电袁世凯:"若能赞成共和,必可举为总统。"(同上书,第77页)

当南北和议有望大进展之时,孙中山从海外归来,被17省代表会议选举的临时大总统。12月29日孙中山致电袁世凯表示:

临时大总统一职"暂时担任。公方以旋乾转坤自任,即知亿兆属望,而目前之地位,尚不能不引嫌自避,故文虽暂时承乏,而虚位以待之心,终可大白于将来。望早定大计,以慰四万万人之渴望"(《国父全集》第 4 册,台北近代中国出版社 1989 年版,第 172 页)。而后,孙中山还表示:只要"清帝实行退位,宣布共和,则临时政府决不食言,文即可正式宣布解职,以功以能,首推袁氏"(观渡庐编:《共和关键录》第 1 编,著易堂书局 1912 年印刊,第 71 页)。

2 月 12 日,清廷正式宣布退位诏书,清王朝统治正式结束。2 月 13 日,孙中山鉴于清帝宣布退位,袁世凯已宣布赞成共和,决心履行诺言,孙中山于 2 月 13 日向参议院提出辞呈,推荐袁世凯为候选临时大总统。《孙文为推荐袁世凯致参议院咨》中说:"此次清帝退位,南北统一,袁君之力实多,发表政见,更为绝对赞同,举为公仆,必能尽忠民国。且袁君富于经验,民国统一,赖有建设之才,故敢以私见贡荐于贵院。"(中国第二历史档案馆编:《中华民国档案史料汇编》第 2 辑,江苏人民出版社 1981 年版,第 81 页)同日还致电袁世凯表示"文即刻引躬退在荒野,为一共和国民","新旧交替,万事待举,遗大投艰,非公莫办。谦虚左位,以俟明哲,曷胜伫立翘望之至。"(同上书,第 81—82 页)。15 日,袁世凯复电孙中山和黎元洪,表示"惠电拜悉,渐悚万状"(同上书,第 82—83 页),对继任总统一职,还推辞了一番。而临时参议员开会选举中,到会的 17 省代表,袁世凯以全票当选为第二任中华民国临时大总统,宣读誓词曰:"民国建设造端,百凡待治,世凯深愿竭其能力,发扬共和之精神,涤荡专制之瑕秽,谨守宪法,依国民之愿望,达国家于安全完固之域,俾五大民族同臻乐利。凡兹志愿,率履勿渝。俟召国会,选定第一期大总统,世凯即行解职。"(同上书,第 105 页)1913年 4 月,中华民国第一届国会成立。同年 10 月,国会召开总统选举会,经过三轮投票,袁世凯以 507 票对 179 票当选为正式大总统。10 月 10 日举行就职典礼。各国列强表示承认与祝贺。

北京临时政府与同南京临时政府一样建立在共和制度之上，是一个得到多种政治力量认同，世界各国承认与支持的，统治权及于全国的中央政府。袁世凯从继任临时大总统到第一任正式大总统，是依照法律程序当选的。袁世凯继任孙中山职位，是历史的选择。因此，不能说袁世凯是骗取，更不能说是窃取临时大总统、大总统的职位。退一步说，有让、荐在先，何以为窃、为骗。

人是会变的，随着职位的升迁，权欲的膨胀是永无止境的。袁世凯任大总统后，逐步集权于个人，实施集权法治，进而走向专制统治，演出了洪宪帝制的丑剧。袁世凯复辟帝制，天下共愤，立即陷入全国人民捍卫民主共和的怒潮之中。袁世凯从 1916 年元旦改元洪宪到 3 月 23 日下命废止洪宪年号，前后不过 83 天。正如孙中山在 1916 年海宁观潮题词中说的："世界潮流浩浩荡荡，顺之则昌，逆之则亡。"袁世凯吁请清廷退位，赞成共和，顺之潮流，因而被选为大总统，而复辟帝制，自称皇帝，逆之潮流，最后自取灭亡。

辛亥革命的胜败之思

　　1911年10月的辛亥革命和1912年1月1日中华民国的创立,是近代中国历史上的重要里程碑。辛亥革命的成果是一个崭新的资产阶级民主共和国在东方诞生,它标志着中国延续了两千多年的封建帝制在中国大地的终结。

　　辛亥革命胜利了,它结束了两千多年来的封建君主专制制度,这是学术界公认的结论;辛亥革命又失败了,这也几乎是学术界众口一词的说法。

　　辛亥革命到底是胜利还是失败呢?

　　衡量或界定一个运动或一次革命胜利与失败的标准是革命运动的基本目标是否实现,要求完成、应该完成的历史使命是否完成。

　　辛亥革命的基本目标是什么?早在19世纪末,资产阶级革命派就登上了历史舞台,以从事推翻清王朝的专制统治为目标。这一派的代表人物就是中国民主革命的先行者孙中山。1894年,他在美国檀香山创立了兴中会,通过《兴中会章程》(即成立宣言),在秘密入会誓词中提出"驱除鞑虏,恢复中华,创立合众政府"的纲领。1904年,黄兴、宋教仁、刘揆一、秦毓鎏等在湖南长沙成立的华兴会,提出的革命纲领是"驱除鞑虏,恢复中华"。1904年,蔡元培在上海成立光复会,入会誓词:"光复汉族,还我山河,以身许国,功成身退。"1905年,兴中会与华兴会等合并联合光复会成员在日本东京组成中国同盟会,制定了"驱除鞑虏,恢复中华,创立民国,平均地权"十二字的完整纲领。

从兴中会、华兴会、光复会以及合并后组成的中国同盟会纲领看,一个共同点是推翻清王朝的封建专制统治。三个革命团体统一后,第一次提出以资产阶级民主共和国取代清王朝封建专制统治的革命目标。

中国同盟会成立后,革命党人一方面创办《民报》《民吁日报》《民主日报》《民呼日报》《民主报》等报刊,揭露清王朝统治的腐朽黑暗,批判封建专制制度,宣传反清革命;一方面积极联络会党和新军,先后在各地组织和发动了一系列武装起义。1910年7月31日,中国同盟会中部总会在上海湖州会馆成立。中部总会的宗旨是:"以推覆清政府,建设民主的立宪政体为主义。"(上海社会科学院编:《辛亥革命上海史料选辑》,上海人民出版社1966年版,第9页)到了1911年10月10日,在中国同盟会的推动下,以湖北新军为主力发动武昌起义,获得成功。各省纷纷响应,进而掀起席卷全国的革命风暴,不足两个月时间,内地18个行省中,就有14个省宣布独立光复。

1910年10月29日,光复各省代表齐集南京,举行中华民国临时政府首任临时大总统选举会。到会者有江苏、浙江、安徽、福建、江西、湖北、湖南、广东、广西、云南、四川、山西、陕西、直隶、河南、山东、奉天,共17省45位代表。由浙江省代表汤尔和主持选举会议。选举为每省1票,获三分之二以上选票者当选。投票结果,孙中山得16票,黄兴得1票。孙中山当选首任临时大总统。1912年1月1日,举行临时大总统就职典礼。典礼上,孙中山宣读誓词。临时政府宣布定国号为"中华民国",改用公历纪年,以1912年为中华民国元年。1月2日,各省代表修正并颁布了《中华民国临时政府组织大纲》。1月28日,临时参议院正式成立。3月11日颁布了带有宪法性质的《中华民国临时约法》。此外,还先后制定并颁布了一系列政治法令、军事法规、财政金融政策及文化教育措施等等。

中华民国临时政府的建立,是辛亥革命的伟大成果,它构建了中国现代国家的雏形,展示了中国未来的图景,开辟了中国历史的新纪元。

辛亥革命没有成功,或曰失败,至今仍见多种出版物中。如最新出版的中共中央党史研究室《中国共产党历史》中有三种表述,即"辛亥革命没有成功"(中共中央党史研究室:《中国共产党历史》第一卷上册,中共党史出版社,2011年1月第2版,第28页)"辛亥革命的流产"(同上书,第17页)"辛亥革命失败"(同上书,第28页)。作者说"从根本上看,辛亥革命既未能铲除帝国主义和封建势力在中国统治的根基,也没有改变中国深层的社会结构,更没有改变中国半殖民地半封建社会性质。从这个意义上讲,辛亥革命没有成功。"(同上书,第17页)诚然,上述是客观事实,但我们不能因此判断辛亥革命没有成功。铲除帝国主义和封建势力在中国统治的根基,改变中国深层的社会结构,改变中国半殖民地半封建社会性质,不可能在短暂的时间内完成。历史向革命党人提出要做什么?能做什么?做到了什么?辛亥革命要做的是推翻清王朝的封建专制统治,创建民国。辛亥革命做了而且做到了。铲除帝国主义和封建势力在中国统治的根基,改变中国深层的社会结构,改变中国的半殖民地半封建社会性质,则是辛亥革命胜利地创建了中华民国政府之后要做的和能做的事业。孙中山的"革命尚未成功,同志仍须努力"的遗言,也是从三民主义的实现、民族复兴、中华腾飞而言的,并非指辛亥革命没有成功。

辛亥革命推翻了清王朝统治,创建了中华民国南京临时政府;国共合作领导的国民革命推翻了北洋军阀的统治,创建了中华民国国民政府;中国共产党领导的人民革命推翻了中国国民党统治,创建了中华人民共和国中央人民政府。国民政府建立后，发展了资本主义社会经济，取得了抗日战争的伟大胜利，但未改变半殖民地半封建的社会性质。人民革命的伟大胜利，中华人民共和国中央人民政府的成立之后，变为新民主主义的社会经济形态。土地改革，社会主义改造和社会主义建设，香港、澳门的回归，则经过近半个世纪的努力才先后完成，变半殖民地半封建社会为社会主义初级阶段。至于改变中国社会的深层结构的任务至今还是摆在党和人民面前的艰巨任务，需要不断深化政治体制和经济体制的改革来逐步达到人民所期盼的政治民主、社会和谐、经济繁荣、人民安居乐业，使中华民族昂首挺胸地自立于世界民族之林。

辛亥革命推翻清王朝，建立民国，实现由传统社会向现代社会的转型，把中国引向建设现代社会的发展道路，因而是一次胜利的、成功的革命运动。辛亥革命的最大成果是推翻清王朝封建专制统治，创建中华民国政府，从此结束了中国历史上两千多年的封建君主专制制度。袁世凯称帝，张勋复辟，只是昙花一现，一个资产阶级性质的政权一直保存下来。吴玉章曾说：辛亥前，说不要皇帝，被认为是疯子。辛亥后，说要皇帝，同样被认为是疯子。鲁迅先生在论及孙中山的丰功伟绩时说："只要这先前未曾有的中华民国存在，就是他的丰碑。"（《鲁迅全集》第 7 卷，第 83 页）。

浅论宁波商帮文化之特征

对历史名人或当代名人的纪念和庆贺，有多种方式，我认为最佳方式是举行学术研讨会。对名人的生平、事功、思想、品格进行研讨，这样可以评价其功过是非，肯定其历史地位，更可以吸收其经验教训，弘扬其精神。一个人过世或在世，就有人研究他，这更说明这个人的人生价值。在包玉书先生 90 华诞之际，镇海区委、镇海区人民政府举办"发扬包氏家族精神，弘扬宁波商帮文化"座谈研讨会，邀请全国各地包括香港地区的专家学者汇集在宁波，进行专题研讨，这是件很有意义的活动，不仅可以弘扬包氏家族精神，也可以通过此，挖掘整理宁波商帮文化，团结海内外中华儿女，为祖国统一和国家繁荣作出新贡献。在此研讨会上，就宁波商帮文化特征谈点看法，就教方家。

浙江位于太湖以南，东海之滨，地处我国东南沿海。浙北是平原湖汊，西南是山地，中南是丘陵、盆地，东南是滨海岛屿。一方水土育一方人。浙江这块地方，养育了数以万计的文臣武将，商贾巧匠，可谓英才迭出，名家星罗。但是平原湖汊地区孕育文臣，山地、丘陵、盆地多出武将，而滨海岛屿则涌现商贾。这种社会现象背后隐藏着深厚的文化底蕴。北部属水乡文化，西南与中南属山地文化，而东南部则属海洋文化。"智者乐水，仁者乐山"，钟灵毓秀，独领风骚。

旧宁波府所属鄞、镇海、慈溪、奉化、象山、定海等六县，所谓宁波帮就是指这六县在外地经商形成的商人集团。这六个县就是浙江的滨海岛屿的主要部分。海洋文化的特征是开拓进取、审时度势、敢于冒险,反映在宁波商人群体上,主要有以下几个方面。

一、勇于拓展

近代宁波商人善于开拓市场,占领市场。《鄞县通志》说邑人"民性通脱,务向外发展。其上者出而为商,足迹几遍国中"。《定海县志》也说:"国内北至蒙古,南至粤桂,西至巴蜀;国外日本、南洋,以及欧美,几无不有邑商足迹。"宁波商人除在本省杭州、台州、温州等地经商以外,还在北京、上海、汉口、天津、沙市、苏州等城市在商界位居要津,特别是上海,成为宁波商帮主要活动地域,"沪地为宁商辏集之区"(《上海碑刻资料选辑》,上海人民出版社1980年版,第262页)。到清末,宁波旅沪经商者不下数十万人。一些宁波帮巨商成为上海的风云人物。清末民初上海工商界曾流行一句话:"上海道一颗印,不及朱葆三(定海人)一封信。"上海两条以华人名字命名的马路——朱葆三路和虞洽卿路(镇海人),都是宁波商人。

宁波商帮的活动地域在海外分布甚广。《慈溪县志》称,邑人"四出营生,商旅遍于天下"。19世纪末一批宁波商人闯荡海外,依靠智慧和勤劳,在日本和南洋等地,创造了不凡业绩。20世纪40年代,宁波商人纷纷从上海等地移居港台地区,香港是战后宁波商人活动的大本营。本人曾写过《宁波商人与香港的经济繁荣》一文,记述了宁波商人为香港社会经济的繁荣作出的重大贡献。旅港宁波人以香港为跳板,又以香港为依托,进一步向日本、东南亚和南美洲等地发展。像香港的两位世界船王,一位是董浩云,他从供职天津航运公司,到自己创办中国航运信托公司,鼎盛时有轮船近 150 艘,总吨位达 1200 万吨,被誉为"现代郑和"。另一位是包玉刚,他以一条旧船进军航运业,经过近 20 年的奋斗,以自己的雄才大略和无与伦比的创业精神,登上了世界船王的宝座。他们把自己的企业发展成为全球性的企业,反映出宁波商帮厚重的历史文化积淀和开放闯荡的广阔胸襟。

二、善于创新

宁波商人保持特色的传统行业的同时,独具慧眼,适时更新经营项目,经营新兴行业。宁波商人经营银楼业、药材业、成衣业、海味业,在国内商界久享盛名。但是宁波商人在欧风东渐,社会风尚有变的趋势中,不失时机地更新经营项目。欧美轮船进入我国之际,宁波人就将自己经营的沙船业转而经营轮船航运业。像慈溪的董氏家族(董耿轩、董友梅)、镇海李氏家族(李也亭)是最典型的,他们经营沙船业致富,而后转向航运。航运业的开展,带动了关联行业,如粮食行、糖行、北货行、药材行等。他们积累了巨额家财,转而经营房地产、垦殖、银行、保险等新兴行业。

银庄业是宁波商帮得以发迹的又一支柱产业。上海实力雄厚的钱庄股东大多是宁波籍富商。单就镇海县而讲,就有方介堂家族、李也亭家族、叶澄衷家族、宋炜臣家族等。镇海方介堂的儿子方仁熙,在上海、汉口设立多家银庄。方介堂之侄方性斋在上海开了 17 家钱庄。方介堂的另一个侄子方仰乔,在上海(8 家)、宁波(8 家)、杭州(2 家)等地经营了近 20 家钱庄。方家经商积累了一定资金后开钱庄,继而经营钱楼、绸缎、药材、南货、渔业、地产等。

19 世纪末,宁波商人意识到钱庄将被银行所淘汰,适时地向新兴的银行业渗透。严信厚、朱葆三、叶澄衷等巨商参与筹办了我国第一家银行——中国通商银行。以后，又在上海、天津、杭州等地组建了多家银行。傅筱庵曾任中国通商银行总经理，方椒伯（镇海人）任北京东陆银行上海分行经理，同时又任中国通商银行上海南市分行经理。朱葆三曾任中华银行董事长、浙江兴业银行总经理。盛竹书（镇海人）曾任交通银行上海分行经理，一度还担任上海银行公会会长。1929年秦润卿、王伯元等人接办中国垦业银行，一次收足资本现银250万元，其中王伯元（慈溪人）投资占一半。宁波商人自设的四明银行，以孙衡甫（慈溪人）为董事长兼总经理，采用西方经营方式，除兜揽工商业存款外，还设四明储蓄会等组织，千方百计吸收储蓄。1919年，秦润卿的豫源钱庄改组为正明银行。1931年刘鸿生开办了中国企业银行，而后在苏州、上海设分支机构，扩充营业，经营证券买卖，获利丰厚。

除投资设立银行外，朱葆三、傅筱庵、虞洽卿等人还投资于外国银行。1934年，浙江兴业银行在一份调查报告中说："全国商业资本以上海居首位，上海商业资本以银行居首位，银行资本以宁波人居首位。"可见宁波商帮在金融界势力之盛。

宁波商人筹办的或掌权的银行，对宁波商人的创业多予照顾。"火柴大王"刘鸿生经营10多家企业，获得了浙江兴业银行的支持，虞洽卿创办的航业集团，也受益于四明银行的财力支持。这种商业、工业、运输业与金融业相互为用，事业越做越大。他们思想机敏，顺应时代潮流，适应市场需求，及时更新经营项目，如进出口贸易、日用洋货洋布业、证券业、五金颜料业、钟表眼镜业、公用事业等等。他们在国内各通商口岸、通都大邑人众势雄，还在世界的某些城市占有一席之地。他们的审时度势、与时俱进、不断创新，反映了宁波商帮投资的新理念。

三、敢于冒险

刘鸿生曾说:"做大事,一定要敢于冒大险。"航海事业及海上的捕捞作业,有不测风云,其险情较之田野作业千万倍。民谣说:"三寸板内是娘房,三寸板外见阎王。"海上置办货物,跨区贸易,风浪险恶,海盗凶残,人仰视而畏途。凭借智慧与勇气,屡险而不惊。宁波人早在秦代以前,已有近海岛屿上的鱼贩盐商。唐宋时期,宁波市商舶船遥达海外。北宋时期,开往南亚、中东、非洲以及日本、高丽的商船也大多从明州出发。南宋时期,明州是"市廛所会,万商之渊"。但是明朝厉行海禁,宁波商人为了寻找商业资本的出路,除了铤而走险,进行海上走私贸易外,甬商资本转向内地。清康熙开放海禁,宁波商帮的海外贸易有所复苏,宁波商船驶往南洋群岛等地经商。此外,宁波商人还经营沿海埠际贩运贸易,每年来往海船约有 1000 艘。此外,还有从内河来的内地河船近 4000 艘,合计每年货运量约有 20 万吨。(马丁:《中国的政治、商业和社会》第二卷,第 307—308、135 页)沙船贩运业、海上进出口贸易都是冒险的行业,也是发财的捷径。如平安无事则可发财致富,一遇风浪或海盗则倾家荡产,生命难保。宁波商人中不少人则是在干冒险事业中获取巨利的。

宁波商人在 19 世纪末和 20 世纪 40 年代前后两次较大规模的海外创业,其风险更大。清末光绪年间,一批宁波人是为生活所迫去海外谋生的,所谓"三把刀子闯天下",即理发刀、厨刀和裁缝剪刀,他们含辛茹苦,从下层劳动者做起,日积月累,把自己的事业一步步做大。慈溪的吴锦堂(后为有"关西财阀"之称的巨商)1882年在上海一烛店当佣工,1885 年东渡日本经商。鄞县胡嘉烈(后

为新加坡巨商)1924年去新加坡谋生,也在一家商店当学徒。他
们外出谋生成功了,但是也有的失败了。20世纪40年代前后,国
内社会经济动荡不宁,宁波商人大批地从上海等地到香港、台湾地
区闯荡。那时的香港经济十分萧条,宁波商人凭借其在内地从事
工商业的经验及所积累的资本,敢冒风险,奋力开拓,在竞争激烈
的海外社会站稳脚跟。现在人们看到了他们的成功,工商巨子、社
会名流和社团首领以及他们一顶顶璀璨的桂冠,"世界船王""影视
大王""娱乐大王""棉纱大王""毛纺大王""纺织大王""电子大王"
等等,而更应该看到他们荣获这些桂冠背后的创业风险和艰辛劳
动。在此举两例,可见一斑。

一是上海经商的王宽诚(鄞县人),1947年迁居香港,当时香
港社会风雨飘摇,经济萧条衰落,不少人对香港前途没有信心,离
港而去,而王目光敏锐,果断地把资金投向房地产,并创办维大洋
行等数十家企业,经营地产、建筑、船务、国际贸易等等,获得了
成功。

二是包玉刚(镇海人),1949年赴香港,从事进出口贸易和国
际航运业。20世纪60年代国际航运市场看好,各公司争着向日
本造船界订船。到了70年代,市场形势忽然逆转,许多船只租不
出去,建造中的船只总吨位急剧下降,再也没有人向日本订船了。
而包玉刚就在市场最糟糕的1971年,敢冒风险,向日本公司订造
了6艘船,总吨位达150万吨。这一举措,不仅让日本船厂在困难
时得到了包玉刚的订单,赢得了日本造船界的尊重。而且随着国
际航运市场的好转,包氏公司也一帆风顺。到了80年代,跃居为
世界七大船王之一。

宁波商帮文化的内涵十分丰富,上述只是宁波商帮创业之点
滴,但足以反映宁波商帮的海洋文化特征。

孙中山在1916年视察宁波时说:"宁波人对工商业的经营,经

验丰富,凡吾国各埠,莫不有甬人事业,即欧洲各国,亦多甬商足迹,其能力与影响之大,固可首居一指者也。"(《孙中山先生在宁波各界欢迎会上之演说词》,《民国日报》,1916 年 8 月 25 日)我们应以历史的眼光审视宁波商帮的不凡历程,应以哲学的视野分析宁波商帮的成败得失,以便发扬宁波帮精神,弘扬宁波帮文化。

2002 年 10 月 26 日于杭州大营盘寓所

(修改稿发表于《浙江万里学院学报》2003 年第 1 期)

改革开放以来的中国历史学

——纪念十一届三中全会 20 周年

  历史学和整个中国社会一样，在十一届三中全会召开前，基本上仍在"左"的大框架内回旋。1979 年 2 月的成都历史科学规划会议，发起了历史动力问题的讨论。这场讨论是当时正在进行的真理标准问题讨论在史学界的展开。中国历史学经历了十年浩劫，从一片文化废墟中走出来，经过拨乱反正，呈现出蓬勃的生机。十一届三中全会以来，教条主义在很大程度上得到纠正，研究禁区被冲破，外国史学理论大量引进。各种观点和体裁的史书络绎出版。改革开放二十年中，累计出版的史学著作、回忆录、地方史、资料集二万多种，各类史学文章不下 20 万篇（据《中国历史学年鉴》历年记载）。

  近 20 年，中国历史学处在一个新的反思和探索时期。一是经过"文化大革命"，人们在反思 20 世纪中国历史学经历的曲折道路，何以历史学一度被"四人帮"作为篡党夺权的工具？二是新中国成立后，中国史学界与国际史学界几乎隔绝，不了解国际历史学的动态和新发展。现在国门向西方打开，各种学术流派涌进来了（诸如德国和英国的文化形态史学、法国的年鉴学派、美国的边疆史学以及近代化史学、计量史学、社会史学、心理史学、比较史学等），并有不少可资借鉴的地方，史学家试图探索中国历史学发展的途径。三是中国面临从计划经济向社会主义市场经济的转型，经济体制的巨大变革给思想文化领域带来很大的冲击。历史学如何适应形势的变化,激发新的活力。苏联、东欧国家发生的巨变,马克思主义历史学受到严峻的挑战。这些重大问题,摆在世纪之交的中国历史学家的面前。从反思"文革",到走向国际史学潮流,是十一届三中全会以来史坛的发展大势。现择其一二,分述如下。

与国际历史学潮流接轨

改革开放前,中国史学完全是封闭的,20世纪50年代还与苏联、东欧国家有着某些联系,到了60年代,与苏联、东欧国家决裂后,与西方史学的联系中断了,沟通的渠道堵死了。改革开放打开了国门,大批留学生的进进出出,国际史学信息在中华大地传播。

系统论的引进是新时期中国史学受国际学术思潮影响的最早反映,1980年初,《兴盛与危机》一书的出版,是新时期史学界系统思潮的滥觞。1982年春召开的"中国封建主义研究方法论问题讨论会",将自然科学与历史研究的关系问题列为大会的主题。这是系统论对历史研究的冲击得到史学界认可的标志。到了1985—1986年,系统论、信息论在多种因素的作用下,左右了史学界。

以"三论"为内容的系统思潮的出现,是对长期以来作为历史研究指导思想的那种教条化的"马克思主义"的冲击。教条化的马克思主义指导下的历史研究,用的是演绎的方法,难免"主题先行",以论带史。正如有人所说的:"一些青年同志将系统论、控制论、信息论引进史学,是着意从方法上来解除危机的大胆尝试。较之归纳法与演绎法而言,'三论'不仅是全面而已,干脆便不在一个层次上。"(庞朴《科学主义与历史研究》,《史学理论》1987年第1期)

"三论"在史学界的出现有相当大的历史合理性,但是"三论"

是一种横断科学的理论,不是一种历史观,它不能指导人们观察和分析以往的历史,至多只能提供部分研究方法上的帮助,如开拓思维空间,等等。

中国史学再也不能游离于世界学术潮流之外,世界各国已经从研究政治史、战争史、外交史、军事史、伟大人物史上转移到研究社会(日常生活)史、物质文化史、心态史、民众史等方面。法国的传统史学阵地《历史评论》,从 1874 年至 1972 年,传记文章下降 90%,政治史文章下降 30%,经济史文章增加四倍,社会史增长近两倍。再从《年鉴》杂志上看,从 1975 年至 1984 年,政治史文章占 10%,人口统计史占 13%,经济史占 19%,社会史占 24%,文化史、心态史占 34%。随着课题内容的变化,研究方法上也作了调整,主要是史学向社会学、人类学、经济学、人口学、心理学等借用方法、模式、概念,从描述性、叙事性方法走向分析式方法。正当西方史学处于大变革的时候,中国史学几乎被完全、彻底地政治化了,阶级斗争史成为中国史学研究的压倒性主题。其后果,不仅仅是中国史学与国际史学主潮游离,而是中国史坛:①未能培养出饮誉国际史坛的史学大家;②中国史学队伍一代不如一代的趋势越来越恶化;③史学研究难以从整体上适应现代社会的变化。专著论文写得不少,但经得起时间考验的不多。而要改变这种状况,中国历史学必须走战后发达国家历史学所走之路:学科整合即跨学科研究。

学科整合第一次引起史坛瞩目是 1987 年第 1 期《历史研究》上的评论员文章,题目是《把历史的内容还给历史》。文章指出"我国史学正处于革新之中",革新的对象是"进一步改变多年来形成的内容狭窄,风格单调的状况",要"突破流行半个多世纪的经济、政治、文化三足鼎立的通史、断代史等著述格局",复原历史的本来面貌,"检验与纠正过去应用历史唯物主义研究历史时发生的公式化、简单化缺陷"。1988年第1期《史学理论》上的新春寄语中说："从国际史学发展的状况看,史学的变革必须走跨学科的道路。"

而所谓跨学科研究,广义上讲,是指包括运用自然科学和社会科学的理论与方法来研究历史,但狭义上讲,主要指运用社会学、人类学、经济学、政治学、心理学等相邻学科的理论与方法进行历史研究。我理解跨学科研究,主要是指史学的社会科学化。

西方学者对中国历史的跨学科研究已取得很大成就,并显示出巨大的魅力,马克斯·韦伯的《儒教与道教》一书,在考察历史上的中国的"社会学基础"时,对社会学各分学科的专门知识和方法的运用,中国史学可引为借鉴。如他在分析中国的士大夫阶层时,就从美学、语言学、文学、伦理学、教育学和社会学等角度考察了这个等级的形成、特点和功能。这种跨学科的考察,不仅别开生面,提出了许许多多的新问题,而且所获得的结论也刷新了已有的认识。用跨学科的眼光回顾历史,就会发现新课题,就会看到历史研究的广阔前景。中国史学就像中国社会一样,不对外开放就没有出路。

市场经济背景下历史学应有的选择

在铺天盖地的商潮冲击下,能不能赚钱成为衡量事物有用无用的价值尺度。一批文化人投笔从商,纵身下海,也有一批史学从业人员要使史学走向市场,写通俗读物,搞旅游史学、通俗史学等等,想通过史学的市场化来谋生、来改善自己生活的物质条件。这样的作品在各个城乡的书摊市场上随处可见。我认为这不但有损史学的学术品位,也有失史家的自身尊严。这样做的结果,无异于让史学走向毁灭。这种视史学为商品、市场要素,是当前泛商品化、泛市场化倾向走向极端的表现。

眼下谁也都会承认，历史学再也不能像过去那样亦步亦趋地为现实政治服务了。但是史学为市场经济服务就对了吗？总要为别的东西服务，总要把自己挂靠在外在之物上，确实成为文化的一种下意识，就像贾桂站惯了不会坐下来一样。

从世界各国来看，史家的根本出路在于国家（中央政府与地方政府）的文化政策。市场不是万能的，政府要把那些无法通过市场来解决而民族共同体又必不可少的东西管起来，管好它，否则，政府官员就是没有尽到自己应尽的责任。史家和任何社会成员一样，完全有权利去追求较好的生存环境和工作条件，但这不应以牺牲史学的纯正、严肃和品位为代价。史学不能养活史家，古今中外莫不如此。历史研究就是历史研究，就是做学问。历史学家的任务就是求实存真。历史的价值就在历史自身，衡量历史学的价值，既不是政治功能的大小，也不是货币含量的多少，而是文化品位的高低。

历史学是社会的人事环境建设的组成部分。历史学对任何一个民族都是必不可少的。历史学的任务主要在于储存和整理历史史实。历史学家就是一批接受民族委托专门考据或阐释历史，是一批被分工来专门求实存真的人。当他面对对象时，首先应当问真不真，至于有无学术之外的用处是次要的。历史学家只管写出信史、求出真相，至于用不用，如何用、何时用，那应该是整个社会的事，决策者的事，政府的事，历史学家根本无法自己决定。若有这样的要求，远远超出了历史学家的能力范围。如你总结了历史经验或历史教训，是否采用或吸取，这是决策者，国务活动家们的行为了。求真与致用是两个独立存在的东西。作为职业历史学家，完全应该、完全可以终生埋头求真，不必关心致用。而决策者、国务活动家们应该将历史学家求取之真，济世厚生，为特定的社会目的服务。王国维在《国学丛刊·序》中说过一段很深刻的话,他说:"事物无大小,无远近,苟思之得其真,纪之得其实,极其会归,皆有秤于人类生存福祉。已不竞其绪,他人当能竞之,今不获其用,后世当独用之。""世之君子可谓知有用其用,而不知无用之用者矣。"(选自《王国维遗书》第四册《观堂别集》卷四,上海古籍出版社1983年版)

求实存真,是现代社会对历史学家的期待,历史学家不应辜负现代社会的期待。历史学家可以在商潮中"下海",但历史学不能"下海",历史学家不甘寂寞可以走向市场,但历史学是高品位的学术不能走向市场。历史学家要树立起勤奋钻研、淡泊名利的敬业精神,要坚持实事求是、秉笔直书的优良传统,要发扬谦虚谨慎、尊重学术的学者风范,为新世纪的文明建设做出更大的贡献。

写在1998年12月中共中央十一届三中全会召开20周年前夕

20 世纪中国历史学的回顾（提要）

20 世纪即将过去，留下了鲜明的轨迹。回顾 20 世纪的中国历史学，经历了曲折的路程，取得了伟大而丰硕的成绩。突出表现在以下四个方面。

一是历史观、方法论产生了重大的飞跃，传统史学完成了向现代史学的跨越，述著体系有了根本的变化。进化史观是 20 世纪中国历史学的巨大成就。唯物史观的运用，使中国历史学发生了本质的变化，使历史学成为真正的科学，马克思主义的史学体系日臻完善。

二是在中西文化碰撞与汇合的大态势下，形成了熔铸古今、会贯中西的新史学。自五四运动以来，特别自中国实行改革开放以来，历史学界既重视泰西之学，也重视中国传统文化，既注重、倡导新学，也不摒弃旧学，可以说古今中外，兼容并包。

三是产生了一批杰出的历史学家。有章太炎，梁启超、王国维、陈垣、陈寅恪、胡适、顾颉刚、钱穆以及郭沫若、范文澜、翦伯赞、吕振羽、侯外庐、吴晗等著名历史家，这在中国历史上是罕见的。

四是 20 世纪新史料的发现，数量之多，质量之高，远远超过以前任何一个世纪。

20 世纪的中国历史学也经受了文化"围剿"和"文化大革命"的浩劫。百家争鸣成了两家斗争，产生了严重的失误和弊端，历史学曾一度成为阴谋家手中的工具。改革开放以后，历史学呈现蓬勃的生机。

虞洽卿研究述论

虞洽卿是中国近现代史上的一位重要人物,亦是一位毁誉不一的海上闻人。在 20 世纪上半叶,虞洽卿的言论、活动、事业经常见诸报端,而到下半叶,虞洽卿作为反面人物,其名字也经常出现在中国近代经济史、中国近现代史、中华民国史,甚至中共党史的著作或教材中。时至今日,关于这位巨商的种种传闻、轶事还在民间流传,而他的事功也引起了学术界的重视。本文就虞洽卿研究的情况作一综述,并适当加以评析,供进一步研究之参考。

一位值得研究的历史人物

虞洽卿,名和德,乳名瑞岳,1867 年(清同治六年)6 月 19 日出生于慈溪市龙山镇山下村,1945 年 4 月 26 日,因患淋巴腺炎,在重庆逝世。1946 年 11 月,其灵柩由渝经沪运至故乡,葬于龙山。

盖棺定论是中国的一句古话,但是历史上的许多人物盖棺而不能定论,虞洽卿就是其中一个。

1945 年,虞洽卿在重庆病逝,蒋介石亲书"乡国仪型"四字,绣在红色绒质绢条上,覆盖在虞的遗体上。到 7 月 24 日,国民政府发布了一条褒奖令,内称:

> 虞洽卿秉性忠纯,志识明达。早岁旅居沪滨,创兴实业,开发交通。辛亥淞沪光复,劳军筹饷,弗避艰危。抗

战军兴，间关西来。耆其爱国，曾不后人。兹闻病逝，悼潜良深。应予明令褒扬，并将生平事迹存备，宣付国史馆，用彰硕德，而励来兹。①

蒋介石的手书，国民政府的褒奖令，隐去许多，显然不能以此作为对虞洽卿一生的评价。

1957年秋开始重新修订的《辞海》，于1980年8月正式出版。《辞海》中"虞洽卿"词目称：

> 买办资本家。名和德，浙江镇海人。1895年起，先后任德商鲁麟洋行、华俄道胜银行、荷兰银行买办。1906年组织万国商团中华队，协助上海租界当局镇压中国人民。曾先后创办"宁绍"和"三北"轮船公司。历任上海总商会会长、淞沪市政会办、公共租界工部局华董等职。1925年，在帝国主义指使下分裂上海人民的反帝统一战线，破坏五卅运动。1927年积极支持蒋介石发动四一二反革命政变。国民党统治期间，一贯支持蒋介石的卖国独裁政策。1945年死于重庆。②

这部兼有字典和百科性质的综合性辞书，离客观公正和实事求是的评价相去甚远。同样，不能以此作为对虞洽卿一生的评价。

在人物的研究和评价中，过去在"左"的指导思想支配下，总是把人物先作定性分析，划分为正面人物或反面人物，对定为正面人物的百般歌颂，对定为反面人物的则一骂到底。《辞海》中的虞洽卿条目，第一句就是定性"买办资本家"，接着说他是"买办""镇压中国人民""破坏五卅运动""积极支持蒋介石发动四一二反革命政

---

① 汪北平、郑大慈：《虞洽卿先生》封页，上海宁波文物社1946年版。
② 《辞海》缩印本，上海辞书出版社1980年版，第1855页。

变""一贯支持蒋介石的卖国独裁政策"。

史学研究中只有历史人物这个科学概念,正面人物、反面人物是艺术语言、政治概念。历史人物在历史舞台上有功过、是非,是研究了这个历史人物后得出的评价。像历史上的秦始皇、汉武帝、武则天能定他们为正面人物或反面人物吗? 不能,但对他们的功过、是非是可以作出评述的。同样,虞洽卿这个历史人物,逝世已半个多世纪,他的生平事迹还是客观存在的,学术界可以搜集资料,考订真伪,分析评述。

虞洽卿是一个很值得研究的历史人物,他出生在洋务运动兴起之时,在洋务运动处于高潮,中国近代企业兴办的时候,从慈溪闯进了十里洋场的大上海。一个裁缝的儿子,跑到上海从做学徒开始,跑街到买办,经历十几年的艰苦奋斗,积累一笔可观的钱财,买进了闸北顺征里的全部房地产。跻身于富商之列以后,于1896年捐资得候补道台衔。这样既有钱又有官衔,便于在上海开拓局面。20世纪初,他便投身于兴办中国近代工商业。他涉足的范围很广,有"宁波帮"凭借发迹的支柱行业(即沙船贩运业和后来的轮船航运业,钱庄业和后来的银行业)以及顺应潮流的新兴行业(进出口贸易,五金颜料业、房地产业、证券业、公用事业),特别是经营轮船航运业声势独盛,1909年创办宁绍商轮公司,1913年独资创办三北轮船公司,在第一次世界大战期间,虞乘机扩展业务,发展为三北航业集团(包括三北轮埠公司、鸿安商轮公司、宁兴轮船公司和鸿升码头堆栈公司),成为华商最具实力的航业集团。到1935年,拥有大小轮船65艘,计9万多吨位,占我国轮船总吨位的13%。① 虞洽卿所处的时代,正是世界资本主义的发展进入帝国主义时期,列强掀起了瓜分中国的狂潮。1895年、1937年日本

---

① 张海鹏主编:《中国十大商帮》,黄山书社1991年版,第132—133页。

发动了两次侵华战争,1914—1918 年,1937—1945 年先后爆发了重新分割世界、争夺世界霸权的两次世界大战。而国内先后进行了维新变法、清末新政、辛亥革命、国民革命、十四年抗战等。这是鸦片战争后一百年来中国社会变动最大的时代,中国的经济、政治、社会都起了极大的变化。面对资本帝国主义的侵略,固然有人摇头叹息,憧憬于恢复旧状,有人震眩于列强的富强而崇拜依从,但更多的人是惊觉民族的危机,投身于救亡图存,有维新改良,暴力革命,也有实业救国、教育救国等主张。虞洽卿生活在这样一个动荡的社会,他的思想和活动也就很复杂。虞洽卿是一个旧式商人,而创办近代企业的事业心非常旺盛;他曾经参加或领导过几次反帝国主义的斗争,但是只求争得比较有利的条件,就妥协了;他曾支持过民主革命,尽了相当的力量,但是反对人民革命运动也十分卖力;他虽是追逐利润的资本家,而又不是市侩那样孜孜为利,颇热心于社会公益事业;他与清政府、民国北京政府、民国国民政府有 60 年的交往接触,与某些达官贵人私交深厚,但也有矛盾、冲突,终生不担任政府官职,乐于在工商界担任什么董事、经理、会长、委员等职;他旅沪 60 年,还是念念不忘故里建设;等等。"虞洽卿的一生经历和成败,是一面时代的镜子,是六十年来列强经济侵略下中国社会的镜子! 六十年的奋斗,反映了中国社会所受的苦难。"①

　　虞洽卿一生值得研究的很多,如虞洽卿和他的时代,虞洽卿与中国经济近代化、中国资产阶级、"宁波帮"、江浙财团,虞洽卿与四明公所、中华商团、四明银行、中国轮船航运业、上海证券物品交易所,虞洽卿与辛亥革命、反袁斗争、五四运动、五卅运动、四一二反革命政变、九一八事变、抗日战争,虞洽卿与陈其美、段祺瑞、蒋介

---

① 方腾:《虞洽卿论》,《杂志》第 12 卷第 2 期,1943 年 11 月。

石、"青红帮",虞洽卿与家乡,虞洽卿的经商之道、企业经营思想,等等,都是值得研究和总结的。

唯物史观承认:"历史不过是追求自己目的的人活动而已。"①"全部历史正是由那些无疑是活动家的个人的行动构成的。"②因此,研究那些在历史上占有重要地位,发挥过重要影响的个人,研究这些个人怎样受到他在其中从事活动的社会关系的制约而他又怎样影响那些社会,正有助于具体地展现唯物史观揭示的历史发展规律。

褒、贬两极虞洽卿

对虞洽卿的研究,是在中国共产党十一届三中全会以后的事,但在此之前,还说不上对虞洽卿的研究,只能用褒、贬两字来概括。1949年以前,见诸报纸杂志的是褒声连天,而1949年至1978年中国大陆的报纸杂志则骂声一片。

1881年,14岁的虞洽卿经族人虞鹏九介绍,至上海瑞康颜料行当学徒。在瑞康颜料行期间,他一面处理店内各种杂务,一面自学英语,兼任跑街。不到10年时间,在他经手的买卖中,为颜料行赢利二万余两,深为业主所器重,特赠股二份,遂成瑞康股东。1892年进得商鲁麟洋行,始任跑街,旋即升买办。所得薪金、回佣甚丰。虞洽卿买进闸北升顺里、天潼路、唐家弄、海宁路、北浙江南路、北顺徽里等房产,组成升顺顺徽房地产公司。1898年的四明

---

① 《马克思恩格斯全集》第2卷,人民出版社1960年版,第118—119页。
② 《列宁选集》第1卷,人民出版社1972年版,第26页。

公所事件，①使虞洽卿在上海工商界和上海市民中初露头角，并被同乡选为四明公所董事。此后，虞洽卿涉足政界、工商界，活动极为频繁，而从事的工商金融事业也如日中天。1902 年任华俄道胜银行上海分行买办。1903 年转任荷兰银行买办，利用荷兰银行名义，分发远期本票，换取现金，独资创设通惠银号。1908 年与李云书等在上海集资创办四明银行。同年，与严筱舫等创办宁绍轮船公司，被推为总经理。1909 年创办扬清肥皂公司。1910 年，在南京举办的近代中国第一次全国博览会，虞任副会长。1911 年，全国商团联合会在上海成立，虞任名誉副会长。对虞洽卿频繁的政治活动，创办实业活动，全国报刊如《申报》《民主报》以及《光复报》多有报道。

虞洽卿的事业在 20 世纪二三十年代发展到鼎盛时期，他本人也坐上了上海商界的第一把交椅。1925 年 4 月，《国闻周报》"名人栏"刊出了《虞和德》一文。1931 年 7 月上海商会编辑了《虞洽卿先生旅沪五十年纪念特刊》，上海密勒氏评论报编辑《中国名人录》第 5 版中也刊出"虞洽卿"。1936 年 7 月 5 日，上海各界为其举行 70 寿辰和旅沪 55 周年纪念仪式。早在 6 月 11 日《申报》上就刊出了《虞洽卿旅沪五十五年纪念》的报道。"本市各界以虞氏热心社会，慈善为怀，翊赞党国，贡献极多。定于七月四日，在市商会举行纪念会，邀请各界参加。并由吴市长柬请外宾光临。七月五日、六日在宁波同乡会举行祝寿典礼。吴市长与各界领袖发起建筑洽卿防痨医院，以资纪念，而拯贫苦病人，各界致送寿仪，均请改送现金，为设院建筑经费，闻已由市府方面与各界领袖商定，在

---

① 四明公所事件：1898 年，法租界当局借口建立医院和宰牲场，图占四明公所场地，招甬籍同乡反对。法方行凶，枪杀 19 人，爆发上海市民罢工罢市。虞洽卿协助四明公所董事严筱舫、叶澄衷与法方交涉。他依靠工商界作后盾，通过正确的策略，利用各国在华矛盾，经半年多的努力，四明公所的地产所有权终于为法租界公董局所承认。

吴淞临海处划地建筑,并辟为公园,便利市民。昨日中午,吴铁成(李大超代)、王晓籁、俞佐庭、毛和源、江一平、张申之、邬崖琴等十余人,集议筹备事宜,由王晓籁主席,李大超代吴市长报告,发起建筑洽卿防痨医院筹备委员会……"①6月14日《申报》又刊出《各界发起庆祝虞洽卿七十寿启》,阐述了发起缘由,对虞洽卿歌颂佩之。兹将其缘起抄录如下,可见褒声之一斑:

> 语云,以先知觉后知,以先觉觉后觉,知若觉者,语取平列,谊乃大殊,盖知者后天之事,觉者先天下之事,凡有凭藉积渐余生之谓和,无凭藉凌空突至之谓觉,若镇海虞洽卿先生者,其为先知知士乎,抑先觉之士乎,请考其生平行事而自断之,先生十五岁时,来习贾于上海,一入市肆,即以干才惊其老宿,不数年,竟由瑞康颜料行出为鲁麟洋行买办,而以未壮之年,挥臂市场,主盟公会,已为海通以来所仅见,凡商事甫积资不重速进,主经验不重突变。至先生而寻常之商历破,有若见田之龙,首尾倏变,此非先生赋有创造性之商才,孰能致之,且先生商也,于商游刃有余,其志若事,□商变化以远于正,而政也者殊以先生之志若事,又非智效一宜行比一乡之得以□□,此俱为硕智之所应然,觉乎觉乎,非先生其孰得语于斯乎。间尝论之,上海开港以迄于是,满洲官府,懵然不晓外情,丧权辱国之约,不知纪极,生于斯,族于斯,货殖于斯,其束缚验驭于该约,□不许反□,挟不许借乎者,几习为第二之天性,洒洒纷纷,若相与终古然,而先生独为汝南晨鸡,登坛以唤,积霾已久,乘曙争鸣,而轩然大波,压倒外人之争冢案起,大闹公堂继之,争冢者何。四明公所者,

---

① 《申报》,1936年6月11日。

甬人所为慎终展敬之公域也,甬人以气谊重天下,其爱护先茔尤切至,于是法人谋侵其地,连不得逞,以先生与严筱舫,叶澄衷,沈仲礼,诸君名宿董其事,无所与□,故光绪二十四年五月二十八日,法领事白藻泰,审非虚声所能恫也,遽张皇调兵,趋毁冢垣,以必得公所为期,形势猝严乃尔,严叶沈诸君举无以为计。先生曰否,法人之毁冢垣,以冢垣无国以护之也。毁国,以国无人以捍焉也。毁冢垣,斯国不为国,当争冢垣,用思如环,默尔若诏。其次以甬表国人,及以己身表甬人之暗识深念,如景与罔两之相附而至,殆不及思而决焉。果也,先生赫然怒,全上海人争集时下,本案因沈宏贲发难,以讫白藻泰谢罪,先生指挥若定,行所无事,功高相如之全赵璧。计过鲁人之返侵地,而此抑强张权,关系最大之一役,□然于先生以养制事当机立断之一念而成之,前无成例,旁无与援。为问此觉之者是何缘乎?越七年,有粤黎黄氏,夫死于川,挈婢婵经沪返粤,工部局指为贩卖人口,证之以理,谳员金巩伯争之,西捕大口,所谓新衙门者,竟由英副领事德为门指示捕役,关门殴金,坏其朝衣,民闻群哗,哄然罢市面,西捕亦相与罢岗以患之,势其炭发。时满贝勒载泽,以出国考察宪政,道出上海,袁数勋开道,均束手无策,公乃约同朱葆三、周金箴、施子英诸先生出任调解,反复奔走,卒就规范。德为门者撤职,捕头惩,被捕者五百余人释,漫天云霾,豁然以消。夫吾国扼于领事裁判之制也久矣,至此,稍示民间之真力量,得向收回法权之途。逼进一步者,人莫不多先生临事好谋不挠不屈之功,而先生汉如也,此觉之者又谁乎?觉而不自觉其为觉者,董子明道之效乎,抑老子自然之化手,自是之后、外人始不敢轻蔑吾人，究之吾人自治能力如何，为己立人之第一义。先生则外与强权抗，内与情义持。工部局中之事董席况可得，而惟限于先生一人为之。先生日局，是辱吾国人也，则要约胡寄梅，袁恒之辈，于闸北开体操场，改着黄色制服，躬受训练以为之倡，群产先生疏附，悉膺□勒，而华人之自卫力，如实则见。万国商团之中华队以成。斯队也，效生乎抗外，谊基于卫国，而清末革命之理，实亦浸润乎是。而莫之天国。辛亥之役，先生与陈英士先生冲制造局光复淞沪，骨恃此也，其后南部风从，而苏州未下。程都督德全之翩然反正，皆由先生从中斡旋协助，巨款成立，共和肇兴。南北合政，人人自以为元勋，家家相庆为弹冠，而先生无与也。如是者十余年，国体改而民智不进，青年怒潮，激越而不可制，迄十四年五月，上海学生，以反抗非政府示威游行，与西捕哄，西捕至发枪四十四响以创伤人，秩序大紊。动乱不亚于前此争冢与大闹公堂二事。其如何抑扬调协以剂于平，使五卅一役，万民纪念至今，全不丧失国权史上重大意义，皆由先生当时一时董理此事之叶乎机宜，而先生之志苦矣。昔称范希文先天下之忧而忧，后天下之乐而乐，先生以为，天下未尝有乐，己身之忧，应无序次可言，□岁先生，溺者己溺，饥者己饥，五十五年之间，服务于群，有如一日，是先生禹稷之心，而核以三过八年，为肘之暂，迹又远过之已。光宣之交，国人初闻产业革新之论，顾言之而不能行，行之而亦无方，独先生创设四明银行，又兴宁绍商轮公司，前以截外商操纵金融之流，后以夺外轮垄断航路之气。南京劝业会者，国产展览之惟轮也，先生与江督端方主持之，此合作始虽简，将毕实巨，乃吾产业史中足得大书特书一事，其中艰苦百端,经纬万态,皆先生施张是而纲维足,而先生忘其劳怨若然,凡此乃先生行业之荦荦大者耳。此五十五年间,新兴百产,非有先生之言若迹绝不成,一有先生之言若迹,成不必于先生之制行则尔也。又先生之觉最先而真,如水泻地无孔不入,故凡事能冷无所容心如此也,近来三北行轮及龙山开埠,为乡国中所有事,先生又稍稍自□理之,此盖绚烂之后,归于平淡,以□觉习勤之意,寓□敬恭桑梓之怀,以之后乐,以犹未当。本年七月六日,为先生七十揆及旅沪五十五年纪念之辰,同人思有以张之,以扬国英而介眉寿。先生曰否,因难如斯,胡寿与纪念之足云,同人曰唯,惟有困难,先生之寿不可以不寿,先生之行不可以不念,何以故,以人人得知先生之觉,或受其觉,国将无所谓难,故斯旨也,同人举无间然,因次第以著于笃,俾鸿笔士,有所启发,各得本其所见,共寿此天下之大老以寿天下,共念此天下之大老以风天下之子。何以寿,何以风,金曰防痨者,当今之卫生要政也,其各尽力所能,集成巨资,在吴淞创设防痨医院,即以先生之字冠之,以示不忘,庶乎先生之泽,沾溉无既,后觉之符,历物愈明已,是为启。①

1936 年 7 月 6 日的《申报》以整版的篇幅详尽地报道了 7 月 5 日盛大庆祝活动。陈立夫、周象贤、袁履登、吕岳泉、严独鹤、沈镛、曹云祥、李叔明、叶恭绰、梅兰芳、孙衡甫、秦润卿、王伯元、薛笃弼、孙科(吴经熊代)、胡西园、李恩浩、严谔声、张一尘、魏道明、关炯之、李大超、吴玉书、王震、沈维挺、张公权、黄金荣、许冠群、杜月笙、张啸林等七八百人出席了庆祝典礼。"礼堂布置,会所大门,有

① 《申报》,1936 年 6 月 14 日。

高大排楼,由劳合路大门进出,巡捕房派大批西探,维持秩序,大门甬道,挂满各方联幛,红光相映,直达礼堂四周,林主席题有'弗禄眉寿'四字致敬,其他联对繁多,美不胜收,其金银礼品,则分存礼堂两旁,富丽无比,而当中为同乡会职员所送蛋糕一座,高达六尺以上,可谓庞大。"①会场的二楼演讲厅里,纽惕生、王筱籁等致祝词。王筱籁的祝词最具代表性,节录如下:

> 洽老今年七十岁,精神如十七岁,其生平一切,均包含在二大观念之中:一、事业观,耐劳耐苦,全由困苦艰难中得来,所谓自汗血而成功者;二、人生观,日间专做事业,夜间专寻娱乐,胸怀能达观,所以事业能发达,且终身为国家服务而不做官。而又只求事业发达,不管铜钱多少,今者其轮船日见增多,有如本人子女繁殖。总之,洽老对于上海是时势造英雄,亦是英雄造时势。②

上海各界为纪念虞洽卿旅沪五十五周年,发起将西藏路改名虞洽卿路。1936 年 10 月 1 日,上海各界举行虞洽卿路命名盛大典礼。10 月 2 日《申报》以"虞洽卿路命名典礼昨晨在甬同乡会举行""跑马厅检阅华队观众万人空巷,同乡会举行庆祝大会仪式隆重"等为题报道了命名盛典。上海有关方面编印了《上海虞洽卿路命名典礼纪念刊》。

1937 年《教育与职业》杂志刊出了刘涛天写的《航业家虞洽卿先生传略》。

上述刊出文章或纪念活动,均是对虞洽卿的介绍或表功文字。

1943 年 11 月,上海《杂志》第 12 卷第 2—4 期连续刊出了方

---

① 《申报》,1936 年 7 月 6 日。
② 《申报》,1936 年 7 月 6 日。

腾撰写的《虞洽卿论》一文。全文 2 万余字,除总记外,以生动的文笔叙述了虞洽卿的童年,进沪当学徒,甬人大罢工初露头角,任买办,大闹公堂,企业活动,等等。方腾文章的价值,在于不仅详细地叙述了虞洽卿的历史,而且把虞洽卿放在 19 世纪末和 20 世纪上半叶的大时代背景中加以考察与分析。方腾认为:"五卅对虞洽卿是个转折点,以前,虞是偏于民众方面的,以后,则他似乎偏于政府方面了! 以前,他是对帝国主义多少取抗争态度,以后,则他似乎倾向于妥协了。"① 方文可列为虞洽卿研究的第一篇文章。

1945 年虞洽卿在重庆病逝,次年 11 月其灵柩运抵上海。上海各界举行了隆重的追悼仪式。《申报》《新闻报》等作了详细的报道。《宁波旅沪同乡会会刊》复刊第 8 期的"十日论坛"专栏刊出了应斐章撰写的《追悼虞洽卿先生》一文,叙述了虞的一生,接着分析了虞事业成功的因素,列出"富有正义感""富有政治识力""富有创造性"。② 上海宁波文物社也在此时出版了由汪北平、郑大慈合撰的《虞洽卿先生》一书。该书对虞洽卿一生经历作了较为完整的描述,但正如法国史学家白吉尔所指出的,此书溢美之词也过多。③

在 1949 年前发表的文章中,介绍性的多,溢美之词多,但也留下了宝贵的史料。

1949 年中华民国国民政府覆亡,中华人民共和国成立后,虞洽卿被视为反面人物。因而中国近现代史、中国革命史甚至中共党史上都会出现虞洽卿的名字,都是以革命派的对立面出现的。1961 年 6 月,全国政协文史资料工作委员会编辑的《文史资料选

---

① 方腾:《虞洽卿论》,《杂志》第 12 卷第四期,1944 年 1 月。

② 应斐章:《追悼虞洽卿先生》,《宁波旅沪同乡会会刊》复刊第八期,1946 年 11 月。

③ 〔法〕白吉尔:《(1911—1937)中国资产阶级的黄金时代》,上海人民出版社 1994 年版,第 202 页。

辑》第 15 辑上发表了许念晖的《虞洽卿的一生》一文,长达 2 万余字。全文分九个部分,其标题抄录如下:

一、从学徒爬到买办,忠心耿耿为帝国主义服务;二、发起宁绍公司,居然一炮打响;三、退出"宁绍",独办"三北",好景不长,一蹶不振;四、五卅运动时期,进一步成为帝国主义的代理人;五、翻云覆雨,政治投机失败;六、又一次政治投机,搭上了蒋王朝的关系;七、柳暗花明,航业重振;名成利就,米市兴隆;八、水路变成陆路,财源滚滚而来;九、盖棺定论,遗臭万年。

从上列标题就可以看出揭露、批判和声讨的火药味。特别是最后总结性的部分,更是把虞洽卿描绘得十恶不赦,说虞洽卿"不是一个帝国主义的走狗,而是一切帝国主义的走狗,也不是一个派别军阀的走狗,而是一切军阀的走狗"。"他的一生,根据不同的时期,不同的利害关系来决定他的政治倾向。大体上,1912 年前,他主要是为租界政权服务,借以打通帝国主义的路线。……北洋军阀执政时期,他与亲日派安福系勾搭上,做了淞沪市政会办。五卅运动时期,他丧心病狂地为帝国主义及军阀政府服务,企图分化中国人民的反帝统一战线,十足地反映了帝国主义、封建主义、买办资产阶级的三位一体。""1927 年以后,虞洽卿一直跟着蒋介石走,从勾结法西斯轴心转而投入西方帝国主义的怀抱。"①

许文刊出后,当然没有人敢质疑。还是当年与虞洽卿共事过的赵晋卿(商会会董、光华大学创始人之一)对《虞洽卿的一生》一文中几处事实作了补正,为虞洽卿洗脱了若干罪责,并以营救易理学家沈祖瑞为例,说"虞洽卿一生也曾做过几桩好事"。②

---

① 全国政协文史委员会:《文史资料选辑》第 15 辑,中华书局 1961 年版,第 170—200 页。

② 全国政协文史委员会:《文史资料选辑》第 31 辑,中华书局 1962 年版,第 300—303 页。

在不完全具备学术研究条件，对反面人物只能说他干坏事不能说他做好事的岁月里，赵的补正文章敢于写并能刊出，已属不易。此后，虞洽卿被冷落在一旁，再也无人撰写研究他的文章。

虞洽卿研究之嚆矢

1976 年 10 月"四人帮"垮台，1978 年中共十一届三中全会后，人们思想一步步地解放，史学研究的禁区也逐渐被冲破。民国人物的研究对象选择不限于共产党人、国民党左派或与共产党关系较好的人物，而着眼于那些在历史上有过重要影响的人物。

1981 年 6 月，《历史研究》第 3 期上发表了丁日初、杜恂诚的长达 2.5 万字的《虞洽卿简论》，这是中华人民共和国成立以来研究虞洽卿的第一篇高质量、高水平的学术论文，为实事求是研究虞洽卿之嚆矢。文章共分六个部分：

一、在当买办时参加过反帝斗争（1892—1906 年）；二、经济上转化为民族资本家，政治上赞助辛亥革命（1907—1924 年）；三、五卅运动中破坏反帝统一战线，政治上向右转（1925—1927 年）；四、积极支持"四一二"反革命政变，谋求在蒋政权的扶助下发展企业（1927—1937 年）；五、抗战时期政治上沉默，经济上大发横财（1937—1945 年）；六、结束语。

文章对虞洽卿的一生析疑辨难，匡谬订讹，提出自己的见解，多为前人所未发，实为改革开放以来研究与评价历史人物的上乘之作。在结束语中提出的"对虞洽卿必须进行全面的考察，并在他复杂的经历中找出主要的方面来""必须坚持实事求是的原则，从历史事实出发来研究虞洽卿,而不能用先入为主的概念来理解他的言行""评价主要从事经济活动的历史人物,应该根据统一标准……"①等见解,无疑是很有价值的。

读罢全文,感到仍有某些"左"的提法。改革开放之初的1981年,对作者也不能苛求。到了1996年,作者丁日初作了如下的说明:

> 我同杜恂诚合写的《虞洽卿简论》,虽然原来还有若干以后觉察到的不妥当的观点,但根据已经掌握的资料和当时我们的认识,肯定了虞洽卿是一位民族资本家。初稿寄给《历史研究》,责任编辑阅后甚不以为然,说它是作为翻案文章来写的,不妥,还提出了好几条辨难的意见同我们商榷。我感到很大的压力。为争取这篇论文能够发表,除坚持原有的基本观点外在两个重要问题上作了妥协,迁就"左"倾的观点,写了一些违心的错话。关于总商会另提出"十三条"以及以后的通电疏销英日货问题的论述,就属于这种情况。其中是否有些字句为编辑所加,已不可考。但无论如何,我既作了妥协,应由我负责。后来论文得到采用,倒不是那些错话产生了起死回生的效力,据说是因为编辑部将这篇论文送给几位现代史专家审读,承蒙他们点头,编辑部负责人遂决定发表。现在重读文中的一些不妥之论述,不胜汗颜,深刻感到学术研究必须搞清客观事实,绝不能屈服于压力,迁就错误观点,说些违心的话。——丁日初②

---

① 丁日初、杜恂诚:《虞洽卿简论》,《历史研究》1981年第3期。

② 丁日初、汪仁泽:《虞洽卿与五卅运动》,金普森《虞洽卿研究》,宁波出版社1997年版,第125页。

《虞洽卿简论》发表后,引起国内外学术界的重视,某些观点也常为史学界引用。此后,对虞洽卿研究的具有一定深度的论文并不多见。然而毕竟坚冰已解,介绍虞洽卿的文章开始出现在公开出版发行的报刊上,也有专门的集子和传记作品问世。截至1995年底,初步统计出版发表的著作、回忆录、报刊文章近50种,主要有《三北虞洽卿》(浙江慈溪政协文史委员会编《慈溪文史资料》第2辑,1988年版)、《阿德哥在上海滩》(王泰栋著,中国文史出版社1989年版)、《上海滩大亨——虞洽卿野史》(汪卫兴编,春风文艺出版社1991年版)、《虞洽卿传》(陈清宇、陈晓红合著,河北人民出版社1994年版)。此外,《浙江籍资本家的兴起》(浙江人民出版社1986年版)、《上海风云人物》(上海人民出版社1989年版)、《海上十闻人》(上海人民出版社1990年版)、《上海交通古今》(上海科技文献出版社1993年版)、《中国老赢家秘籍》(中国发展出版社1994年版)等书中均收有对虞洽卿的介绍或回忆材料。已出版的著作中除了某些属史料书以外,没有一本是严肃的有一定品位的学术著作。

在港台地区一些书刊或报上亦有几篇关于虞洽卿的介绍文章刊出。

在海外,有日本京都大学《关于五四运动的研究》丛书之二陈来幸的《论虞洽卿》。此书为国外专门研究虞洽卿的唯一著作。美国《世界日报》上也先后发表了《上海商界闻人虞洽卿》(狄介先,1987年9月24日),《轮船航运大王虞洽卿》(史言,1995年1月25日)等文章。

综上所述,对虞洽卿的研究除发表了一些有价值的口碑史料外,高质量的学术著作尚未问世,高品位的学术论文也寥若晨星,介绍性的文章不多,而一些适应商场销售的真真假假的书出了几本,研究状况不尽如人意。

虞洽卿研究新进展

1996 年 5 月 14 日至 16 日,在慈溪市龙山镇召开了"虞洽卿研究学术讨论会",此次会议由杭州宁波经济建设促进会、浙江省历史学会与中国经济史学会、宁波市海外宁波人研究会、上海宁波经济建设促进协会、龙山镇经济促进会联合举办。会议得到了《历史研究》编辑部、宁波保税区华能联合开发公司、杭州兰通电子实业公司、宁波华厦建设公司等单位的支持与赞助。出席会议的有来自北京、上海、天津、杭州、宁波等地的历史学界、经济学界的 40 多位学者。其中有吴承明、陈铁建、虞和平、丁日初、陈绛、谢俊美、汪仁泽、金普森、杨树标、王遂今等著名专家。浙江省人大常委会副主任毛昭晰、原宁波行署专员沈宏康、宁波经济建设促进协会副会长张永祥、宁波市政府秘书长凌帼莲、省社科院原书记钟儒及慈溪市、龙山镇有关领导也参加了会议。这次会议是虞洽卿研究首次举行的学术讨论会。

研讨会筹委会主任乐子型在开幕词中指出,虞洽卿是我国近代经济史上很有影响的人物。根据历史唯物主义的原则,采取"百花齐放、百家争鸣"的方针。用翔实史料对他在各个时期的重要经历进行研讨,对于恢复实事求是的思想路线、正确评价历史人物、团结更多的海内外人士、促进经济发展有着现实意义。与会者就虞洽卿一生经历和功过展开了认真热烈的讨论。会上,慈溪市副市长沈焕初、龙山镇领导杨腾飞致欢迎词并对慈溪、龙山的概况作了介绍。36 位学者提交了论文,42 位学者作了发言。大家研讨的内容极为广泛,既有宏观上的综合考察,又有微观上的细致考证,多发前人所未发,具有独到的功力。代表们同时还参观了三北轮埠公司旧址、兴昌隆一条街、虞洽卿旧居、虞母亭等。讨论的要点主要如下。

1. 如何评价虞洽卿这样的历史人物

学者们认为,评价历史人物应坚持历史唯物主义观点与阶级分析的方法。不能用先入为主的观点来图解人物的言行。如果对历史人物先划正面人物或反面人物,然后以此为框框去找材料研究论证,这是有悖历史唯物主义的。对虞洽卿的研究必须进行全面、客观的分析,并在他复杂的经历中找出主要的方面来;必须把虞洽卿的言论、活动放到当时的时代背景中加以考察;必须坚持实事求是的原则从历史事实出发来研究,分阶段、分方面地作出评述,然后作综合的分析。

2. 虞洽卿与近代中国政治

虞洽卿一生经历了清政府、北洋政府、国民政府时期,其间中国先后发生了维新变法、清末新政、辛亥革命、南北战争、国民革命、十四年抗战等。虞洽卿出身于买办又曾经参加或领导过几次反帝斗争。他有时锋芒毕露,有时妥协。他曾支持过辛亥革命、南北战争,为孙中山筹集革命经费;他也支持过国民革命军的北伐。当蒋介石发动四一二政变,他又支持其反共清党。当日本发动侵华战争时,他不同于傅筱庵,不出任伪职,拒做汉奸,后转移到大后方组织三民贸易公司、三北运输公司等从事中缅公路的军事物资运输。与会者认为虞洽卿是中国资产阶级的典型代表,政治上具有突出明显的两面性。

会上,对虞洽卿在政治上的表现,学者们讨论得比较多的是五卅运动与四一二政变中的虞洽卿。有学者认为虞洽卿五卅运动中基本上没扮演什么反面角色,其所作所为大都合情合理。对虞洽卿在运动中所表现出来的"妥协",学者们认为也应作具体分析,不能一概痛斥。至于虞在四一二政变中的表现,学者们认为他支持了这次反革命政变是无疑的,这也是虞洽卿历史上最大的一个污点。

3. 虞洽卿与"买办阶级"

虞洽卿在洋务运动处于高潮、中国近代企业兴起之时,从三北龙山乡下闯进了十里洋场的大上海。他起初在瑞康颜料行当学徒、跑街。1892 年进德商鲁麟洋行当跑街,旋升为买办。1902 年任华俄道胜银行买办,次年改任荷兰银行买办。在德商鲁麟洋行当买办期间,他自己也做生意,赚下不少钱。1896 年,买进了闸北顺征里全部房地产,跻身于富商行列。接着他与李云书、周金箴、陈子琴等人集资创办了四明银行,同年又与严筱舫等发起创办宁绍轮船公司。此后,他以主要精力从事工商业活动,完成了从买办到民族资本家的转变。会上,有学者认为,买办是一种职业,其性质是外商雇员,也是独立的商人。虞洽卿就是既当买办又经商,而后主要从事工商业活动,成为典型的近代中国民族资本家。

4. 虞洽卿与中国近代工商业

虞洽卿在 20 世纪初叶,便投身于中国近代工商业。他涉足的范围很广,有"宁波帮"凭借发迹的支柱产业(即沙船运输及后来的轮船航运业、钱庄业和后来的银行业),也有顺应潮流的新兴行业(如进出口贸易、房地产业、证券经营业及公用事业),特别是经营轮船航运业声势独威,成为旧中国三大船运集团之一。评价主要从事经济活动的历史人物,应该以生产力为主要标准,因而要充分肯定虞洽卿对我国民族资本主义,特别是航运业的发展起到的积极作用。而虞洽卿在各种艰难险阻中艰苦创业的精神及他灵活善变的经营思想、处理各方面矛盾时独到的方法等均对我们目前的经济工作有借鉴作用。

5. 虞洽卿与"宁波帮"

近代"宁波帮"是从旧式商帮转变而来的新兴资本家集团。虞洽卿是它具有典型意义的代表人物。近代"宁波帮"从其形成、崛起乃至于鼎盛,均与虞洽卿所作的种种努力分不开。反之,虞洽卿的发迹及成功也与"宁波帮"之富有凝聚力是分不开的。

6. 虞洽卿与家乡建设

"要为家乡多做些善事"是虞洽卿毕生的愿望,他也陆续将此付诸实行。其主要事迹是创办龙山学校、惠乡诊所、疏浚凤浦湖、修路建桥等,其中有重大影响的是龙山开埠。他在故乡设立埠头,修建轻便铁路,兴建甬观、镇骆、镇大公路。设立电话局、电报房,兴办火力发电厂等,造福桑梓,便利了当地众多百姓。虞洽卿这种热爱家乡的思想受到与会者的一致称赞。

会上,学者们还就虞洽卿与上海宁波旅沪同乡会、上海总商会等重要社团的关系,虞洽卿与蒋介石复杂而微妙的联系,虞在孤岛时期及转赴内地后的表现等问题展开了讨论。与会者一致认为,这次讨论会对虞洽卿研究来说是一个良好的开端,并希望能尽快筹措经费,出版论文集,以推进学术讨论的深入。

会后,从收到的 36 篇论文中选出 23 篇,由作者进行修改和文字润色后,由金普森主编《虞洽卿研究》一书,于 1997 年 6 月由宁波出版社出版发行。这是我国第一部研究虞洽卿的高品位学术论文集。论文收入了丁日初、汪仁泽的《虞洽卿与五卅运动》一文,提出五卅运动中,"当时担任上海总商会会长的虞和德(字洽卿,以字行)代表上海资本家阶级在这期间进行了多方面的活动,长期以来人们对他在运动中的表现贬多褒少,他久遭很多不公正的非议,本文拟根据可靠的史料,重新讨论这一问题"。[①] 文章就组织"五卅事件委员会",另议谈判条件 13 条、有条件的开市、募款援工、调停复工等问题进行了论述,得出总商会为处理五卅事件另设一临时

---

① 金普森:《虞洽卿研究》,第 113 页。

机构,本是无可非议的。从"十三条"内容的逐条分析以及与六国委员团交涉的经过分析,总商会另拟"十三条",是基于自己对当时的形势估量和从应采取的斗争策略考虑的。有条件的开市、募款援工、调停复工,也是总商会做了他们所能做的,是应该得到肯定的。

姜铎是中国经济史研究的专家,因年老体衰,不能出席会议,还是写了发言稿,题目是《从〈虞洽卿简论〉说起》,现抄录如下:

> 中国史学界,对旧中国工商界名人虞洽卿,一直把他划入买办阶级类型。1982 年出版由黄逸峰、唐传泗、陈绛和我四人合著的《旧中国的买办阶级》一书,也因袭传统之说,把虞归类入买办,并在"买办举例"附录中,为虞立了小传。此书成稿在"文化大革命"前,因"文化大革命"延迟了出版期。我院丁日初、杜恂诚先生合写的《虞洽卿简论》一文,在 1981 年第 3 期《历史研究》上发表,不同意把虞划入买办类型,而定性为民族资产阶级上层。当时担任上海社科院院长的黄逸峰先生,读了该文以后,大为不满,认为是有意和《旧中国的买办阶级》一书的观点唱对台戏,要我写文章辩驳,被我劝止了,避免了一场无谓的论争。
>
> 这次浙江召开虞洽卿学术讨论会,蒙会议主持人杭州大学的金普森教授,邀我出席,因年老体衰,写不出长文章,但总得准备一个发言稿,故而很自然地把上述 15 年前的旧事,重新提了出来,并重新翻阅了我们那本书和丁、杜二先生的《虞洽卿简论》,不禁浮思联翩,感想颇多!
>
> 感想之一是:《虞洽卿简论》成稿于 1980 年,处于思想解放初期,当时丁、杜二先生就能力排众议,为虞改变定性,这一理论勇气值得赞赏!而且,时隔 15 年,今天重

读起来,仍觉得立论实事求是,有根有据,无懈可击,真实地反映了虞洽卿先生的本来历史面目。

感想之二是:《旧中国买办阶级》一书,因成稿在"文化大革命"前夜,"左"倾思潮抬头之际,故对旧中国买办阶级力量的估计,存在扩大化和简单化的倾向,付印前虽一再作了修订,但原有痕迹仍有不少残存。仅就"买办人物举例"附录来说,扩大化的倾向便十分明显。拿今天的眼光来重新衡量,所举的23例中,扩大化了的绝不止虞洽卿一人,诸如胡光墉、唐廷枢、徐润、朱葆三、叶澄衷、盛宣怀、刘义方、梁士诒、曹汝霖、陆宗舆、章宗祥等人,都不应列入买办阶级。在这些人中,大体存在下列三种情况:一是和虞洽卿一样,都是先当买办,后来大量投资于近代工商业,这包括唐廷枢、徐润、朱葆三、叶澄衷、刘义方五人,应列入民族资产阶级;二是洋务派官僚胡光墉和盛宣怀二人,前者是左宗棠完成西征大业的得力助手和有功之臣,后者是已被时人戴上了"中国第一代企业家"的桂冠,"买办"云乎哉;三是梁士诒和曹、陆、章四人属于北洋政府的反动官僚,而不应列入买办。这11人再加上虞洽卿共12人,已超过23例的半数,可见扩大化和简单化倾向之严重!要知道,按照我们的标准,"买办"和"民族",虽然只两字之差,但却意味着敌友之分的千斤重量,切不可等闲视之,作为历史学者的我们,应该慎之又慎,笔下超生啊!

感想之三是:学术问题,应坚持贯彻百家争鸣精神,允许发表不同观点,开展自由辩论,但要真正做到这一点,却大不易。60年代初,我提出洋务运动存在积极作用的一面,违反了全面否定的传统观点,便遭到全国性的政治围攻,深受其害,日子很不好过。正由于我有以上切身体会,因而对丁、杜二先生敢于改变虞洽卿定性的新观点,能够冷静对待。可是我和丁先生在不同的学术观点上,例如旧中国是否存在官僚资本和官僚资产阶级等问题,还是经常展开论争,但能相互注意到一不上纲上线,二不意气用事,三不伤私人感情,因而始终保持着老同事的友谊。①

读了丁日初、姜铎的文章,感慨万分。文章字字句句反映了他们严谨的治学态度,求是求真的科学精神,令人钦佩。现在丁日初、姜铎这两位资深学者已先后谢世,但他们的文稿是学术天堂的宝贵财富,他们高贵的学术品德,值得后人学习与弘扬。

虞洽卿研究学术讨论会的召开和《虞洽卿研究》一书的出版发行,在国内外学术界引起了强烈的反响,有力地推动了虞洽卿研究。据不完全统计,在短短的七八年间出版有关虞洽卿研究的著作、论文及介绍 50 余种。在江浙学者的建议下,具有百科性质的综合性辞书《辞海》在 1999 年再版时,对"虞洽卿"词目作了修正。节录如下:

> 虞洽卿(1867—1945),浙江镇海龙山镇(今慈溪)人,名和德。1881 年到上海商行当学徒。1892 年起历任德商鲁麟洋行、华俄道胜银行、荷兰银行买办。1898 年起,在四明公所事件中参与同法租界公董局的交涉。1906 年发起组织万国商团中华队,1908 年开办四明银行,后又组织南洋劝业会,任副会长,曾先后创办宁绍、三北、鸿安轮船公司。辛亥革命中支持上海光复。1920 年起任

---

① 金普森:《虞洽卿研究》,第 111—112 页。

上海证券物品交易所理事长、全国工商协会会长、上海总商会会长、淞沪商埠市政会办。是早期旅沪"宁波帮"的头面人物之一。五卅运动中,以上海总商会五卅事件委员会名义,擅自修改向帝国主义者提出的交涉条件,提出停止罢市。1927 年从财力上支持蒋介石发动四一二反革命政变。后任上海特别市参议会董事、中央银行监事、国民党政府全国经委委员、公共租界工部局华董。抗日战争时期,在上海组织中意轮船公司,并任上海难民救济会会长,办理平粜米获取利润。上海沦陷后,拒任伪职。1941 年去重庆,先后组织三民、三北运输公司。[①]

将上述的词目与 1980 年版的词目比较,多了对虞洽卿一生的客观论述,而少了定性的批判。这是虞洽卿研究中的科学精神的反映,也是中国社会科学研究的可喜成果。

虞洽卿研究的难点和重点

虞洽卿研究毕竟还是初步的,要进一步开展深入研究,困难还很多,简而言之,有以下几方面:

一是资料的困难。档案史料没有整理与出版,迄今为止只有上海档案馆编纂的《一九二七年的上海商业联合会》(上海人民出版社 1982 年版)与《五卅运动》(上海人民出版社 1991 年版)出版发行。前书所收集的档案反映了四一二反革命政变前后上海资产阶级的政治态度及其与国民党的联系和矛盾;后书共分三辑,包括上海总商会、上海公共租界工部局及上海法租界公董局文件汇编

---

① 《辞海》缩印本,上海辞书出版社 1999 年版,第 2238 页。

及公共租界工部局《警务日报》摘译等重要档案。它们是研究四一二反革命政变及五卅运动时期虞洽卿与上海资产阶级的比较重要的第一手材料。但是,仅此两种而已。与研究虞洽卿密切相关的上海外商档案(德商鲁麟洋行、华俄道胜银行、荷兰银行等)、上海证券物品交易所档案、全国商会联合会档案、中国轮船航运业档案等等,都没有整理出版。难怪樊百川在《中国轮船航运业的兴起》一书中慨叹:对虞洽卿所创办的中国轮船航运最大的民营集团,至今连资料的整理都谈不上。① 虞洽卿在世时,他的一些大的活动在《申报》《新闻报》都有报道,他写的文章、演说、报告、发言、声明也常见诸报端,对这些期刊史料也没有搜集、整理与出版。与虞洽卿共事人的三亲史料也未能留下,个别人在极"左"思潮下撰写的回忆录,深深地打上了时代的烙印。现在许多知情人已经作古,既无法请他们讲或写,对已留下的文稿也无法核实、补正。巧妇难为无米之炊,没有厚实的史料作基础,也就撰写不出高质量高水平的论著。特别是对以经济活动占主要方面的虞洽卿,资料的翔实就显得特别重要。

二是理论问题的困惑。虞洽卿头上戴有一顶顶的政治帽子,什么买办、买办资产阶级、帝国主义代理人、走狗,等等。存在着一种虽然并无明文宣告,但实际上却似乎一致认同的虞洽卿是买办阶级,中国人民革命的敌人。近代中国是否存在一个买办阶级,当过买办的人,日后从事近代工商业的人,是否就是买办阶级。这个理论问题的困惑,直接影响到对虞洽卿研究的深入开展。

在旧中国,买办是指外国资本家在中国设立的商行、公司、银行等所雇用的,替外国资本家在中国市场上服务的中国人或经理人。买办是一种职业,其性质是外商的雇员,也是独立的商人。在中国

---

① 樊百川:《中国轮船航运业的兴起》序言,四川人民出版社1985年版。

近代工商企业未发生、发展以前,尚不能说已构成一个买办阶级。

商人在当买办时积累了财富,投向近代工商业、运输业、银行业,使这笔财富成为近代中国的商业资本、工业资本……这批买办就当上了董事长、经理、厂长、行长等而成为资本家,形成中国资产阶级。被认为买办阶级的主要代表人物虞洽卿,就是既当买办又经商,而后主要从事中国轮船航运业,成为近代中国资本家。

关于虞洽卿这个历史人物,值得研究的问题很多,本文在前面已提出了一系列问题,有关经济史、政治史、文化史的问题均应研究,至于研究的重点仍应在虞洽卿与中国经济近代化的关系上。

虞洽卿一生的活动中经济活动居于主要地位,他参与过政治活动,如赞助辛亥革命,支持"四一二"反革命政变,也是限于经费上的赞助与支持。他与帝国主义、民国北京政府、国民政府的矛盾与斗争,也是为维护和发展中国资本主义工商业。恩格斯在1859年5月18日致斐·拉萨尔的信中说:"主要人物是一定的阶级和倾向的代表,因而也是他们时代的一定思想的代表,他们的动机不是从琐碎的个人欲望中,而正是从他们所处的历史激流中得来的。"[①]只有从人物所处的时代和历史潮流的广阔视角来分析虞洽卿的一生,才能正确把握虞洽卿的功过、是非,对这样一个有影响又有复杂经历的历史人物作出公正评价。

金普森　潘标

---

① 《马克思恩格斯选集》第4卷,人民出版社1972年版,第343—344页。

附录

虞洽卿研究论著目录

这份目录是我的博士生冯筱才(现为复旦大学历史学系教授)1996 年整理的,而后由我和杭州师范大学历史学系硕士生潘标补上 1997 年后的论著与目录。研究虞洽卿的著作、论文、文章目录刊印于国内外各种社科杂志与著作中,由于阅读书刊有限,目录肯定很不齐全,敬请补正。

1.佚名:《虞和德》,《国闻周报》2 卷 4 期,1925 年 4 月。

2.上海商会编:《虞洽卿先生旅沪五十年纪念特刊》,中国现代书局,1931 年 7 月。

3.上海虞洽卿路命名典礼筹备委员会:《上海虞洽卿路命名典礼纪念刊》,1936 年 10 月。

4.刘涛天:《航业家虞洽卿先生传略》,《教育与职业》总第 183 期,1937 年 3 月。

5.方腾:《虞洽卿论》,《杂志》第 12 卷第 2 期、第 3 期、第 4 期,1943 年 11 月、1943 年 11 月、1943 年 12 月、1944 年 1 月。

6.许念晖:《虞洽卿的一生》,《文史资料选辑》第 15 辑,中华书局,1961 年。

7.赵晋卿:《对〈虞洽卿的一生〉的补正》,《文史资料选辑》第 31 辑,1962 年 10 月。

8.侯中:《商界大亨虞洽卿》,[台]《宁波同乡》总第 102 期,1977 年。

9.水一亨:《一品百姓虞洽卿》,[台]《艺文志》,总第 136 期,1977 年。

10.丁日初、杜恂诚:《虞洽卿简论》,《历史研究》1981 年第

3 期。

11. ［日］陈来幸：《论虞洽卿》,京都大学人文科学研究所研究报告,《关于五四运动的研究》丛书之二,第 5 号,1983 年。

12. 汪北平、郑大慈：《虞洽卿先生》,上海宁波文物社,1946 年。

13. 应斐章：《追悼虞洽卿先生》,《宁波旅沪同乡会会刊》复刊第 8 期,1946 年 11 月。

14. 陆志濂：《虞洽卿简介》,《浙江工商》1985 年第 10 期。

15. 政协慈溪市文史资料研究委员会：《慈溪文史资料》第 2 辑《三北虞洽卿》1988 年。

16. 关志昌：《虞洽卿(1867—1945)》,［台］《传记文学》,第 43 卷第 2 期,1983 年。

17. 李孤帆：《三北虞洽卿》。

18. 狄介先：《上海商界闻人虞洽卿》,［美］《世界日报》,1987 年 9 月 24 日。

19. 王泰栋：《阿德哥在上海滩》,中国文史出版社,1989 年。

20. 汪卫兴编：《上海滩大亨——虞洽卿野史》,春风文艺出版社,1991 年。

21. 郭太风、徐有威：《虞洽卿》,载陈祖恩、王金海主编《海上十闻人》,上海人民出版社,1990 年。

22. 驰原：《虞洽卿发迹传奇》,《采风》1991 年第 10 期。

23. 孙筹成、黄振世等：《虞洽卿事略》,载《浙江文史资料》第 33 辑《浙江籍资本家的兴起》,浙江人民出版社,1986 年。

24. 周采泉、施权范等：《虞洽卿其人其事》,载《浙江文史资料》第 33 辑《浙江籍资本家的兴起》,浙江人民出版社,1986 年。

25. 戴余方：《虞洽卿在家乡所办事业》,载《浙江文史资料》第 33 辑《浙江籍资本家的兴起》,浙江人民出版社,1986 年。

26.杭宝欣:《虞洽卿退出宁绍公司》,载《上海交通古今》,上海科技文献出版社,1993年。

27.傅永棠:《阿德哥贩洋米》,载《浙江文史资料》第33辑《浙江籍资本家的兴起》,浙江人民出版社,1986年。

28.陈清宇、陈晓红:《虞洽卿传》,河北人民出版社,1994年。

29.顾莹惠:《中国实业代表团的赴日外交》,《民国春秋》1944年第3期。

30.戴维恩:《虞洽卿发迹散记》,[台]《传记文学》第64卷第2期,1944年2月。

31.史言:《轮船航运大王虞洽卿》,[美]《世界日报》1995年1月25日。

32.徐飘萍:《商界领袖虞洽卿》,载《上海风云人物》,上海人民出版社,1989年。

33.佚名:《旧上海商界领袖—虞洽卿》,载温云荣等编《中国老赢家秘籍》,中国发展出版社,1994年。

34.密勒氏评论报:"Yu Ya-ching",载《中国名人录》(*Who's who in China*),1930年。

35.佚名:《虞洽卿字和德》,《名人录》,1932年。

36.陈继馨:《虞洽卿》,《中外历史名人传略》。

37.勃德:《虞和德》,《中外今代名人传》。

38.贾逸君:《虞和德》,《中华民国名人传》(下),文化学社,1933年。

39.张敏孝:《虞洽卿》,《中国民主革命时期人物简介》。

40.丁日初、汪仁泽:《虞洽卿》,载孔令仁主编《中国近代企业的开拓者》下册,山东人民出版社,1991年。

41.《虞洽卿传略》,《镇海县志》,1994年11月。

42.王泰栋:《"海上闻人"虞洽卿评价》,《宁波师范学院学报》

（社科版）1991年第2期。

43.龚济民：《海上闻人阿德哥》，《上海滩》1993年第5期。

44.徐铸成：《虞氏兄弟》，《上海滩》1987年第8期。

45.陈清宇：《虞洽卿》，载赵云声主编《中国大资本家传》第6卷，时代文艺出版社，1994年。

46.陈清宇、陈晓红：《上海超级大亨》，河北人民出版社，1995年。

47.茅蔚然：《中国近代经济史上的名人工商实业家虞洽卿》，《杭州教育学院学报》1996年第1期。

48.朱馥生：《虞洽卿拒绝与日伪合作联营》，《民国春秋》1996年第5期。

49.丁日初、汪仁泽：《五卅运动中的虞洽卿》，《档案与史学》1996年第5期。

50.郭太风：《虞洽卿与商会变异（1924—1930）》，《档案与史学》1996年第5期。

51.剑荣：《虞洽卿与上海证券物品交易所》，《档案与史学》1996年第3期。

52.黄兰英：《虞洽卿与四明银行》，《杭州大学学报》1996年第4期。

53.周数：《浙江召开虞洽卿研究学术讨论会》，《档案与史学》1996年第3期。

54.金普森：《虞洽卿研究》，宁波出版社，1997年。

55.陈企荫、陈金融：《和虞洽卿对簿公堂》，《检察风云》1999年第9期。

56.孔凡铜：《乱世奸商虞洽卿》，《文史精华》2000年第2期。

57.《蒋介石发动反革命政变前在九江的阴谋策划》，《党史文苑》2000年第1期。

58.汪仁泽:《抗战初期虞洽卿上海籴米记》,《档案与史学》2000年第5期。

59.梁玉国:《虞洽卿三助蒋介石》,《民国春秋》2000年第5期。

60.朱世铮:《对〈乱世奸商虞洽卿〉一文的意见》,《文史精华》2000年第9期。

61.张宗高:《四杀傅筱庵内幕》,《民国春秋》2000年第3期。

62.叶世昌:《旧中国的证交所》,《证券时报》2000年7月24日。

63.王光远:《"四一二"政变前的庐山密谋》,《文史精华》2000年第11期。

64.金普森、孙善根:《宁波帮大辞典》,宁波出版社,2001年。

65.郭太风:《辛亥上海商会绅商体制的瓦解及其影响》,《学术月刊》2001年第9期。

66.朱英:《重评五四运动期间上海总商会"佳电"风波》,《历史研究》2001年第4期。

67.吴健熙:《对第二次四明公所事件中诸现象之考察》,《史林》2001年第4期。

68.王清毅:《〈虞洽卿简论〉的简论》,《宁波大学学报》2002年第1期。

69.方舟:《国内轮运巨擘虞洽卿(1867—1945)》,《上海商业》2002年第10期。

70.周向峰、侯桂芳:《虞洽卿与抗日救亡》,《档案史料与研究》2002年第2期。

71.王正华:《1927年蒋介石与上海金融界的关系》,《近代史研究》2002年第4期。

72.王永进:《上海商业联合会研究》,上海师范大学硕士论文,

2003 年。

73.汤兆云:《商业界与上海孤岛的米业市场》,《甘肃社会科学》2003 年第 1 期。

74.肖阿伍:《虞洽卿的企业家精神》,《档案与史学》2003 年第 6 期。

75.张守广:《抗战时期后方地区的宁波帮企业与企业家》,《宁波大学学报》2004 年第 6 期。

76.张姚俊:《"无线电之父"的上海之行》,《档案与史学》2004 年第 1 期。

77.徐淑雅:《江浙财团政治生命之历史回顾》,《重庆大学学报》2004 年第 4 期。

78.巴图:《上海滩最早的股市投机者》,《文史博览》2004 年第 11 期。

79.陶士和:《试析虞洽卿的经营理念与经营谋略》,《杭州师范学院学报》2004 年第 3 期。

80.陶水木:《北洋政府时期旅沪浙商的慈善活动》,《浙江社会科学》2005 年第 6 期。

81.乐承耀:《宁波帮研究八十年历史回顾》,《宁波职业技术学院学报》2005 年第 3 期。

82.乐承耀:《抗日战争中的宁波商人》,《中共宁波市委党校学报》2005 年第 4 期。

83.徐淑雅:《20 年代末国家垄断资本的形成及其对民族资本的影响》,《重庆大学学报》2005 年第 3 期。

84.徐道亨、朱华:《虞洽卿的发迹史》,《中国高新区》2005 年第 6 期。

85.田伟:《蒋介石在上海发迹二三事》,《中国档案报》2005 年 9 月 16 日。

86.陈春舫:《宁波帮是斗出来的》,《上海商业》2005年第5期。

87.孙琪:《试论宁波帮的文化价值取向的形成》,《浙江万里学院学报》2005年第1期。

88.谢俊美:《西方开埠宁波的历史回顾与宁波帮的形成》,《华东师范大学学报》2005年第1期。

89.胡丕阳:《诚信尚义的宁波实业家》,《宁波职业技术学院学报》2005年第1期。

90.池子华:《中国红十字会救助1928至1930年西北华北旱荒述略》,《社会科学战线》2005年第2期。

91.陈廷湘:《民众情绪变化与抗议二十一条运动》,《社会科学研究》2005年第2期。

92.赵金康:《国民党二届五中全会前后的制宪诉求》,《史学月刊》2005年第9期。

究源发新 与时俱进

——读许毅著《中国特色论》

庆祝许毅同志华诞暨从事财经工作 65 周年

经济科学出版社 2004 年 12 月出版的《中国特色论》,是许毅教授围绕着中国特色展开研究成果的汇集,内容涵盖财政、经济、政治、社会、历史等领域。他对如何坚持马克思主义基本理论,又结合时代发展不断吸取世界各国的文明成果和发展经验,对建设中国特色社会主义这一重大问题作出了自己的解答。他从国家分配的角度剖析了再生产诸环节中有关方面的问题,经济与财政的关系以及历史的有关演变发展过程,揭示了历史特别是近代史对于当前现实问题的重要影响。

本书所收入的 30 篇文章,围绕着中国特色这个中心议题,深刻论述了中国特色的国情、中国特色的财政史研究、中国特色社会主义初级阶段、中国特色社会主义财政。可以说本书是他近 25 年研究成果的结晶,学术精品的荟萃。同时也反映了一位老革命、老学者的良知与责任。本书突出的优点可用八个字来概括,即究源发新、与时俱进。品高学粹,他用自己的人品和文品为后学者提供了做人与治学的典范。

我有幸拜许毅为师,在近 30 年时间里,参与了他所组织的近代中国经济史几个课题的研究。研究的过程,也是接受他指导与学习的过程。《中国特色论》一书所收的文章,过去读过,这次重读后获益更多。他不断地对近代中国历史进行新的探索,新颖而又合情合理的观点迭现。他以年迈之躯到全国各地进行调查与考察，对建设中国特色社会主义的现实问题进行理论思维，提出了创造性的见解。本文仅就《中国特色论》一书中从近代中国财政经济研究的视角，谈点感受。

究源发新，治史者的追求

对历史的不断探究是史学工作者的任务，不断地发新则是治史者的责任。历史，需要一代又一代人为之付出艰辛的创造性劳动，才能究源发新，使我们的认识走近历史。

对近代中国外债的研究中，许毅提出："富有四海"的清王朝为什么会走上举借外债，甚至依赖外债以度日的道路？从 1661 年到 1796 年是史称的"康乾盛世"。在这个时期，中国的经济水平在世界上是领先的。乾隆末年，中国经济总量居世界第一位，人口占世界三分之一，对外贸易长期出超。盛世以后，为什么清王朝在短短一百多年的时间里，就大大落后于西方国家，直至在西方列强的坚船利炮面前不堪一击呢？这种巨大的反差要求我们必须研究从"康乾盛世"到"嘉道中落"直至"宣统覆亡"的历史原因。

1988 年，许毅在《论"两声炮响"与我国资本主义生产方式和社会主义生产方式形成的关系》一文中提出了上述问题。[1] 经过几年的研究，于 1996 年与王国华一起撰写了《由康乾盛世到嘉道中落的教训》一文。文章中考察了盛世的起源与盛世气象，探究了盛世危局、衰落根源——奢侈与腐败，剖析了嘉道中落的催化剂——使中国元气大伤的鸦片贸易，阐述了走向衰落的深渊是鸦

---

① 许毅：《中国特色论》，经济科学出版社 2004 年版，第 77 页。

片战争的致命打击。从而得出的结论是:"鼎盛之际,统治阶级居功自傲,放弃了文治武功、励精图治的积极进取精神。乾隆羡慕江南湖光山色,六次南巡,沿途的接驾盛况,奢靡之极,上行下效,腐败之风刮得剽悍无敌、英勇善战的八旗子弟和绿营,变成战则必败、祸害百姓的罪魁;清正廉洁的满汉官员,变成官无不贪、吏无不恶的祸首。文治武功全废。在英国殖民主义于 1840 年发动的鸦片战争中,虽然在汉人将领抗拒之下,取得了辉煌的胜利,焚毁了没收的鸦片,清政府却摘了林则徐的帅印,以致转胜为败,签订了丧权辱国的《南京条约》,为资本帝国主义列强瓜分中国开了先河。"①

通过对"康乾盛世"的形成和清王朝由盛转衰的历史考察,使人们对"历史周期率"有了更深的了解和认识。这里,给我们说明了一个真理,经济的发展,文明的昌盛,如果是自发地发展而不觉,如果不为人民而只图一时之享受,如果不提倡为公而只倡导为私,其能留给自己的只能是苦涩。人们在创造财富的同时,往往因无知、侥幸、自私而贻误大业,其为自己留下的只是毁灭的祸根。

清代由盛而衰,由繁荣到覆亡的教训,值得汲取。

清朝由盛转衰的历史事实证明,腐败是万恶之源。清朝的衰败灭亡与腐败有关,外债也与腐败有关。腐败断送了清王朝,腐败使中国沦为半殖民地,陷入被瓜分的深渊。腐败关系到国家民族的兴衰存亡,一个国家、一个民族,如果在兴盛和富裕后不思进取,贪图享乐,骄奢懈怠,必然会腐化衰败,挨打受气,任人宰割,最后灭亡。盛而骄,骄而奢,奢而贪,贪而腐,腐而朽,朽而亡,这就是清王朝留给我们的历史教训,这个教训是值得我们认真吸取的。

中国为什么选择社会主义道路?这是 20 世纪中国先进分子

---

① 许毅等:《清代外债史论》,中国财政经济出版社 1996 年版,第 53 页。

思考与求索的问题,也是《中国特色论》中论述的一个重大问题。许毅在回答这个问题的时候,遵循马克思说的:"历史的运动创造了社会关系"①,"社会关系和生产力密切相连。随着新生产力的获得,人们改变自己的生产方式,随着生产方式即保证自己生活的方式的改变,人们也就会改变自己的一切社会关系。"②他认为社会主义生产方式的形成,是借助于洋务运动、北京政府时期、国民政府时期建立的近代化大生产的生产力,提出了中国近代化大生产的生产力是怎样发展起来的问题?究源才能发新,才能深层次地回答中国为什么选择社会主义道路这重大而根本的任务。

中国资本主义生产关系创造过程,不是从自身的生产方式中一步一步地游离出来的,而是在外国资本主义列强入侵之后,为了反压迫、反侵略,为了自强,不得不引进外国资金、外国技术,"师夷长技以制夷"。用举借外债的特殊方式,发展近代工矿企业、铁路、邮电、航运、通讯等。正如马克思所指出的:"所有这些方式都利用国家权力。也就是利用集中的有组织的社会暴力,来大力促进从封建生产方式向资本主义生产方式的转变过程,缩短过渡时间。"③凭借国家信用向外国举债,直接买进先进技术,发展生产力,这是中国资本原始积累的特殊形式。中国资本原始积累的又一种形式,是国家政权利用国家财政,直接动用国库或国家信用(包括内债),来创办工业。中国资本原始积累的第三种形式是大官僚(包括李鸿章、左宗棠、张之洞以及后来的宋子文、孔祥熙等)利用职务上的便利,挪用或侵占公款,创办近代工矿企业、金融事业。举借外债是中国资本原始积累的重要方面。许毅在《论"两声

---

① 马克思:《政治经济学的形而上学》,见《马克思恩格斯全集》第 1 卷,人民出版社 1972 年版,第 108 页。

② 《马克思恩格斯全集》第 1 卷,第 106 页。

③ 马克思:《资本论》,人民出版社 1975 年版,第 219 页。

炮响"与我国资本主义生产方式和社会主义生产方式形成的关系》和《中国为什么选择社会主义道路和社会主义生产方式形成过程的特殊性》两文中,详细阐述了我国现代生产力的形成和发展过程,特别是决定社会主义制度的生产方式的演变过程。他认为"我国之所以成为社会主义国家,是与'两声炮响'密切联系在一起的"。[1] 以往的历史学界、经济学界对中国选择社会主义道路的研究中,多从十月革命一声炮响给中国的影响来分析,忽视了十月革命的炮声之所以在中国产生影响的物质基础的考察。没有新的生产方式和新的阶级基础,中国不可能接受马克思列宁主义。要了解十月革命期间中国的物质基础必须究源于鸦片战争的炮声带给近代中国的影响。正是英国殖民主义者发动的侵略战争—鸦片战争—一声炮响打开了清政府的国门。"清政府为抵御外国侵略,发展军用、民需工业、交通运输业、邮电事业,便举借外债,利用外资,引进技术,发展经济,从而产生了资本主义的生产关系,发展了社会化的生产力。"[2]

近 20 多年中,许毅与我们就外债在中国近代化中的作用进行了系统的研究与分析,粗略统计在新中国诞生前的 1996 年(从1853 年上海洋商借款算起),举借外债共计 900 多项,目前所查明的约有 730 多项。清政府时期举借的 155 项外债,用于发展经济的占债款总额的 29.2%;南京临时政府举借的 23 项外债,用于发展经济的占债款总额的 25.84%;北京政府时期举借的 387 项外债,用于发展经济的占债款总额的 40%;护法军政府举借的 57 项外债,用于发展经济的占债款总额的 47.84%;南京国民政府时期举借的 36 项外债,用于发展经济的占债款总额的 31.11%。

---

① 许毅:《中国特色论》,第 40 页。
② 许毅:《中国特色论》,第 41 页。

从以上几个历史时期总的来看,中国近代外债是资本帝国主义侵略中国的产物,也是它们之间在华争夺政治、经济权益的一种重要手段。它们所产生的历史作用,也是毋庸讳言的。外债为道德上的恶所形成,而"恶是历史发展的动力借以表现出来的形式"①。"中国近代化的生产力、中国资本主义生产关系的成长、资本主义生产方式的形成,可以说主要是依靠外债。"②

据中华人民共和国成立时的统计,近代化大生产的产值已占到国民经济总产值的 29%,其中被没收的官僚资本和敌产占工矿、交通运输企业固定资本的 80%。这些被没收的官僚资本转化为社会主义全民所有,成为社会主义生产方式的经济基础。

服务现实,学术研究的宗旨

意大利历史学家克罗齐说:"一切历史都是当代史。"出于时代的需要,人们总会不断地从历史中寻求启示,并以新的眼光重新审视历史。然而,历史不应是任人摆弄的玩偶和映射工具。它应有助于促进社会的进步和文明的发展。而要做到这一点,就要求治史者立足现实,站在时代的最前沿,把促进社会发展和建设中国特色社会主义作为自己追求的目标。《中国特色论》一书的字里行间,处处闪耀着一位老革命、老学者的良知和责任。

在中国财政史的研究中,许毅教授反复强调的一点是不应就财政论财政,就外债论外债。他在《研究财政经济问题和研究财经史的方法》一文中写道:"财政史是财政学和历史学的交叉学科。

---

① 《马克思恩格斯选集》第 4 卷,人民出版社 1972 年版,第 233 页。
② 许毅:《中国特色论》,第 44 页。

作为政治经济学的一个分支,本身具有十分丰富的内涵。然而,在财政史的教学与研究中,就财政论财政的倾向相当严重,致使一部财政史变成了一部就财政制度论财政制度,就财政思想论财政思想,脱离生产力、生产关系的演变和经济基础与上层建筑的矛盾运动规律,变成无源之水无本之木的制度罗列、思想罗列。它既不反映当时的社会经济状况,又找不到历史发展的规律。这是造成目前财政史的教学与研究缺乏生气的直接原因。"[①]如何把生产力与生产关系、上层建筑与经济基础既适应又不适应的矛盾统一的"普遍规律"运用到财政学特别是财政史的研究中去,他说:"这是当代财政理论工作者必须认真思考的重大理论问题。作为从事财政理论研究与财经工作的一员老兵,我一直没有放弃对这个问题的探索和思考。我认为,为了更好地把握这一'普遍的规律',无论是改革还是总结历史规律,都必须以邓小平同志教导的革命和改革都是解放生产力、发展生产力作为出发点和归宿。"[②]他充分理解恩格斯在撰文介绍马克思《政治经济学批判》一书中关于历史与逻辑统一的辩证法思想,并运用这一方法,从生产力再生产规律、生产关系再生产及生产方式再生产规律、社会关系再生产规律三个层面,对生产力与生产关系、上层建筑与经济基础这一人类社会基本矛盾进行了剖析。通过这种剖析,使财政史的研究范围得到拓展,打开沉闷的窒息空气,同生动的市场经济联系起来,成为研究经济运动规律、社会发展规律,能指导实践的学科。为解放生产力、发展生产力,发挥其应有的史学资治功能。

对外债的两重性分析,也是着眼于国家的独立和发展生产力、发展新的资本主义生产关系及生产方式。在近代中国,外债的每

---

① 许毅:《中国特色论》,第90页。
② 许毅:《中国特色论》,第91—92页。

一个毛孔都充满着血和肮脏的东西。外债成为西方资本帝国主义
国家从经济上控制中国的一个重要手段。一部近代中国外债史，
就是一部资本帝国主义侵华史。但是，外债作为资本主义生产方
式一个不可或缺的组成部分，它代表着更多的资本、更多的技术、
更高的生产力和新的资本主义生产关系及生产方式发展的要素。

在外债研究中，许毅教授反复强调不能就债论债，提出"认真
研究外债的两重性，在利用外债过程中扬长避短"；①对外债"利用
得好，会给一国的发展起到巨大的推进和加速作用，利用得不好会
给社会和人民造成沉重负担，影响社会经济的正常健康发展。因
此，在经济发展、引进外债的过程中必须加以科学论证，谨慎对
待"。② 提出要吸取20世纪80年代世界性债务危机和90年代亚
洲金融危机的教训。许老时刻关注中国和世界经济的发展以及发
展中出现的问题。我们所做的研究，都是为吸取历史上的经验与
教训，为如何建设好中国特色社会主义这个重大现实问题在某些
方面做出自己的解答。

在许老的主持下，从1983年开始，对中国近代外债资料进行
整理，编辑出版了《清代外债史资料》《民国外债档案史料》和《民国
历届政府整理外债资料汇编》等，约千万字以上。随后，对晚清时
期、北京政府时期、国民政府时期和新中国时期的外债进行了系统
的研究，撰写了《从百年屈辱到民族复兴》丛书，全书共四卷。当第
四卷书稿定下后，许老提出要写一篇总结、概括四卷内容的结束
语。经多次讨论，命题为《历史的启迪，科学的实践——〈从百年屈
辱到民族复兴〉丛书结束语》，强调本丛书写作的目的绝不在于简
单地记录历史的变迁，而是为了通过对清政府时期、北京政府时

---

① 许毅：《中国特色论》，第183页。
② 许毅：《中国特色论》，第183页。

期、国民政府时期和社会主义新中国时期这四个历史发展阶段社会经济发展各项成败的回顾，来总结经验、吸取教训，从而为我们当前乃至今后的各项建设工作提供参考，以便早日完成中共中央制定的把我国建成富强、民主、文明的社会主义现代化强国的战略任务。外债虽是这套丛书的主线，但也仅仅是切入点。认识今天，展望未来，首先要以认识昨天为基础，认识昨天的目的，是为了认识今天、展望未来。正如列宁谈到历史研究时所说的："……为了用科学的眼光观察这个问题，最可靠、最必需、最重要的就是不要忘记基本的历史联系，考察每个问题都要看某种现象在历史上怎样产生，在发展中经过了哪些主要阶段，并根据它的这种发展去考察这一事物现在是怎样的。"[①]在丛书的结尾部分，从中国近现代的史实出发，并从客观的历史过程和历史实践中理出了 16 个问题，阐述了基本理论，总结了经验。这 16 个问题对我国当前的建设以及未来长远的发展，会起到积极的宏观导向作用。

许毅教授从干部到学者，研究历史源于现实的困惑，走上了从现实追溯历史，又从历史回到现实的治学道路。丰富多彩的人生经历，给了他不一样的眼光和见识，他也给了我们挣脱学术之茧的利刃。

与时俱进，学术生命长青

《中国特色论》一书不仅反映了许毅教授对历史的长远眼光，也反映了他与时俱进的人生追求。他在前言中写道："一切事物都是在不断的发展变化过程中的，马克思主义研究问题的立场、观

点、方法不能变,但是它的具体应用要随着时间、地点、条件的变化而不断做出符合时代要求的创新。在经济和社会的发展过程中,生产关系一定要适应生产力是一个最基本的经济规律,两者的相互适应也是一个不断演进的过程。一定条件下适应生产力的生产关系慢慢又会不适应于生产力的新发展,两者总是在动态的发展中获得平衡。在学术研究领域,这种动态的发展过程同样是客观存在的。人的认识是随着时代的发展和新事物的不断涌现而逐渐向前发展的,具体到这本书中收入的文章而言,它们既是紧紧围绕着中国特色论这个中心议题而展开,同时也是自改革开放以来我在学术研究领域不断深入实际、与时俱进的客观反映。"①

与时俱进使许毅教授的学术之树长青。1976 年,他牵头组织北京及浙闽赣的专家学者,深入到中央苏区,发掘整理中国共产党在闽浙赣农村进行土地革命和武装斗争时期的财政经济史料,编撰了《中央革命根据地财政经济史长编》。②而后组织了全国从事中共党史、财经史的一部分学者,对陕甘宁边区、湘赣、湘鄂赣、闽浙赣、鄂豫皖、川陕、湘鄂西、晋察冀、晋冀鲁豫、晋绥、山东、华中、华东、东北、中原以及东江、琼崖等中国革命不同历史时期各革命根据地的财政经济史料的收集整理和编辑出版工作。在各地参与者的努力下,选编了 31 种,约 4000 万字的财政经济史料。对其中一些较大的根据地还编写出版了根据地财经史,共 18 种,约 560 万字。在这些成果中,一方面回答了如何依靠落后的农村经济来支持革命的需要,进而由农村包围城市夺取全国政权;另一方面也解答了如何解决落后的农村生产关系和生产力之间的矛盾,说明生产力和生产关系、经济基础和上层建筑的作用和反作用原理。

---

① 许毅:《中国特色论》,第 1—2 页。
② 人民出版社 1982 年版。

随着中共中央十一届三中全会的召开，中国确立了改革开放的基本路线。为了适应对外开放的需要，总结历史经验，许毅教授主持了近代中国外债、外资史料的收集整理和外债问题研究。这项工作的情况上两节中已写明，不再赘述。

人们知道他是我国财政理论界主流学派——"国家分配论"的创始人。他扬弃了西方资本主义"公共消费""公共财政"理论影响后，转而从苏联引进的"货币关系论"的基础上，通过对我国社会主义革命和建设实践正反两方面经验教训的总结而逐步发展起来的。"国家分配论"搞清楚了财政分配的对象是社会总产品和国民收入分配及再分配；弄清楚了分配关系与分配形式和分配活动的主客观关系；揭示了财政分配方式在不同的生产条件下具有特殊的运行方式。改革开放后，财政分配作用有了变化，预算在社会分配中比重下降，客观上要求重新认识财政调控国民经济的直接形式和间接形式。然而一些人以为我国现在搞市场经济了，主张把西方资本主义国家的"公共消费论""公共产品论"，改头换面地引入到社会主义财政理论中来。许毅教授在《中国特色论》一书中，写了 10 篇文章，专论"中国特色社会主义财政"。他在《财政学基础理论的理论基础》一文中，对研究财政理论提出四个必须，即必须明确财政学的地位、必须研究国内外的政治经济问题、必须明确国家职能与财政职能的关系、必须明确社会主义市场经济条件下财政理论与西方财政理论的区别。在对上述问题分析的基础上，进一步阐述了国家分配论的理论体系。该理论体系内容十分广泛，概括其主要观点为四论，即主体论（财政分配的主体是国家）、制导论（分配的目的是制导生产力的发展和生产关系的调整）、结构论（通过制导论，使生产力结构、生产关系结构、产业结构、产品结构、技术结构、组织结构等建立在先进的科学基础之上）、机制论（研究利益关系，确定最佳的利益分配格局）。文章在最后提出:"为了适应时代对财政理论与财政政策提出的要求,在当前的建设过程中,我们必须通过对国家分配论的进一步完善,使我国的社会主义财政学体系更符合新时代的要求。要从建设社会主义初级阶段的市场经济出发,在一脉相承、与时俱进的条件下,建立社会主义市场经济的国家学说和政治经济学说,创造性地发展财政学理论与国家宏观调控理论。要对社会主义中国的社会发展观做出马克思主义的分析和思考,既反对马克思主义的僵化论,又反对不加分析地使用拿来主义的洋教条以及狭隘小生产思维的经验主义。我们进行财政学研究,就是希望要在发展国家分配论的过程中,广大财政研究工作者能更好地掌握研究问题的世界观、价值观和方法论,领会马克思主义辩证唯物主义和历史唯物主义的基本观点和科学的国家学说,使我国的财政学真正成为政治经济学的有机组成部分,而不是单纯的经济学的一部分,以更好地指导我国的财政工作。"[①]

在《建立广义财政学的倡议》一文中写道:"建立广义财政学要从分配方式与生产方式、财政政策与经济运行、国家职能与经济基础的辩证关系出发,系统总结新中国成立以来特别是改革开放以来财经工作的实践经验,借鉴各国经济学科的优秀成果,以生产力结构优化为核心,以要素分配与利益分配的协调为基点,完善与'发展国家分配论'的财政理论体系,重新构建具有中国特色社会主义的分配体系和分配方式。"[②]

"国家分配论"在一定历史条件下形成,随着历史条件的变化而深化。他又写了《市场经济条件下的财政学初探》《从社会再生产角度出发,重塑财政学理论体系》《重新认识社会主义国家职能

---

① 许毅:《中国特色论》,第 386 页。
② 许毅:《中国特色论》,第 387 页。

和财政职能,发展和完善"国家为主体"的分配论》《建立科学的社会主义初级阶段公共财政理论体系与实际工作规范》等文章,考察了市场经济条件下出现的新问题,从理论和实践的结合上作出了更深层次的解答,使国家分配论得到进一步的充实和完善。

许毅教授的研究工作除了财经历史、财政经济中的现实问题外,对宏观经济的各个领域均有所调查与研究。他不顾年迈之躯,以惊人的毅力,长期奔波于祖国的大江南北、东北与西部,进行调查研究。我与他在一起开会,研究与讨论的均是财政经济史问题。会上讨论的是历史,但是会议之余就去考察当地的工矿企业,召开小型的座谈会,获得最实际的材料。他把情况搞清弄准,进行研究分析,理清思路,提出解决方案,有的提供给决策部门参考,有的做进一步的理论研究,写出学术论文。《中国特色论》一书的第四部分,即"中国特色社会主义初级阶段论",就是他这方面的成果。

社会主义初级阶段理论提出后,有人说,初级阶段是个筐,说不清楚的问题往里装。许毅教授不信这个邪,他要把说不清楚的问题说清楚。"中国特色社会主义初级阶段论"中的 12 篇文章,就是回答初级阶段理论中那些说不清楚的问题,有打破城乡二元结构、解决三农问题、合理开发西部地区、振兴东北老工业基地等重大问题。

三农问题是中国社会主义初级阶段中要研究解决的突出问题。我国 13 亿人口中有 9 亿人在农村。在国际化程度日益提高的当今世界,任何资本都不能无视中国农村这个人口总和比欧美总人口还要多的有待开发的巨大市场。2001 年,占我国总人口近七成的农村人口只创造了 GDP 总额的 15%,农村人均收入仅为 2300 余元。与此同时,占总人口三成的城镇人口则创造了 GDP 总额的 85%。显然,农村经济发展的滞后,农民收入的徘徊不前,从供给和消费两个方面直接制约着我国经济发展的步伐。城乡二元结构的存在,是我国一百多年来城乡经济发展不平衡形成的。三农问题、城乡二元结构问题是社会主义初级阶段面临的最大问题。

许毅教授对三农问题、城乡二元结构问题进行研究的同时,到山东、河南、安徽等地进行调查,撰写了《全面建设小康社会的现实途径》《论三农问题与农业生产方式革命》《安徽阜阳市农村税费改革问题调查报告》《农业产业化与城镇化的几个问题》《充分发挥现有城镇功能,促进城乡经济一体化》等文章,阐述了三农问题、城乡二元结构问题存在的严重性,分析了存在这些问题的原因,提出了解决三农问题、城乡二元结构问题的思路与方法。他指出:"三农问题的核心在于农业生产方式的落后、农产品市场化的程度低和农民生活水平低。""三农问题发展到今天,既是亟待解决的历史遗留任务,同时也是摆在我们面前的建设中的新问题。三农问题成为现在最大的社会问题和政治问题,小生产比重的居高不下也成为目前我国最大的基本国情,可以说这个时代就是改造小生产的时代,这是我们这个社会能够获得持续发展的力量源泉。"①

解决三农问题的关键是增加农民收入,出路在于推进农业的现代化和农村的城镇化,而切入点则在实现农业的产业化,因为只有实现了农业产业化才谈得到农产品市场化,经过深加工的高品质农产品上了大市场,农民才能从农产品的增加值中获得更多收益,并且实现农村富余劳动力的非农化,从而切实提高收入。农民的购买力增加了,工业品的市场才能打开,第三产业的发展才有可靠保障,农村的城镇化才能真正实现。

在《统筹兼顾 富国裕民——兼论分工协作与全国一盘棋的关系》一文中,除论述了解决三农问题,推动城乡发展外,还对东中西

---

① 许毅:《中国特色论》,第354页。

部区域协调问题作了深刻的分析,认为:"全面建设小康社会目标的实现途径中最重要的一点是实现东部和中西部地区协调发展、全面推进。""东部和中西部的发展又和三农问题的解决存在着密不可分的联系。"①

许毅教授对问题的提出、分析和提出解决问题的思路、方法,不是就事论事,而是立足于现实,从我国的具体国情出发,进行理论思维,其基点是开放的、辩证的、深层次的,使实践升华为理论,理论又直接服务于现实的改革和发展,因而其学术生命长青。

2006 年春节于杭州颐景园寓所

---

① 许毅:《中国特色论》,第 357 页。

《宋代两浙经济文化史论》序

乙未岁末，读完方如金教授的《陈亮研究论稿》专著（河北大学出版社，2015年10月版）。丙申伊始，又收到了如金教授寄下即将付梓的《宋代两浙经济文化史论——兼及浙江古代经济文化研究》书稿。著者长期潜心宋史研究，对宋代两浙经济及浙江古代经济文化研究尤为执着，《史论》就是这一领域研究成果的结集。多篇论文在《历史研究》《社会科学集刊》《社会科学战线》等知名刊物和《清华大学学报》《杭州大学学报》等知名高校学报上刊发，并被《清华文摘》，中国人民大学的报刊文摘上全文转载或论点摘编，在刊发后我就拜读过。独特的见识，诱人沉醉，说理之谛当，令人折服。如今再次读来，如饮清泉，如啖甘饴，是又一次学术之共享。

宋代两浙是指宋代两浙路。自秦代被纳入大一统王朝版图以来，浙江大地一直归属两个以上的地方政府管辖统治。在北宋时期，两浙路包括浙江和江苏长江以南地区，在南宋初期分为浙东、浙西两路，管辖范围与北宋基本相同。

两浙路的富庶，在全国首屈一指。北宋时两浙路的面积122622平方公里，在全国19个路中列第十三位。元丰年间（1078—1085），两浙路拥有田地36344198亩，位居全国第五，人口有1778953户，位居全国第一。在此土地资源和人力资源的基础上，两浙人凭借其聪明才智，使本地区的社会经济发展水平不断向前推进，成为全国经济最发达的地区之一。

从北宋中期开始两浙路向朝廷提供的粮食、布帛和赋税，都已跃居全国第一位。苏轼曰："两浙之富,国用所恃,岁漕都下米百五十万石,其他财赋供馈不可悉数。"当时全国诸路每年向京城输送的漕粮总数为 600 万石,两浙路上供大米 150 万石,占漕粮总数的四分之一,两浙地区自此成了国家的主粮仓。南宋定都杭州以后,随着浙江成为全国的政治中心的地位确立,更使得全国经济中心南移,两浙地区成为全国的经济中心和文化中心。

《史论》中就经济而言,有总论性的文章,阐述两浙路经济的发展及其在全国的领先地位,有专文就农业、手工业、商业、水运事业以及对外贸易等,以翔实、细致的史料,探讨其发展状况,分析其繁荣原因。

宋代两浙路更是人文昌盛,冠于全国。永嘉学派、永康学派、金华学派,先后崛起,各领风骚。以叶适、陈傅良为代表的永嘉学派,推崇学以致用,倡导义理与功利并举,治学重在"实事实理",提出了反对重农抑商、保护和扶持商贾、流通货币、发展商品经济等思想。南宋状元陈亮针对朱熹、陆九渊等理学家"皆谈性命而辟功利"的弊端,创立永康学派,主张事功之学,提倡实事实功,注重政治措施的实际效果。金华学派的创始人吕祖谦,与大儒张载、朱熹并称"东南三贤",在金华、武义等地的书院里聚徒讲学,博取众说,熔于一炉,因其活动范围主要集中在婺州,故又称婺州学派。辛弃疾、李清照、陆游等诗人、词家,生活在"靖康之变"后偏安东南一隅的南宋时期,直面故国半壁江山陷于异族统治的现实,赋诗言志,填词抒情,倾诉国破之恨,抒发爱国之情,在中国诗词史上留下了无数千古绝唱。号称"永嘉四灵"的诗人徐照、徐玑、赵师秀、翁卷,行走江湖,以清新刻露之词写野逸清瘦之趣,与称霸诗坛的江西诗派反其道而行之,给南宋诗坛注入一股清新自然之气。

《史论》中对人文昌盛的论述胜于对经济繁华的论述,荦荦大者仅举《陈亮研究十大误区考论》一文而窥见一斑。

陈亮是永康学派的代表人物,也是南宋浙东学派领袖之一。八百多年来,学界对陈亮的生平著作、学术思想以及永康学派、浙东学派研究出了不少学术成果,但是有些问题却陷入似是而非,众说纷纭的境地。作者从梳理研究中存在诸多分歧入手,进行考辨,写出长达约三万言的论文,凸显作者知识之渊博,治史之功力。此文的学术价值在于正本清源,究源发新:一是陈亮和永康学派的学术史之总述;二是对学术观点之分辨;三是发掘史科之考论;四是对出现分歧原因之分析。写作这样的长文,要读几多书,花几多时。《考论》一文原载《河北大学学报》(2014 年第 6 期),《新华文摘》进行转载(2015 年第 6 期),足见其学术价值之高与学术反响之大。学足以名家,文足以传后,可谓声闻显著。

尤为难能可贵的是由于如金教授在陈亮研究及浙江古代经济文化研究上在国内外的影响,2003 年 11 月应邀赴美国哈佛大学东亚语言文明系做学术交流与讲学,分别做了《近百年来南宋浙东学派与陈亮研究的有关问题》和《金华地区古村落、古建筑概况及特色》的学术报告,受到与会者的好评。

如金教授是个爱好思考、勤于思考、善于思考的史学家,他的论著一经出版社刊发,获得史学界的高度评价,专著《陈亮与南宋浙东学派研究》,朱瑞熙教授认为"推出了一些新的观点,在总体上取得了创造性、突破性的进展,从而把陈亮和南宋浙东学派的研究提高到新的水平"。邓广铭教授读了《陈亮和南宋浙东学派研究》后,"觉得新意甚多,深致钦佩,附录中所收陈亮的几篇佚作可以补我所增加的《陈亮集》之不足,更是一件极大的好事"。《中国社会科学》《史学史研究》《浙江学刊》等杂志,刊文称其为"综合研究的开拓性著作"开创了"宋代人物学派综合研究的新途径"。

《史论》中涉及的主题,内容及广度深度而言,达到了新的高度,不仅为未来更为广博深入的研究奠定了基础,也为区域史研究树立了典范。

我和如金教授相识半个多世纪,特别是 20 世纪 80 年代初,他在我系师从徐规教授研究宋史,我又在他执教的学校做兼职教授,接触与交流更多,在做人、做事、做学问上有许多共同语言。他聪颖、憨厚、才高、气锐,是我的同事、好朋友。静心品读他的论著之后掩卷而思,欢愉与钦佩之感,充盈心间。写下上述文字,权充为序。

2016 年 3 月 5 日于杭州颐景园兰苑寓所

(原载方如金:《宋代两浙经济文化史论》,保定:河北大学出版社,2019 年)

《杭州通鉴》序

　　杭州历史悠久,山川秀丽,东方人称为天堂,西方人谓之"天城"。8000 年文明史,5000 年建城史,积成深厚的文化底蕴。为了全面、真实地记录杭州城市发展文脉,继承和弘扬先进历史文化,推进杭州社会经济和文化事业的发展,2005 年 7 月,中共杭州市委、杭州市人民政府决定编纂《中国杭州通鉴》,并组成编纂委员会。同年 10 月 10 日,召开了《中国杭州通鉴》专家组会议,对《中国杭州通鉴〉编纂方案》《〈中国杭州通鉴〉编纂大纲》《〈中国杭州通鉴〉条目入选标准》等进行讨论和审议。在此基础上,主编陶水木聘请撰稿人员,在统一编纂宗旨、编纂原则、基本内容和要求以后,由撰稿人具体承担任务,分头调查研究,搜集资料,撰写书稿。为保证《中国杭州通鉴》体例、称谓、计量、时间和表述的统一,制定了编纂规范,共计 8 章 43 条。对杭州历史素有研究的 29 位年富力强的专家学者,花费了近 5 年的时间,完成了《中国杭州通鉴》的撰写,洋洋 250 余万字。2010 年元旦,主编将《中国杭州通鉴》第三稿给我审阅,并索序于余。自问对该书的情感不亚于诸位编撰,因而不敢、也不愿推辞这一雅命。

　　从课题启动始,我就撰写了《编撰〈中国杭州通鉴〉的片断设想》,而后对通鉴编纂大纲的一稿、二稿都仔细阅读,诸如时段划分、称谓适用、时间表述、数字用法及引文、注释方式等,一一提出建议。对通鉴的二稿,从条目名称到条目内容,逐条进行审阅,有的提出建议,也有的打上了问号,拟请撰稿人查核资料,厘清补正。

在寒假期间，又认真通读了《通鉴》的第三稿。受益匪浅，感受良多，记述如下，权充作序。

杭州地方志的编纂，可以追溯到东汉初年袁康编的《越绝书》，杭州乃春秋越国之西境。完整意义上的杭州地方志，要到北宋大中祥符三年(1010)，李宗谔纂修了《祥符杭州图经》，惜已佚，幸南宋乾道五年(1169)《乾道临安志》、南宋淳祐十二年(1252)《淳祐临安志》、南宋咸淳四年(1268)《咸淳临安志》均有引用，使后人得知《祥符杭州图经》的部分记载。但是，临安三志现今也未能全部保存。《乾道临安志》原本15卷，今存1至3卷。《淳祐临安志》卷数不详，今存5至10卷。《咸淳临安志》原书100卷，现存95卷。元代，地方志书较少。明清时期，地方修志空前繁荣，有大量的通志、府志、县志等涌现。这一时期杭州地方志的纂修之多也超迈前代，如明洪武二年(1369)修的《洪武杭州府志》、明永乐间修的《永乐杭州府志》、明正统时修的《正统杭州府志》、明景泰间修的《景泰杭州府志》、明成化十年(1474)修的《成化杭州府志》、明万历七年(1579)修的《万历杭州府志》。清代康熙年间二次修《杭州府志》，清乾隆年间也二次修《杭州府志》，清光绪年间三次编修《杭州府志》。民国五年(1916)、民国八年(1919)、民国三十七年(1948)三次编修《杭州府志》。"杭州现有见于著录的历代地方志有360多种，其中府、县志180多种。"(骆寄平：《历代杭州方志简介》，载《民国时期杭州》，浙江人民出版社1992年版，第734页。)中华人民共和国建立以后，长期未修地方志，直到改革开放以后，才开始了第一轮的修志。早在1981年杭州市辖属的建德县就调发人员，开展修志工作。经过多年的辛勤工作，到1993年底，杭州市及市属县(市)的志书，全部出版问世。

"方者，地域也"；"志者，记述也。"方志是记述一地域各种事物之书。某一地区方志修成后，会转入年鉴的编纂。若干年后，又会启动新一轮的修志。方志集一地资料之大成，纵贯古今，横及百科，内涵丰厚。

　　方志毕竟是记述一方的资料性的工具书。为了更好地鉴往知今，杭州市委、市政府决定在志书的基础上编纂《中国杭州通鉴》。中国杭州是指区域范围，条目收录的范围以 2005 年底杭州市行政区划为准，即杭州市辖属的上城区、下城区、江干区、拱墅区、西湖区、滨江区、萧山区、余杭区及桐庐县、淳安县、建德市、富阳市、临安市。历史上的杭州市，又称钱唐郡、余杭郡、临安府、杭州路、杭州府等，也大致在这一区域之内。"通鉴"则是此书的时间跨度和具体内容。通则贯通，由此端至彼端，中无阻隔，有通顺、通达、通盘陈述之含义。在历史编纂学上，有通史（如司马迁《史记》）、《通典》（杜佑撰）、《通志》（郑樵撰）、通考（马端临《文献通考》、徐乾学《读礼通考》、秦蕙田《五礼通考》）。鉴是古代器名，青铜制成，形似大盘，用以盛水或冰，盛行于东周。古时没有镜子，古人常盛水于鉴，用来照影。战国以后制作青铜镜照影，铜镜也称为鉴，以后引申为审察、儆诫或教训。北宋司马光撰写编年体通史，原名《历代君臣事迹》，其中战国至秦的史事曾名《通志》。宋神宗以其"鉴于往事，有资于治道"，命名为《资治通鉴》。全书贯穿 1362 年史事，内容以政治、军事为主，略于经济、文化。《资治通鉴》不仅为历史研究者提供了较为系统而完备的资料，亦为学者引发治史的宗旨与功能是"存史、资治、教化"。我们要编纂的这部"通鉴"既不完全等同于"通史"或"大事编年"，也不同于"方志"，更不同于"辞典""大百科"。《中国杭州通鉴》是将杭州市地域中的从"建德人"、萧山跨湖桥文化、良渚文化、钱镠吴越国王一直到杭州绕城高速建设等等大事、要事融于一书，彰显要领，铭鉴古今。由此而论，杭州市决定编纂《中国杭州通鉴》，实为德政之一章，文化之盛事。

　　当然，编纂一部《中国杭州通鉴》亦非易事。其难有四：

其一,杭州历史跨度长远,内涵丰富。10 万年前,已经有"建德人"活动在浙西山地。早在 7000—8000 年前,今萧山湘湖之滨就出现了灿烂的跨湖桥文化。距今约 5300—4200 年之间,良渚先民曾以其非凡的才智,迎来了中华文明的曙光。"羽人国"或称"良渚古国"的政治、宗教和军事中心即在今余杭区瓶窑的大观山果园一带。春秋战国时期,今杭州处于吴越争霸之地。秦代设郡县,在今杭州市区就有钱唐和余杭两县。公元 589 年,隋文帝杨坚把钱唐郡改为杭州。随着南北大运河的开通,杭州一跃而成为"川泽沃衍,有海陆之饶;珍异所聚,故商贸并辏"(《隋书》卷三十一《地理志下》)的商业都市。唐代李泌、白居易任杭州刺史,凿井引水,浚湖筑堤,加快杭州的城市发展,并迎来了西湖时代。五代时期,吴越国建都于杭州。北宋时期,宋仁宗称誉杭州是"地有湖山美,东南第一州"(引自《全宋诗》,北京大学出版社 1992 年版,第 7 册第 4399 页)。宋室南渡,升杭州为临安府,定都于此,杭州遂成为拥有百万人口的政治、经济、文化中心。元代杭州,意大利旅行家马可·波罗赞美为"世界上最美丽华贵的天城"。明清时期,杭州是浙江省的省会,仍然在海内外享有盛名。清末杭州开埠,国际交往更为频繁。民国杭州,1927 年正式建市以后近代化建设大事、要事接连不断。新式街道简洁而整齐,公路建设一日千里,第一条省办铁路——杭江铁路通车,中国人自己建造的第一座现代化大桥横跨在钱塘江上。立足浙江、面向全国、突出世界性的西湖博览会在宝石山下、西子湖畔举办,其规模之大、时间之久、展品之多、影响之广,堪称近代中国之最。文化教育上,有誉为"东方剑桥"的浙江大学,人才荟萃的国立艺术院,坐落在杭州。民国第四届全国运动会也在杭州举办。新中国成立后,杭州更出现了改天换地的变化,城市中心从西湖时代又回归到了钱塘江时代。面对如此长的时间跨度、如此多的内容包含,涉及政治、经济、军事、外交、法律、思想、文化、教育、科技、艺术、体育、民族、人口、宗教、环境、区划、旅游、名胜、古迹、医疗卫生、妇女儿童、老弱病残、社会生活、风土人情、自然变化等各个方面，有重大影响的事件、人物、活动、成果等，要做到全面展示、准确记载，很难很难。

其二，记述杭州历史的各类资料浩如烟海。我在《收集、整理民国杭州史料赘言》一文中提到："民国时期的杭州是省属直辖市，除省、市政府公报、近代报纸杂志资料外，还有大量的档案、方志、公文、会议记录、文集、信札、笔记、契约、账册等等，民间还有谱牒、碑刻等等，数量之多，不可胜数。""资料分散，未经整理"，这里仅仅是民国时期的杭州。自远古至明清，有地下发掘的，文字记载有馆藏的，也有民间流传的，仅地方志书就有 360 余种，而谱牒至今也未有全面搜集。新中国成立后，杭州历史资料之多，又超过新中国成立前的资料不知多少倍。历史资料多，对治史者来说是一件好事，博观详取，可以获得大量准确的史实。但是，要搜集、整理、考订和利用这些涵盖各门学科的包罗万象的资料，其难度之大、用力之辛劳，也是不言而喻的。

其三，修志、编年鉴大多是政府行为，俗称官修。编纂《中国杭州通鉴》也是政府决策。魏桥先生多年参与浙江及全国的修志，在参与新中国第一轮修志后，撰写了《编志三思》一文，将"众手修志"概括为"党委领导，政府主持，专家修志，众手成书"（魏桥：《编志三思》，《两轮修志说》方志出版社 2005 年版，第 29 页）。这 16 个字也是《中国杭州通鉴》编纂中的实际写照。每提出一个课题，领导人总是要求在自己的任期内完成。2006 年 4 月，杭州市委、市政府提出通鉴编纂工作计划在 3 年内完成。实际上，如此巨大的编纂任务，在 3 年内是难以完成的。在同年 10 月的专家座谈会上，我建议力争 5 年完成。时间、条目以及行文风格上的协调，也是一件难事。虽然编委会在编纂工作启动之初，制定了《中国杭州通鉴》

编写规范,当第一稿汇集起来时,还是很不统一。不但条目入选标准不一,数字、时间、称谓等表述不一,还由于资料来源有档案文献、报纸杂志、方志以及谱牒等,在行文风格上也不一样。传统习惯的影响下,某些条目不准确、不科学。如"国民党军队克复富阳""国民党军反攻杭州城",这两个条目存在三个问题,一是"克复富阳""反攻杭州城"含义不清;二是"国民党军队""国民党军"称谓不一;三是两个称谓不够严谨、科学。从严格意义上说,当时作为执政党的国民党是没有军队的。过去通称的"国军",有两个含义,即国民革命军、国家的军队(中华民国国民政府的军队)。抗日战争中及抗战胜利后的国共两党谈判中,国民党提出军队国家化,共产党提出政治民主化,未能达成一致。军队属于国家,不属于任何党派。《通鉴》的表述要求客观、准确与科学,也是一件难事。必须下大力气,付出加倍的辛劳,认真纠正一些流行的、习惯性的称谓、提法和说法。

其四,处理好杭州与全国、与省级行政区划的关系,同样是一件难事。杭州作为浙江省省会城市,与宁波、温州、嘉兴等省内其他城市不一样,浙江省的一些大事、要事、省级召开的会议和领导人的活动主要是在杭州。在第一稿中,杭州与全国的关系处理得较好,但在处理杭州与浙江的关系上,则出现"王国维著《宋元戏曲考》""张载阳任浙江禁烟督办""陆宗舆任驻日公使"等条目。王、张、陆并非杭州籍人士,而他们出任职务与著作也并非仅属于杭州。这样的条目、作为《中国杭州通鉴》还是不列为宜。又如"浙江省议会第四十三次常委会举行""《浙江省征收屠宰税实施细则》"等条目,也拟可删去。因为浙江省政府、浙江省议会以省级行政、立法机构在杭州举行的会议以及颁布的条例,多得不计其数,即使作为浙江省通志也是收不胜收。凡是省一级机构制定的条例、法令,不是专门针对杭州的,均可不列条目。条目选列确当与否,直接关系到全书的质量,对入选条目的反复筛选,披沙拣金,是编纂《中国杭州通鉴》的重要前提。

《中国杭州通鉴》的编纂,从发凡起例到定稿付梓,我曾参与其事。实践中大家形成了一个共识,就是要编纂一部全面系统、丰富详尽、全方位、多层次地记录杭州自然、历史沿革与社会变迁情况,寓资料性、学术性于一体的精品之作。读完《通鉴》,其史清晰,其理自明,具有相当的借鉴意义。花费了5年多的艰辛劳动,反反复复,审慎研究,妥善处理,克服困难,煌煌250余万言的巨著,终于编纂成功,喜悦之情,油然而生。

《中国杭州通鉴》的编纂水准如何? 自待读者评述。但有几点是值得肯定的。

第一,总体设计,颇具匠心。《通鉴》设古代、近现代、当代杭州三篇,而不以社会形态分篇,既明确,也科学。每篇再分若干时期,以编年为序撰写大事、要事。将古代杭州划分为先秦时期、秦汉时期、六朝时期、隋唐时期、吴越国时期、两宋时期、元明清时期等七段,其中吴越国时期单划一个时段,显现杭州通鉴的特殊性。第二篇的近现代杭州,分为晚清时期、民国北京政府时期、民国国民政府时期也是科学的。第三篇当代杭州,同样划分为若干时期。而每一时期,都撰写有概述,介绍这一时期的主要内容,便于了解这一时期杭州的基本形势、发展的基本轨迹和脉络,重大事件、杰出人物或重要人物活动及其主要特点。纲举目张,反映了杭州历史发展的全过程。

第二,史料翔实,内容丰富。史料是编纂《通鉴》的基础,从《通鉴》编纂一开始就十分重视史料的搜集与整理。为了确保《通鉴》编纂的质量,建立了编纂工作网络。杭州市下属各地、各单位虽然不承担具体的编写任务,但须提供有关反映本地区、本行业和本单位情况的资料。杭州市委办公厅、市政府办公厅专门下文各地、各单位提供以下资料：1. 本地区、本部门、本单位志书；2. 杭州市志（1988—2005）编写稿；3. 反映本地、本单位主要工作情况的专著、期刊及其他概述性资料；4. 本地、本单位大事记。撰稿人员上门查找资料，要求各地、各单位配合查找。各地、各单位收藏保存的档案和资料，包括文字和照片，凡列入收编范围的，应无偿提供使用。有了这柄尚方宝剑，编撰人员在资料的搜集整理上，不但可以节省时间，而且保证了通鉴史料的厚实。编纂委员会的办公室设在杭州市档案局，局长兼任办公室常务副主任。汇集了大量历史和现实的全面、系统史料，并经过撰稿人员的核实，在此基础上编纂的通鉴，不仅内容丰富，而且翔实可信。

第三，明古详今，以今为主。漫长的杭州历史，要梳理清楚并非易事。新中国成立后，尤其是改革开放以后，杭州发生了巨大而神奇的变化，认真进行系统、全面梳理，通鉴可以说是充分反映了杭州自古至今的灿烂历史，完整记录了伟大时代中杭州的深刻巨变。通鉴达到了全面展示，远略近详，突出重点，突出本地，突出本城，其内容也充分体现了杭州特色。

第四，文风简洁，图文并茂。由于资料来源不一，在初稿中尚有文白夹杂，还有政论、通讯报道、工作总结等痕迹，经过反复修改，酌定使用第三人称，采用陈述句式、顺叙方法，而且要求言之有据，据必可证。某一大事、要事，叙述史实不作大篇评论，必要的画龙点睛。力戒空说议论和臆断，做到要言不烦，文字简洁、朴实、准确、流畅。众多条目，还插上了历史图片，达到了图文并茂。

《中国杭州通鉴》的问世，是杭州市党政领导人持续重视和众多部门不懈支持、积极配合的结果。其间不少专家、学者出谋划策，提供资料，提出珍贵的修正意见，保证了通鉴的质量。有志于斯的编纂人员，他们勤奋学习，虚心求教，经年累月，不顾酷暑严寒，奔走于档案馆、图书馆和杭州市各地、各部门，埋头书斋斗室之中,其中的辛勤和心血凝聚在字里行间。功夫不负有心人,终于圆满完成了编纂任务。对此,我作为老一辈史学工作者,向领导、同仁和编纂人员谨致以深切的感谢和深情的敬意!

2010 年 3 月于杭州颐景园寓所

(原载《杭州通鉴》编纂委员会编著:《杭州通鉴》,北京:人民出版社,2014 年)

《近代思想前驱者的悲剧角色:马建忠研究》序

薛玉琴是我指导攻读硕士学位的最后一位学生,可以说是关门弟子。她毕业后考入华东师范大学,师从谢俊美教授,攻读中国近现代史专业的博士学位。之后,常见她在报刊上发表文章,后来又收到她寄来的攻读博士学位期间写的洋洋三十万言的专著《百年家族——马相伯》。2002 年 5 月,华东师范大学研究生院寄来薛玉琴的博士学位论文《经世救国,一代俊才——马建忠研究》,要我为论文作出评阅。我仔细地阅读了全文,并认真地写出评阅意见书。在评阅书上主要是写了两层意思,一是说马建忠在中国近代史上具有独特的地位,是值得研究的历史人物;二是说薛文是我国学术界对马建忠研究最为系统、全面的、学术含量颇高的一篇学术论文。而后得知,在博士论文答辩委员会的决议中薛文被评为优秀博士论文。

薛玉琴对她的博士学位论文又花费了两年多时间,查阅材料,补充修订,推敲润色,准备公开出版。付梓之际,欣喜之余,仍按写评阅书的思路,写作此序。

一

我对马建忠没有专门的研究,只是近 20 年来在研究近代中国外债史的时候,读了马建忠《适可斋记言》上的《富民说》《铁道论》

《借债以开铁道说》等文章,才了解马建忠的经济思想,特别是他的"外债论"。马建忠可说是近代中国第一位系统论述举借外债以发展经济的思想家。读了马建忠的一些著作以及学人研究马建忠的论著后,我对马建忠有了新的了解。

对马建忠的研究,要特别注意两点,一是他生活的时代特征,二是他独特的人生道路。

马建忠于1845年(一说1844年)出生于江苏丹徒(今镇江),1900年逝世。他出生时即中国近代史上资本帝国主义侵略中国的第一个不平等条约《南京条约》签订后的第三年。西方资本主义打开了中国门户,各国侵略者接踵而来,逐步把中国变为半殖民地半封建社会。1900年正是英、美、德、法、俄、日、意、奥八国联军攻占北京,疯狂侵略和瓜分中国之时,一年后签订了丧权辱国的《辛丑条约》,进一步加强了资本帝国主义对中国的统治。马建忠在世的55年,正是中国遇上"数千年来未有之强敌",面临"数千年来未有之变局"的时刻。这是马建忠与同龄人共同生活的时代,但是马建忠却选择了一条与同龄人所不同的独特的人生道路。因清军与太平军的战乱,年仅8岁的马建忠辗转至沪,进入法国耶稣会在上海创设的徐汇公学。在徐汇公学,中、西两种文化可以自由传播,在此学习的人,一种是通过科举之途,跻身仕途;另一种是沿着读书修士、神学博士之路做神职人员。马建忠在徐汇公学生活了18年,一直在科举与传教士之间徘徊。"庚申之变"促使他重新选择自己的人生道路。1870年马建忠离开耶稣会,进入李鸿章幕府,襄办洋务。由于参与李鸿章关于发生在云南腾越(今腾冲)的"马嘉理案"烟台谈判的出色表现,博得李鸿章的赏识。在李鸿章的保举下,1877年马建忠随福州船政学堂学生前往法国学习公法,同时兼任中国驻法国公使翻译。马建忠在法国巴黎政治学院系统地接受了西方的政治、经济、外交等专业课程的学习与训练。经过三年的学习,获得了法国硕士学位(一说博士学位)。1880年回国为李鸿章办洋务,曾去印度、朝鲜处理外交事务,并任上海轮船招商局会办、上海机器织布局总办。在长达十余年的经办洋务生涯中,作为"李鸿章手下的杂役",马建忠涉及洋务事业很多,凡经济、外交、军事,不一而足。

1891年,马建忠离开李鸿章幕府,寓居上海,过了十年的书生生活。退出政治旋涡,对马建忠个人来说是人生的一大挫折,但对中国学术思想界来说,又未必不是一件好事。马建忠寓居上海十年,撰写出了中国第一部近代语言学巨著《马氏文通》以及有关自然科学理论的巨著《艺学统纂》。

二

作为近代早期启蒙思想家,马建忠的许多维新思想在近代史上都有独特的地位,其中他的重商富民的经济思想不仅在当时具有先进性和实际的指导意义,至今仍具有重要的学术价值和现实借鉴意义。

针对19世纪下半叶的中国现实,马建忠提出了两个著名论断,即"治国以富强为本,而求强以致富为先";"讲富者以护商会为本,求强者以得民心为要"。这两个"本"—"先"—"要"论断,不用多作诠释,一个多世纪的世界各国经济发展的实践证明是至理名言。

马建忠的经济思想中有许多特别的亮点,择其要而言,主要有:

1. 主张"贸易立国"

马建忠通过在法国学习,比较清醒地认识到商业在国家经济发展中的作用。当时西方资本主义正处于商品输出阶段,正是通过经济侵略和对外贸易来获取大量的财富,使经济得以发展。马建忠在 1878 年留学法国时写的《上李伯相言出洋工课书》以及 1890 年撰写的《富民说》一文,比较全面地阐述其重商思想,提出以"贸易立国"的主张。

2. 提出对外通商是"求富之源"

马建忠从国际形势的发展与中国对外通商的实践指出,对外通商已成必然之势。他在《巴黎复友人书》中写道:"夫处今之世,轮舟铁道梭织寰中,而欲自囿一隅,禁绝外人往来,势必不能。不若因其利而利之,以广我之利源,推行尽善,国富民殷。"(马建忠《适可斋记言》卷二)

3. 实行保护关税政策

1842 年中国与英国签订《南京条约》后,中国的关税自主权开始丧失。进口货税一减再减,1858 年签订的《天津条约》不仅规定了进口税不得超过百分之五,且规定修改税则以十年为期。这样,外国商品如海潮般涌进,中国入超逐年增加。马建忠认为,"弱于势犹强于理",主张通过外交手段,"就西国所论税则之理,而更定中国增税之章"。当然,在没有废除不平等条约的前提下,取得关税自主几乎是不可能的。因此,关税自主必须与反帝反封建的革命斗争结合在一起。

4. 主张由"商人纠股设公司"来兴办新式工商业

为了使中国对外贸易能够处于顺差地位。除了关税保护之外,还要建立国内商品生产体系,增加出口商品。马建忠提出"精求中国固有之货,令其畅销","仿造外洋之货,敌其销路"。他主张除发展丝、茶、牛革、羊毛、瓷器等固有之(出口)货外,还要大力发展机器棉纺职业,"而后推之织绒、织呢、织羽、织毡,皆可次第施行。要使中国多出一分之货,外洋即少获一分之利,而中国工商转多得一分之生计"(《富民说》,《适可斋记言》卷一)。发展对外贸易,发展新式工商业,离不开资金。在资金不足情况下,马建忠主张筹集国内资金,由商人集股来建实业、办公司,发展新式工商业,反对洋务派的垄断政策。

5."借债以开铁道说"

中国要想富,必先振兴商务;要想振兴商务,必须先改变交通落后的状况。修筑铁路是社会经济发展的必然要求。马建忠留法期间,考察了法国的铁路建设,认识到改变交通与社会经济发展的关系。马建忠先后撰写《铁道论》《借债以开铁道说》两文,全面阐述了修筑铁路以及如何筹借资金的设想。最早借债筑路的主张是刘铭传提出的,在19世纪七八十年代清廷关于铁路建设曾展开了三次大的论战。刘铭传借债筑路的主张得到李鸿章的支持,马建忠写的《借债以开铁道说》一文,论述了借债的必要性、借债的用途,以及如何借债等问题,从而有力地声援了刘铭传、李鸿章的主张。对举借外债以办实业的思想,马建忠堪称在当时一代人中论述得最为系统、最为详尽的。

马建忠的经济思想十分丰富,上述只是择其要而言。从这几点也可看出马建忠经济思想的特质所在、价值所在。

三

马建忠在中国近代史上具有独特的地位。他是一位启蒙思想家、洋务活动家,涉足工商业、金融、外交、军事等领域,最后十年,闲居沪上,潜心研究汉语语法,撰写了"维新派语文宪章"《马氏文通》,构筑近代汉语语法体系。薛玉琴选择马建忠作为研究对象,把他放在"数千年来未有之变局"的19世纪后半叶中国社会政治的大环境下,以探索他的言行与事功,探讨他在中国近代社会新陈代谢中的作用,展现和探讨中国近代社会变迁的艰难历程。从选题的对象到研究的思路既明确又新颖。

薛著对马建忠的研究分为两大部分。第一部分着重叙事,以翔实的史料把马建忠的生平和思想发展划分为四个阶段:即求学徐汇;在科举与耶稣会之间;留学法兰西;寻求救国之方;以洋务经世:"李鸿章手下的一个杂役";寓居海上:撰著《马氏文通》和《艺学统纂》。言简意赅地叙述了马建忠在中西文化冲突中的生活历程,清晰地勾画出他的人生轨迹和思想脉络。

对一些有异议的史实进行考订,廓清事实之迷雾,纠正前人之谬误。第二部分着重对马建忠思想进行剖析,分别从经济思想、外交思想和军事思想方面进行诠释,认为"军事思想是基础,经济思想是核心,外交思想是血肉",构成了马建忠的维新思想体系,突出了近代启蒙思想家的形象。这在马建忠研究中具有创新性。薛著还比较深入地研究分析了马建忠思想孕育与产生的根源或背景,认为"在马建忠内心深处,始终浸淫着'修身、齐家、治国、平天下''穷则独善其身,达则兼济天下'等儒家正统思想",以及以天主教信仰为核心的基督教文化。"两种文化都对马建忠产生了重要的影响。事实上,在马建忠身上二者并不是和谐而统一的,更多时候是来自两种文化的冲突与排拒。"

作为一位诚朴而勤奋的学者,短短几年,薛玉琴就对马建忠研究从内容到史料均有所拓展和新的发现。如对马建忠的军事思想前人很少涉及,著作中列出一章,专论了马建忠海军建设思想。除介绍马建忠编译的《法国海军职要》一书外,还细致地解读了马建忠在书中写下的许多议论和总结的话语,从而深入考察了马建忠对中国近代海军建设的思考。

读完此书,人们对马建忠这个人物能获得一个更真实、全面、具体而可感的形象，对其思想体系有一个更清晰、深刻的认识。这也是作者苦心写作此书的用意所在。薛著堪称全面而深刻反映马建忠人生历程和思想全貌的一部力作。

对马建忠的研究，作者虽然较以往的研究取得了很大拓展与深化，但还是有许多疑难问题需要进一步的发掘史料，分专题进行研究，如宗教对马建忠思想的影响、马建忠与李鸿章的关系、马建忠的教育思想等等。期待著作者继续研究下去，也相信作者定会取得更大的成绩。

2005 年五一节于颐景园兰苑寓所

（原载薛玉琴：《近代思想前驱者的悲剧角色 马建忠研究》，北京：中国社会科学出版社，2006 年）

《温州专利发展研究》序

　　牛年伊始,徐红专寄来了他的《温州专利发展研究》书稿。由于眼疾,对洋洋 20 多万字的书稿,断断续续花费了一个多月的时间读完。这是一部以温州模式为特征的区域专利战略研究的学术著作。20 世纪 80 年代初,红专大学毕业分配到温州市委党校任教,离校前,红专前来辞行,并讨教到地方工作后,如何从事科学研究的问题。作为当时的系主任和老师,向他提出了"扬长避短,因地制宜"八个字。选择课题时,既是具有学术含量,又在当地容易找到资料与进行实地调查的题目。既有地方的个性,又有全国的共性。红专听进去了。他到温州后,在工作之余,选择了温州模式为研究课题。经过多年辛勤劳动,在科学研究上取得了丰硕的成果。他在 1989 年完成对温州市私营企业劳动制度的调查,发表了《温州私营企业劳动制度的调查与分析》(载《沿海经济》1991 年第 10 期)。而后,利用寒暑假期,走访了温州市近百家重点民营企业,了解其基本情况,收集了大量企业资料以及温州区域企业专利的基本数据,撰写了《专利战略运作落后:温州轻工行业的隐忧》(载《浙江经济》2004 年第 23 期),《温州企业防范技术壁垒的调查与发展战略》(载《改革与战略》2005 年第 5 期)。《温州专利发展研究》这本新著,就是他多年来对温州民营企业调查和温州区域技术创新专利发展研究的新成果。

　　温州,这块位于祖国东南边陲的土地,曾经是中国比较落后的地区之一,在短短的三十年里,温州人抓住改革开放的历史机遇,依靠开放的胸怀，冒险的精神和吃苦耐劳的品格，创造了独特的创业之路，成为今天中国最为富足和最有活力的地区之一。"温州奇迹""温州模式"，指示着温州的成功。

温州之路是创新之路。温州产业的发展是与专利和专有技术分不开的。专利技术与地方社会发展的良性互动，对温州经济发展产生了巨大作用。专利译自英文 patent，自有专利法以后，patent 一词开始具有法律意义：指国家主管机关颁发的授予专利权的证明文书，即专利证书。专利权是调整发明创造者所产生的各种社会关系的法律规范的总称。1624 年，英国制定的《垄断法规》，是现代专利法的发端。18 世纪起，许多国家相继制定专利法。在中国始于 1912 年的《奖励工艺品暂行章程》。1944 年，中华民国国民政府曾公布《专利法》。新中国成立后，于 1950 年颁布了《保障发明权与专利权暂行条例》，1963 年颁布了《发明奖励条例》。改革开放后，党和政府更重视专利的保障。为了保护专利权人的合法权益，鼓励发明创造，推动发明创造应用，提高创新能力，促进科学技术进步和社会经济发展，1984 年 3 月 12 日，第六届全国人大常委会第四次会议通过了《中华人民共和国专利法》。1992年 9 月、2000 年 8 月、2008 年 12 月，先后三次对专利法进行了修改。专利权，是法律确认的专利权人对其发明创造在一定期限内所享有的专利权。

温州专利的发展，则是在 1984 年《中华人民共和国专利法》颁布以后的事。应该说起步不算早，但发展很快。从 1985 年开始到2007 年 12 月，温州获得专利授权总计达 30870 项，其中发明 999项，实用新型 14031 项，外观设计 16295 项。特别是每年的增幅很大。1985 年到 1999 年的 15 年共获专利权 8881 项，2000 年至2007 年的 8 年共获专利权 22019 项，后 8 年为前 15 年的一倍多。徐红专在《温州专利发展研究》中，不但对温州专利发展进行了历史发展的阐述,还把温州专利授权量放到浙江省获得专利权中进行考察,以确定的数据说明温州专利授权量始终位居前列,多年排名全省第一。又把温州专利授权量与杭州、宁波进行比较,结果显示:温州专利授权量在 1998—2000 年每年高出杭州和宁波 100 项以上。作者不停留在浙江省的考察和省内城市的比较,进一步把温州专利授权量放到全国以及内陆省城进行考察与比较。结果显示:1995 年温州专利授权量占全国的 1.66%,2000 年占 1.69%,2004 年占 1.69%,甚至相当于一个省的量。依据国家统计年鉴,将温州与安徽、江西两省 1995—2007 年间的专利授权增长量进行比较,温州专利增长量每年高于安徽和江西 100% 以上。2002 年以后,温州专利每年高于安徽 150% 以上,高于江西 200% 以上,并有不断拉大的趋势。徐红专是历史学系毕业的,具有深厚的史学研究功底,他运用历史研究法,特别是比较史学研究法研究温州专利历史,脉络清晰,资料翔实,颇具信服力。这是《温州专利发展研究》的特点和优点之一。

徐红专运用实证和规范相结合的方法,是《温州专利发展研究》又一个特点和优点。温州模式实际上是股份制合作经济。通过对重点企业的专利情况以及对企业发展的作用的调查和剖解,来分析温州企业的专利战略。专利战略是知识产权战略的重要组成部分。通过企业专利战略方案的制定和实施,提高企业主动运用专利制度的能力,强化具有自主知识产权的技术创新活动。专利保护的核心技术使产品增强市场竞争能力,获得市场竞争的有利地位,最大限度获取市场份额和由此产生的经济利益。作者调查了温州的各个行业,特别是轻工行业的眼镜、烟具、剃须刀、家具、拉链和皮革等企业,阐述了专利战略实施的情况,阐述了该行业企业专利申请和授权增长速度,分析了轻工行业的专利战略的特点以及增长速度快的原因。作者在新著中对温州企业在实施企业专利战略中,运用实证案例,作了详尽的叙述与分析。如温州家泰电器制造有限公司在专利技术维权中,战胜了英国电器巨头英国奥特控制有限公司和斯特里克斯有限公司;温州剃须刀击败了荷兰皇家飞利浦电子有限公司等。实证的方法最具说服力。温州在实践中走出了一条具有中国特色科技创新的新路子,对温州经济发展起到巨大的推动作用。

《温州专利发展研究》为温州模式理论的研究拓展了一个新的领域。多年来,国内外学者对温州模式理论的研究主要集中在股权制度、市场发展、企业管理、资本运作、区域发展、行业协会和政府支持等方面。而对温州区域自主创新和区域专利发展的研究,乏人问津。作者以关切之心去直接呈现关注之现象,进行调查研究。通过历时性的阐述与共时性的同类比较,以温州区域经济为一个单位,研究区域战略发生、发展过程;系统检索和分析温州专利发展的基本状况,分析温州区域专利战略的经济、法规、技术和文化特点;探讨了温州模式对企业技术创新专利发展的推动作用;系统整理分析政府对企业技术创新专利发展的政策措施。从这个角度讲,本著作的问世,在某种程度上弥补了温州模式研究中的缺憾。

《温州专利发展研究》的出版为政府了解温州技术创新和专利发展及决策研究提供第一手资料,为温州企业加强技术创新、发展专利活动找到各自的参照物,为鼓励温州全民积极从事专利活动提供了相应的理论与知识,按作者的话说,为学术界开展区域专利战略研究抛砖引玉。这部著作干部可读,平民百姓可读,企业家可读,科技人员可读。只有了解和掌握了专利理论与知识,才能提高自主创新能力,支撑一个国家经济的发展,实现建设创新型的国家的目标。

读完书稿,我写上以上这些话,有感而发,也是学习的体会。

作为一名长期在浙江从事学术研究的工作者,为作者在区域经济史、科技史研究上取得突破性的进展感到高兴。希望作者继续努力,取得更为丰硕的学术成果,为繁荣浙江学术作出新贡献。是为序。

2009 年 3 月于杭州颐景园寓所

（原载徐红专:《温州专利发展研究》,北京:中国经济出版社,2009 年）

《浙江商帮与上海经济近代化研究》序

改革开放以来,特别是近年来,我国私营经济快速发展,涌现出大批商人。浙江是个私经济出现最早、发展最快的地区之一,现今个私经济已占全省国民经济的40%,浙江的商品市场年成交额已居全国"九连冠"。浙江商人兴起较早,队伍庞大,实力雄厚。改革开放初期,"十万温州人跑供销"一时成为媒体宣传的热点。现在,全省约有250万经营户常年在外经商务工,他们在全国各大城市设立了上百个浙江村、温州城、义乌路、台州街……,他们还纷纷走出国门,拓展海外市场。所以有人说:浙江是现今出商人最多的地区,浙江商人是最有才干的商人群体。浙江商人的崛起,不但促进了浙江经济的腾飞,也为我国社会主义现代化建设作出了重要贡献。

浙江人具有经商天赋与经商传统。考察近代经济史,浙江商人的足迹遍及全国各地,近代许多城市的崛起都与浙江商人有密切的关系。上海崛起时,浙江商人约有20万人,主要从事钱庄、航运、棉纱棉布、五金、颜料、茶叶、丝绸等业,还有相当一批人出任洋行买办。在北京经营钱庄、成衣业、药材业的也几乎是清一色的浙江商人。在近代天津,浙江商人经营进出口贸易、银号钱庄、南北土产、远洋航运、钟表眼镜、绸缎呢绒、金银首饰及从事买办的也相当多。在九省通衢、商贾辐辏的武汉,浙江商人经营水产、银线、杂粮、五金、银钱、水电等诸多行业,实力居各客帮之首。还有大批浙江商人经商海外,其中许多人脱颖而出,成为世界著名商人。探讨

163

浙江商人在中国近代经济发展中的地位和作用,总结其经营活动的经验教训,是件很有学术意义和现实意义的工作。所以,我在1987年就著文提出应当重视浙江近代经济史研究,并就若干重要问题作了考察。香港回归前夕,我又考察了香港经济起飞的原因,指出香港由第二次世界大战结束时一个满目疮痍的城市,经半个世纪的发展一跃成为亚洲"四小龙"之一,并非英国殖民当局所恩赐。香港今日的繁荣,是与浙江商人,特别是与宁波商人所起的重大作用分不开的。五年前,我指导陶水木攻读博士学位,初拟以浙江商帮与中国经济近代化作为博士论文选题。这是一个大课题,要对上海、北京、天津、武汉等城市逐一进行考察,综合分析。后考虑到时间可能来不及,于是就选定上海作为突破口,以浙江商帮与上海经济近代化作为论题,他还以此申报了浙江省哲学社会科学"九五"规划课题。这仍然是个大题,也是个难题,它要求把商帮研究与区域经济近代化研究结合起来,需要较全面的理论与历史学、经济学等多学科知识。陶水木以其勤奋扎实的努力,很好地完成了这一课题,展现在读者面前的这部专著,就是他倾注了五年心血的研究成果。

这本书以近代中国最大的经济中心上海作为考察区域,以浙江商帮与上海经济近代化为主线,运用历史学、经济学等多学科的研究理论和方法,比较全面、准确地考察了自鸦片战争至1936年浙江商帮在上海经济近代化演进中的地位和作用,总结了浙江商帮经营工商业的成功经验,是一本很有见地、很有价值的学术专著。我十分同意南京大学博士生导师张宪文教授在评阅本文时所作的总体评价:"本文(即本书)通过大量史实与丰富的历史资料,运用历史学、经济学等多学科的研究方法,详尽地论述了浙江商帮在上海经济各个领域中的发展,揭示了浙江商帮在经济转型中的演变轨迹、特点,总结了浙江商帮在经济运行中的成功经验与历史教训。这对于当前经济发展有着重要的借鉴作用。论文课题新颖，掌握了大量第一手资料，在整个研究浙江地区商帮方面有明显的特色。"上海社会科学院经济研究所黄汉民研究员看了他的博士论文后也认为，该文"把商帮研究与区域经济史研究融合在一起，拓宽了商帮研究的领域，这对于进一步开展商帮研究、对于深入研究区域经济史，都有积极意义"。

"商"在近代是个涵盖极广的概念，实际上包括各个经济领域的投资者和经营者，本书所说的"商"正是这样来界定的，这是适当的。书中还提出了浙江商帮的概念，我以为这是可取的。因为商帮是近代对某客籍商人群体的习惯称谓，它是以地域为中心，以血缘乡谊为纽带，以会馆、公所为其在异乡联络计议之所的自发形成的商人群体。书中还涉及学术界通常所说的三大财团问题，认为从人员关系上看，与其称以上海为中心的金融势力为江浙金融财团，"倒不如称其为浙江金融财团更为确切"；如果说1921年前存在着所谓的华北财团的话，那么之后"实际上已演化为浙江金融财团的组成部分"。这一观点是否站得住，还可以讨论。三大财团是就地域而言的，而不是从籍属来说的，所谓江浙财团是以上海为中心的经济势力，当然江浙财团的核心人物以江浙籍居多，尤以浙江系资本家占优势。

近代浙江商帮研究是个大课题，除上海外，浙江商帮在武汉、天津、北京、苏州等地的经营活动都有待研究。就本书而言，也还有需要补充完善之处。例如，关于旅沪浙江商帮与上海外国势力、上海地方政府的关系及其对上海经济近代化的影响，关于浙江商帮对近代上海重大事件的态度以及上海重大事件与浙江商帮经济活动的关系等，都有待深入研究。书中前两个附录也有待补充、完善。好在作者告诉我，本书定稿后，他仍在查阅资料，准备就有关问题再深入进行专题研究。我赞赏这种对学术研究孜孜以求、不断进取的精神,并期待着他在这一领域不断有新作问世,也希望有更多学人来从事近代浙江商帮研究。

2000 年 2 月于浙江大学西溪校区

（原载陶水木:《浙江商帮与上海经济近代化研究（1840—1936)》,上海:上海三联书店,2000 年）

《中国近代厘金制度研究》序

厘金是在清政府部库储存已经枯竭,各省捐输不能满足迫切支出需要的形势下应运而生的。在中国的度量衡制度中,1‰为一厘。由于厘金产生之初对货物值百抽一,故称"厘金",亦称"厘捐"。征收厘金的机构,通称"厘卡"。1853年开始在江苏扬州一带实行,半年中收款达2万贯。1854年在河南、江苏等地府州县广泛推广。1855年起,湘、鄂、川、新、奉、吉、皖、闽等省相继仿行。1857年,清政府又在全国各省办理厘捐。厘捐本是为筹措镇压太平军所需军饷而设立的,属临时性筹款,按清代惯例,事平即取消,但太平天国失败以后,清政府并未撤销厘金,致使厘金成为一种常制,直至1931年南京国民政府裁厘改税才被裁撤,存在长达78年。

厘金制度在清政府时期设立、推广,北洋政府沿袭,南京国民政府裁撤厘金历时3年,头两次均告失败,第三次才裁撤厘金,改征统税及营业税。厘金制度涉及近代中国的政治、经济、军事、财政、社会诸多领域和层面,成为历史学界、经济学界、财政学界研究的重要课题。早在1936年,罗玉东所著的《中国厘金史》就由商务印书馆出版发行。这部著作引用了故宫博物院所藏的大量奏折,汇集了地方志中的大量史料,理清了厘金制度始末,侧重于制度本身的叙述,忽略厘金制度与政治、军事、经济、财政诸条件的考察与分析。从20世纪70年代始,我开始注意搜集这方面的资料,开展对这方面的研究。80年代还指导硕士研究生以厘金制度为研究对象,但主要集中在南京国民政府的裁厘改税问题,也未能对厘金制度的性质、弊端和影响作深入的理论分析。我年事已高,无力完成这一课题的研究,寄希望于我的弟子。

三年前,郑备军考入浙江大学中国近现代史研究所攻读博士学位,由我担任他的导师。郑备军于 20 世纪 80 年代毕业于原杭州大学,获历史学学士学位,而后考入复旦大学经济系,获经济学硕士学位,之后在浙江大学经济学院任教。2002 年,郑备军申请到了浙江省哲学社会科学规划重点课题(《中国近代厘金制度及其现实意义:一种经济学分析》)。他具有历史学的理论和知识,又具有经济学的理论和知识,是从事厘金制度研究的最合适的专门人才。郑备军以其扎实的历史学、经济学功底,刻苦勤奋的努力,很好地完成了这一课题的研究。展现在读者面前的这部著作,就是他近年的研究成果。

这部书对厘金制度的起源、变迁和裁撤作了系统的历史考察,对厘金制度的性质、弊端和影响作了全面的分析。就学术层面上讲,有诸多创新,择其要而言,主要有:

一、对厘金的性质作了明确的界定,认为厘金不是税,其实质是费。传统观点认为厘金是一种税,连最新版的《辞海》解释厘金也是"旧中国的一种商业税"[①]。本书从公共经济理论关于税与费两个范畴的论述中,认为厘金之实质是一种费。其理由在于:厘金虽然是"按照一定的标准收取",但其"立项和标准则具有较大灵活性",而且"立法权、管理权相对分散";其起源可谓"事出有因,具有特定的用途";其征收并不是由税务机关来执行,而是由"为数众多"的厘金局卡来办理的。作为税收,必须同时具备强制性、无偿性和固定性三大特征。很显然,厘金所具有的特征与税收的特征

---

① 见《辞海》,上海辞书出版社 2000 年版,第 178 页。

比较,相差尚远。因此,厘金与其说是一种税,倒不如说是一种费。

二、对厘金制度的起源提出了新的见解。传统观点认为厘金是清政府为筹措军饷以镇压太平军起义的应急举措。本书从新制度经济学角度探讨了厘金制度的设立与原因,认为"厘金所以被采行,是因为它同时具备三个前提条件:一是清朝前期商品经济发展所带来的较为充沛的税源,表明'潜在利润'的存在;二是清朝前期中央集权的财政管理制度……表明制度供给的不足;三是厘金收入类似于杂捐收入(主要归地方),表明地方政府独立利益的存在"。从而得出结论:厘金制度"就其创新途径来说,是在不违反中央财政制度的情况下,对原有制度的补充"。还详尽地论述了厘金制度被采行的主要原因是清朝前期财政体制的缺陷,阐述了厘金制度产生的深刻复杂的历史背景。本书指出,咸丰朝的财政危机、镇压太平军费支出的需要是厘金制度产生与推行的必要性,而商品经济的发展和中国传统的理财观念则使其必要性变成了现实。

三是拓宽了对厘金制度研究的视野。本书把厘金制度放在晚清的社会大背景下进行考察,还从财政制度、税收体系、政府收入和支出的角度出发,把厘金制度放在中央与地方财政关系的框架中加以分析。

四是用多学科的理论和方法研究厘金制度。历史学界用历史分析方法,搜集、考订史料,叙述厘金史实;而经济学界则分辨厘金的种类,确定厘金征收范围和征收比率,认定厘金的收入和支出。本书把历史学方法和经济学方法相结合,考察厘金制度的来龙去脉,从理论层面探讨厘金制度的起源、变迁和教训。用新制度经济学和财政学的原理与方法分析、探讨了厘金的转嫁、归宿及其效应,阐明了厘金制度变迁的轨迹,提示了厘金制度变迁的深层次原因。

值得强调的是,本书的撰写十分注重"以史为鉴"。确实,厘金制度能为我们提供许多经验与教训,使人们获得有益的启迪。

在我国历史上,税和费一直相生相伴;费大于税,费重于税,也是常见的现象。厘金虽有税的性质,但一直没有被清政府作为正式税收,其实质是一种费,并且在清政府财政中占据着相当重要的地位。清政府也曾多次提出裁厘,但厘金制度一直延续下来。辛亥革命以后,厘金制度为北洋政府所沿袭,中央和地方军阀都把厘金视为穷兵黩武的财政来源,私收、乱收、坐扣厘金款项的情况十分严重,成为民国财政收入的主要来源之一。厘金的征收对象名目繁多,不仅包括流通领域的商品,甚至日用之物,无一不在被征之列。"货无巨细,逢关抽厘",在全国"五里一卡,十里一局"几成普遍现象。大量厘金收入又被中饱私囊。厘金制度是税上加费,其危害:一是害商病民;二是阻碍商品流通与中国近代民族工业的发展;三是成为地方拥兵自重,吏治腐败的经济基础。厘金制度是近代中国财政史上的一个"怪胎"。如何割除这一"怪胎",清政府对其爱恨交织,无法裁撤;北洋政府虽知厘金是"恶政",企图以新财源代替厘金,但未能获得成功。南京国民政府经过三次裁厘的努力,于1931年终于用统税替代了厘金。"裁厘改统"是指对某些商品与货物按一物一税原则,一次性征税后即可行销全国,避免了林立厘卡的勒索复征和苛扰留难。这是民国时期较为成功的一次税费改革。"裁厘改统"当时仅限对8种商品征收统税,且一次性征收,使商民负担较于厘金要轻,有利于商品流通和国内统一市场的形成。但是,随着时间的推移,还是出现巧立名目的杂派,加派多种多样的附加,重蹈"黄宗羲定律"。

当前我国正在进行税费改革,如何改?如何走出税费改革的历史"怪圈",避免重蹈"黄宗羲定律"陷阱?通过研究厘金制度可以得到足资借鉴的经验与教训。本书关于厘金制度教训的基本结论具有独到的见解。

对近代中国厘金制度采用历史学、经济学、财政学的理论和方法作这样系统全面的研究,写成《中国近代厘金制度研究》这样一部学术著作,在我国堪称第一部力作。由于厘金制度在近代中国历史上存在时间长、范围广、史料特多;要在短短几年时间里全面搜集与掌握这些史料是不可能的;作者虽然尽了很大的努力,但对档案史料的搜集和运用还是不够充分,因此影响到对有些问题的涉及与分析,这有待作者在今后的研究中继续搜集新的史料,深化研究,取得新的成果。

2004 年春于杭州颐景园寓所

(原载郑备军:《中国近代厘金制度研究》,北京:中国财政经济出版社,2004 年)

究源发新 服务现实

——《从百年屈辱到民族复兴》丛书开头语

时光是不能往后看的,仿佛并非很久,其实已经很久。近代中国外债资料的整理与近代中国外债史的研究,在扬州开会商讨近代外债史的研究,似是昨日之事,但已是近四分之一世纪的时光。学术研究是花费时间与精力的事,发掘与搜集资料是无穷尽的,学术研究更无止境。只有在占有厚实史料的前提下进行潜心研究,在研究的基础上写成的文稿才具有较高的学术品位。不断学习研究,不断思索推敲,修正自己撰写的文稿,才能与时俱进,使学术生命长青。

从 20 世纪 80 年代初期开始,在许毅教授带领和指导下,我们对中国外债史资料进行了认真的搜集、整理,先后完成了《清代外债史资料》《民国外债档案史料》《民国历届政府整理外债资料汇编》等资料整理工作。为了统一思路,许毅教授于 1988 年发表了《论"两声炮响"与我国资本主义生产方式和社会主义生产方式形成的关系》一文,提出了外债的两重性问题,强调从生产力和生产关系的角度,论述外债在近代中国社会生产力发展和生产关系形成方面的意义。随着研究的逐步深入和长时期的思考,他开始酝酿以外债为切入点,通过对晚清时期、北洋政府时期、南京国民政府时期和新中国时期举借外债、利用外资情况的考察,来剖析社会经济、政治、军事等方方面面,达到寻求规律、总结经验、吸取教训,从而为我们当前乃至今后的各项建设工作提供借鉴的目的。这就是许毅教授主编的四卷本丛书《从百年屈辱到民族复兴》的由来。究源发新、服务现实是研究中国外债问题的宗旨,也是这套丛书的出发点与立足点。丛书出版后,许毅教授要求作者对四卷书进行认真研读,详尽考订,仔细修正,将修订后的书稿再次出版。在丛书修订版付梓之际,我把读许毅教授著《中国特色论》感受而写下的一文,稍作修改,权充这套丛书修订版的开头语。

究源发新,治史者的追求

对历史的不断探究是史学工作者的任务,不断地发新则是治史者的责任。历史研究需要一代又一代人为之付出艰辛的创造性劳动,才能究源发新,使我们的认识走近历史。

在对近代中国外债的研究中,许毅教授揭示了"富有四海"的清王朝为什么会走上举借外债甚至依赖外债以度日的根源。从1661年到1796年是史称的"康乾盛世",在这个时期,中国的经济水平在世界上是领先的。乾隆末年,中国经济总量居世界第一位,人口占世界三分之一,对外贸易长期出超。盛世以后,为什么清王朝在短短一百多年的时间里,就大大落后于西方国家,直至在西方列强的坚船利炮面前不堪一击呢?这种巨大的反差要求我们必须研究从"康乾盛世"到"嘉道中落"直至"宣统覆亡"的历史原因。早在1988年,许毅教授在《论"两声炮响"与我国资本主义生产方式和社会主义生产方式形成的关系》一文中就提出了上述问题。经过几年的研究,他于1996年与王国华一起撰写了《由康乾盛世到嘉道中落的教训》一文。文章考察了盛世的起源与盛世气象,探究了盛世危局和衰落根源——奢侈与腐败,剖析了嘉道中落的催化剂——使中国元气大伤的鸦片贸易,阐述了走向衰落的直接原因是鸦片战争的致命打击。从而得出结论:"鼎盛之际,统治阶级居功自傲,放弃了文治武功、励精图治的积极进取精神。乾隆羡慕江南湖光山色,六次南巡,沿途的接驾盛况,奢靡之极,上行下效,腐败之风刮得剽悍无敌、英勇善战的八旗子弟和绿营,变成战则必败、祸害百姓的罪魁;清正廉洁的满汉官员,变成官无不贪、吏无不恶的祸首。文治武功全废。在英国殖民主义于1840年发动的鸦片战争中,虽然在汉人将领抗拒之下,取得了辉煌的胜利,焚毁了没收的鸦片,清政府却摘了林则徐的帅印,以致转胜为败,签订了丧权辱国的《南京条约》,为资本帝国主义列强瓜分中国开了先河。"①

通过对"康乾盛世"的形成和清王朝由盛转衰的历史考察,使人们对"历史周期率"有了更深的了解和认识。这里,给我们说明了一个真理:经济的发展,文明的昌盛,如果是自发地发展而不觉,如果不为人民而只图一时之享受,如果不提倡为公而只倡导为私,其能留给自己的只能是苦涩。人们在创造财富的同时,往往因无知、侥幸、自私而贻误大业,为自己留下的只是毁灭的祸根。对此,《从百年屈辱到民族复兴》丛书第一卷得出结论:清朝由盛转衰的历史事实证明,腐败是万恶之源。清朝的衰败灭亡与腐败有关,外债也与腐败有关。腐败断送了清王朝,腐败使中国沦为半殖民地,陷入被瓜分的深渊。腐败关系到国家民族的兴衰存亡,一个国家、一个民族,如果在兴盛和富裕后不思进取,贪图享乐,骄奢懈怠,必然会腐化衰败,挨打受气,任人宰割,最后灭亡。盛而骄,骄而奢,奢而贪,贪而腐,腐而朽,朽而亡,这就是清王朝留给我们的历史教训,这个教训是值得认真吸取的。

中国为什么选择社会主义道路?这是20世纪中国先进分子

---

① 许毅等:《清代外债史论》,中国财政经济出版社1996年版,第53页。

思考与求索的问题，也是《从百年屈辱到民族复兴》丛书论述的一个重大问题。许毅教授在回答这个问题的时候，遵循马克思所说的"历史的运动创造了社会关系"，"社会关系和生产力密切相连，随着新生产力的获得，人们改变自己的生产方式，随着生产方式即保证自己生活的方式的改变，人们也就会改变自己的一切社会关系"①这一原理，认为社会主义生产方式的形成，是借助于洋务运动、北洋政府时期、国民政府时期建立的近代化大生产的生产力，从而提出了中国近代化大生产的生产力是怎样发展起来的问题。究源才能发新，才能深层次地回答中国为什么选择社会主义道路这个重大而根本的问题。

许毅教授在《论"两声炮响"与我国资本主义生产方式和社会主义生产方式形成的关系》和《中国为什么选择社会主义道路和社会主义生产方式形成过程的特殊性》两文中，详细阐述了我国现代生产力的形成和发展过程。他指出，中国资本主义生产关系的创造过程，不是从自身的生产方式中一步一步游离出来的，而是在外国资本主义列强入侵之后，为了反压迫、反侵略，为了自强，不得不引进外国资金与技术，"师夷长技以制夷"，用举借外债的特殊方式，发展近代工矿企业、铁路、邮电、航运、通讯等。正如马克思所指出的："所有这些方式都利用国家权力，也就是利用集中的有组织的社会暴力，来大力促进从封建生产方式向资本主义生产方式的转变过程，缩短过渡时间。"②凭借国家信用向外国举债，直接买进先进技术，发展生产力，这是中国资本原始积累的特殊形式。中国资本原始积累的另一种形式，是国家政权利用国家财政，直接动用国库或国家信用（包括内债）来创办工业。中国资本原始积累的

---

① 《马克思恩格斯全集》第1卷，人民出版社1972年版，第108、106页。
② 马克思：《资本论》，见《马克思恩格斯全集》第23卷，人民出版社1972年版，第219页。

第三种形式是大官僚(包括李鸿章、左宗棠、张之洞以及后来的宋子文、孔祥熙等)利用职务上的便利,挪用或侵占公款,创办近代工矿企业、金融事业。举借外债则是中国资本原始积累的重要方面。许毅教授还特别提到决定社会主义制度的生产方式的演变过程。他认为:"我国之所以成为社会主义国家,是与'两声炮响'密切联系在一起的。"①以往历史学界、经济学界对中国选择社会主义道路的研究中,多从十月革命的一声炮响对中国的影响来分析,忽视了对十月革命炮声之所以在中国产生影响的物质基础的考察。没有新的生产方式和新的阶级基础,中国不可能接受马克思列宁主义。要了解十月革命期间中国的物质基础,必须究源于鸦片战争的炮声给近代中国的影响。正是英国殖民主义者发动的侵略战争——鸦片战争一声炮响打开了清政府的国门,"清政府为抵御外国侵略,发展军用、民需工业、交通运输业、邮电事业,便举借外债,利用外资,引进技术,发展经济,从而产生了资本主义的生产关系,发展了社会化的生产力"②。

近 20 多年中,许毅教授带领我们就外债在中国近代化中的作用进行了系统的研究与分析,粗略统计在新中国诞生前的 96 年(从 1853 年上海洋商借款算起),举借外债共计 900 多项,目前查明的约有 730 多项。清政府时期举借的 155 项外债,用于发展经济的占债款总额的 29.2%;南京临时政府举借的 23 项外债,用于发展经济的占债款总额的 25.84%;北洋政府时期举借的 387 项外债,用于发展经济的占债款总额的 40%;护法军政府举借的 57 项外债,用于发展经济的占债款总额的 47.84%;南京国民政府时期举借的 36 项外债,用于发展经济的占债款总额的 31.11%。

---

① 许毅:《中国特色论》,经济科学出版社 2004 年版,第 40 页。
② 许毅:《中国特色论》,第 41 页。

从以上几个历史时期来看,中国近代外债是资本帝国主义侵略中国的产物,也是它们在华争夺政治、经济权益的一种重要手段。但外债所产生的历史作用也是毋庸讳言的。外债为道德上的恶所形成,而"恶是历史发展的动力借以表现出来的形式"①。"中国近代化的生产力、中国资本主义生产关系的成长、资本主义生产方式的形成,可以说主要是依靠外债。"②

服务现实,学术研究的宗旨

意大利历史学家克罗齐说:"一切历史都是当代史。"出于时代的需要,人们总会不断地从历史中寻求启示,并以新的眼光重新审视历史。然而,历史不应是任人摆弄的玩偶和映射工具,它应有助于促进社会的进步和文明的发展。而要做到这一点,就要求治史者立足现实,站在时代的最前沿,把促进社会发展和建设中国特色社会主义作为自己追求的目标。《从百年屈辱到民族复兴》丛书的字里行间,处处闪耀着一位老革命、老学者"研究历史、服务现实"的良知与责任。

在中国财政史的研究中,许毅教授反复强调的一点是不应就财政论财政,就外债论外债。他曾在《研究财政经济问题和研究财经史的方法》一文中写道:"财政史是财政学和历史学的交叉学科。作为政治经济学的一个分支,本身具有十分丰富的内涵。然而,在财政史的教学与研究中,就财政论财政的倾向相当严重,致使一部财政史变成了一部就财政制度论财政制度、就财政思想论财政思

---

① 《马克思恩格斯选集》第 4 卷,人民出版社 1972 年版,第 233 页。
② 许毅:《中国特色论》,第 44 页。

想,脱离生产力、生产关系的演变和经济基础与上层建筑的矛盾运动规律,变成无源之水、无本之木的制度罗列、思想罗列。它既不反映当时的社会经济状况,又找不到历史发展的规律。这是造成目前财政史的教学与研究缺乏生气的直接原因。"①如何把生产力与生产关系、上层建筑与经济基础既适应又不适应的矛盾统一的"普遍规律"运用到财政学特别是财政史的研究中去?他说:"这是当代财政理论工作者须认真思考的重大理论问题。作为从事财政理论研究与财经工作的一员老兵,我一直没有放弃对这个问题的探索和思考。我认为,为了更好地把握这一'普遍的规律',无论是改革还是总结历史规律,都必须以邓小平同志教导的革命和改革都是解放生产力、发展生产力作为出发点和归宿。"②他充分地理解恩格斯在撰文介绍马克思《政治经济学批判》一书时关于历史与逻辑统一的辩证法思想,并运用这一方法,从生产力再生产规律、生产关系再生产及生产方式再生产规律、社会关系再生产规律三个层面,对生产力与生产关系、上层建筑与经济基础这一人类社会基本矛盾进行了剖析。通过这种剖析,使财政史的研究范围得到拓展,打开了沉闷的窒息空气,同生动的市场经济联系起来,成为研究经济运动规律、社会发展规律,能指导实践的学科,为解放生产力、发展生产力,发挥了应有的史学资治功能。

在外债史研究中,许毅教授对外债的两重性分析,也是着眼于国家的独立和发展生产力、发展新的资本主义生产关系及生产方式。在近代中国,外债的每一个毛孔充满着血和肮脏的东西。外债成为资本帝国主义国家从经济上控制中国的一个重要手段。一部近代中国外债史,就是一部资本帝国主义侵华史。但是,外债作

① 许毅:《中国特色论》,第90—91页。
② 许毅:《中国特色论》,第91—92页。

为资本主义生产方式一个不可或缺的组成部分,它代表着更多的资本、更多的技术、更高的生产力和新的资本主义生产关系及生产方式发展的要素。许毅教授反复强调要认真研究外债的两重性,"在利用外债过程中扬长避短";对外债"利用得好,会给一国的发展起到巨大的推进和加速作用,利用得不好则会给社会和人民造成沉重负担,影响社会经济的正常健康发展。因此,在经济发展、引进外债的过程中必须加以科学论证,谨慎对待"。[①] 他提出,要吸取 20 世纪 80 年代世界性债务危机和 90 年代亚洲金融危机的教训。他还时刻关注中国和世界经济的发展以及发展中出现的问题。他所做的研究,都是为吸取历史上的经验与教训,为如何建设好中国特色的社会主义这个重大现实问题在某些方面做出自己的解答。

在许毅教授的主持下,从 1983 年开始,我们对中国近代外债资料进行整理,编辑出版了《清代外债史资料》《民国外债档案史料》和《民国历届政府整理外债资料汇编》等,约千万字。随后,对晚清时期、北洋政府时期、南京国民政府时期和新中国时期的外债进行了系统的研究,撰写了这套四卷本的《从百年屈辱到民族复兴》丛书。当第四卷书稿完成后,许毅教授提出要写一篇总结、概括四卷内容的结束语。经过多次讨论,命题为《科学的实践 历史的启迪——〈从百年屈辱到民族复兴〉丛书结束语》,强调本丛书写作的目的绝不在于简单地记录历史的变迁,而是通过回顾清政府时期、北洋政府时期、南京国民政府时期和社会主义新中国时期这四个历史发展阶段社会经济发展的成败得失,来总结经验、吸取教训,从而为我们当前乃至今后的各项建设工作提供参考,以便早日完成中共中央制定的把我国建成富强、民主、文明的社会主义现代

---

① 许毅:《中国特色论》,第 183 页。

化强国的战略任务。外债虽是这套丛书的主线,但也仅仅是切入点。认识今天,展望未来,首先要以认识昨天为基础;认识昨天的目的,是为了认识今天、展望未来。正如列宁谈到历史研究时所说的:"为了用科学的眼光观察这个问题,最可靠、最必需、最重要的就是不要忘记基本的历史联系,考察每个问题都要看某种现象在历史上怎样产生,在发展中经过了哪些主要阶段,并根据它的这种发展去考察这一事物现在是怎样的。"①在丛书的结尾部分,从中国近现代的史实出发,并从客观的历史过程和历史实践中理出了16个问题,阐述了基本理论,总结了经验。这16个问题对我国当前的建设以及未来长远的发展,会起到积极的宏观导向作用。

许毅教授从干部到学者,研究历史源于现实的困惑,走了从现实追溯历史,又从历史回到现实的治学道路。丰富多彩的人生经历,给了他不一样的眼光和见识,他也给了我们挣脱学术之茧的利刃。

与时俱进,学术生命长青

《从百年屈辱到民族复兴》丛书着眼于对历史的考察,但其根本目的不是单纯地描述历史进程,而是通过对近现代经济史的研究,让大家明白中国特色社会主义的由来及其社会性质。为了从更高的理论层次阐释中国特色社会主义理论问题,许毅教授于2004年出版了专著——《中国特色论》。这部著作与《从百年屈辱到民族复兴》丛书可谓相辅相成:一个侧重理论的把握和现实问题的解决,一个注重历史资料的搜集与历史借鉴。所以我在这里有

---

① 《列宁选集》第4卷,人民出版社1995年版,第43页。

必要谈谈《中国特色论》一书。

《中国特色论》不仅反映了许毅教授历史的大眼光,也反映了他与时俱进的人生追求。他在前言中写道:"一切事物都是在不断地发展变化过程中的,马克思主义研究问题的立场、观点、方法不能变,但是它的具体应用要随着时间、地点、条件的变化而不断做出符合时代要求的创新。在经济和社会的发展过程中,生产关系一定要适合生产力是一个最基本的经济规律,两者的相互适合也是一个不断演进的过程。一定条件下适合生产力的生产关系慢慢又会不适应于生产力的新发展,两者总是在动态的发展中获得平衡。在学术研究领域,这种动态的发展过程同样是客观存在的。人的认识是随着时代的发展和新事物的不断涌现而逐渐向前发展的,具体到这本书中收入的文章而言,它们既是紧紧围绕着中国特色论这个中心议题而展开,同时也是自改革开放以来我在学术研究领域不断深入实际、与时俱进的客观反映。"①

与时俱进使许毅教授的学术之树长青。1976 年,他牵头组织北京及浙、闽、赣的专家学者,深入到中央苏区,发掘整理中国共产党在闽、浙、赣农村进行土地革命和武装斗争时期的财政经济史料,编撰了《中央革命根据地财政经济史长编》(人民出版社 1982年版)。而后又组织了全国从事中共党史、财经史的部分学者,对陕甘宁边区、湘赣、湘鄂到鄂赣、闽浙赣、鄂豫皖、川陕、湘鄂西、晋察冀、晋冀鲁豫、晋冀、山东、华中、华东、东北、中原以及东江、琼崖等中国革命不同历史时期各革命根据地的财政经济史料的收集整理和编辑出版工作。在各地参与者的共同努力下,选编了 31 种、约 4000 万字的财政经济史料。对其中一些较大的根据地,还编写出版了根据地财经史,共 18 种,约 560 万字。在这些成果中,一方

---

① 许毅:《中国特色论》,第 1—2 页。

面回答了如何依靠落后的农村经济来支持革命的需要,进而由农村包围城市夺取全国政权;另一方面也解答了如何解决落后的农村生产关系和生产力之间的矛盾,说明生产力和生产关系、经济基础和上层建筑的作用和反作用原理。

大家都知道许毅教授是我国财政理论界主流学派——"国家分配论"的倡导者之一。他扬弃了西方资本主义"公共消费""公共财政"等理论的影响,通过对我国社会主义革命和建设实践正反两方面经验教训的总结,逐步形成了有关这一理论的基本观点。"国家分配论"讲清楚了财政分配的对象是社会总产品和国民收入分配及再分配,分配关系与分配形式和分配活动的主客观关系,揭示了财政分配方式在不同生产条件下具有特殊的运行方式。改革开放后,财政分配作用有了变化,预算在社会分配中比重下降,客观上要求重新认识财政调控国民经济的直接形式和间接形式。然而一些人以为我国现在搞市场经济了,主张把西方资本主义国家的"公共消费论""公共产品论"改头换面地引入到社会主义财政理论中来。许毅教授在《中国特色论》一书中,写了10篇文章,专论"中国特色社会主义财政论"。他在《财政学基础理论的理论基础》一文中,对研究财政理论提出四个必须,即:必须明确财政学的地位,必须研究国内外的政治经济问题,必须明确国家职能与财政职能的关系,必须明确社会主义市场经济条件下财政理论与西方财政理论的区别。在对上述问题分析的基础上,他进一步阐述了"国家分配论"的理论体系。该理论体系内容十分广泛,概括其主要观点为四论,即:主体论(财政分配的主体是国家)、制导论(分配的目的是制导生产力的发展和生产关系的调整)、结构论(通过制导论,使生产力结构、生产关系结构、产业结构、产品结构、技术结构、组织结构等建立在先进的科学基础之上)、机制论(研究利益关系,确定最佳的利益分配格局)。文章在最后提出:"为了适应时代对财政理论与财政政策提出的要求,在当前的建设过程中,我们必须通过对国家分配论的进一步完善,使我国的社会主义财政学体系更符合新时代的要求。要从建设社会主义初级阶段的市场经济出发,在一脉相承、与时俱进的条件下,建立社会主义市场经济的国家学说和政治经济学说,创造性地发展财政学理论与国家宏观调控理论。要对社会主义中国的社会发展观做出马克思主义的分析和思考,既反对马克思主义的僵化论,又反对不加分析地使用拿来主义的洋教条以及狭隘小生产思维的经验主义。我们进行财政学研究,就是希望要在发展国家分配论的过程中,广大财政研究工作者能更好地掌握研究问题的世界观、价值观和方法论,领会马克思主义辩证唯物主义和历史唯物主义的基本观点和科学的国家学说,使我国的财政学真正成为政治经济学的有机组成部分,而不是单纯的经济学的一部分,以更好地指导我国的财政工作。"[1]在《建立广义财政学的倡议》一文中,许毅教授又写道:"建立广义财政学要从分配方式与生产方式、财政政策与经济运行、国家职能与经济基础的辩证关系出发,系统总结建国以来特别是改革开放以来财经工作的实践经验,借鉴各国经济学科的优秀成果,以生产力结构优化为核心,以要素分配与利益分配的协调为基点,完善与发展'国家分配论'的财政理论体系,重新构建具有中国特色的社会主义分配体系和分配方式。"[2]

"国家分配论"在一定历史条件下形成,并随着历史条件的变化而深化。许毅教授又写了《市场经济条件下的财政学初探》《从社会再生产角度出发,重塑财政学理论体系》《重新认识社会主义国家职能和财政职能,发展和完善"国家为主体"的分配论》《建立

---

① 许毅:《中国特色论》,第 386 页。
② 许毅:《中国特色论》,第 387 页。

科学的社会主义初级阶段公共财政理论体系与实际工作规范》等文章,考察了市场经济条件下出现的新问题,从理论和实践的结合上作出了更深层次的解答,使"国家分配论"得到进一步的充实和完善。

许毅教授的研究工作除了财经历史、财政经济中的现实问题外,对宏观经济的各个领域均有所调查与研究。他不顾年迈之躯,以惊人的毅力,长期奔波于祖国的大江南北,特别是东北地区和西部地区,进行调查研究。我与他在一起开会,研讨与讨论的均是财政经济史问题。会上讨论的是历史,但是会议之余他又去考察当地的工矿企业和农村,召开小型的座谈会,获得最实际的材料。他把情况搞清弄准,进行研究分析,理清思路,提出解决方案,有的提供决策部门参考,有的做进一步的理论研究,写出学术论文。《中国特色论》一书的第四部分,即"中国特色社会主义初级阶段论",就是这方面的成果。社会主义初级阶段理论提出后,有人说,初级阶段是个筐,说不清楚的问题往里装。许毅教授不信这个邪,他要把说不清楚的问题说清楚。"中国特色社会主义初级阶段论"中的12篇文章,就是回答初级阶段理论中那些说不清楚的问题,包括打破城乡二元结构、解决三农问题、合理开发西部地区、振兴东北老工业基地等重大问题。

许毅教授对问题的提出、分析和解决问题的思路、方法,不是就事论事,而是立足于现实,从我国的具体国情出发,进行理论思维,其基点是开放的、辩证的、深层次的,使实践升华为理论,理论又直接服务于现实的改革和发展,因而其学术生命长青。

少长咸集,集体智慧的结晶

1976 年粉碎"四人帮"以后,在张劲夫和齐燕铭同志的指导下,由许毅教授牵头组织中国社会科学院经济研究所、财政部财政科学研究所、中国人民银行金融研究所及闽、浙、赣三省的一些专家学者,深入到中央苏区,发掘整理中国共产党在闽浙赣农村进行土地革命和武装斗争时期的财政经济史料。在取得经验之后,又组织全国的历史学、经济学、财政学界的专家学者对红军时期、抗战时期和解放战争时期的农村革命根据地、解放区的财政经济史料的搜集与整理。这支研究队伍十分庞大,可用王羲之《兰亭序》中的"群贤毕至,少长咸集"来形容。专家学者耗时十余年,取得了丰硕成果,对此本文第三节已有说明,不再赘述。

随着中共十一届三中全会的召开,中国确立了改革开放的基本路线。为了适应对外开放的需要,总结历史经验,当时的财政部部长张劲夫同志要许毅教授主持晚清以来的外债、外资史料的整理和外债问题研究。为了完成这一重大课题,许毅教授组织了一批专家学者,在中国历史档案馆、清史馆、中国第二历史档案馆、上海市档案馆等单位的协助下,开始了外债档案史料的整理工作。这项资料整理工作十分艰巨,债项史料有历届中央政府举借的外债,地方政府或企业部门经中央政府授权、批准、承认、担保订借的外债,还有赔款转化而来的外债。这些史料分布在外交部、工商部、铁道部等部门的卷宗内,其内容包括有关债项的照会、说帖、合同、呈文、议案、训令、章程、规则、函件、电文、记录、报表等等。在文字上,除中文版本之外,还有英文、俄文、日文、葡萄牙文、西班牙文等。参加外债档案史料整理的除专家学者外,还聘请了几位国

185

民政府时期任职于外国银行、外资企业的高级职员。历时十年有余，完成了《民国外债档案史料》的整理与出版。当时除中青年学者外，还有几位是 80 岁以上高龄的专家。沙老（镜蓀）、汤老（撷兰）未等该书正式出版，就谢世了。

在整理外债档案史料的同时，许毅教授组织了几位从事财政经济史教学与研究的专家学者，对近代中国外债进行系统、深入、全方位的研究。外债问题研究，在许毅教授领导下，由颜泽龚教授、孔永松教授、赵云旗研究员、隆武华博士、王国华博士、王晓光副研究员和我等组成。而后，隆武华博士、赵云旗研究员另有高就，又有潘国旗博士、欧阳宗书博士、张侃博士、申学锋博士、柳文博士加入。这是一支少长咸集的队伍，特别是后来加入的一批博士们，精通外语，计算机操作熟练，知识面广，接受新知识很快，在许毅教授的指导下，在外债问题研究上取得了卓越的成就。正因为有新生力量的加入，《从百年屈辱到民族复兴》丛书的研究与撰写才得以如期完成。这套丛书倾注了作者 20 余年的心血，是集体智慧的结晶。

在此特别要提到的是颜泽龚教授和罗立人（原名庄志逮）女士。颜泽龚教授是著名的会计师，他为近代中国外债史资料的整理奔波于北京、南京、上海、杭州、武汉等地，协助许毅教授做了大量的组织工作。丛书第一、二、三卷书末的附表——外债一览表，均由他提供。遗憾的是颜老因年事已高，于 2002 年逝世，未能看到《从百年屈辱到民族复兴》丛书四卷本的正式出版。罗立人大姐（从 1977 年在江西瑞金认识她的那天起，我一直称呼罗大姐）是许毅教授的夫人，他们在 1938 年苏北敌占区救亡工作团时一起并肩战斗在抗日的最前线。许毅是"苏北敌占区救亡工作团"的联络部长。为解决经费及公开身份的问题，在他的家乡南通县（现南通市）姜灶镇开了两个商店——"新民商店"和"甦声商店"（也是城里与城外联系的秘密交通站）。"甦声商店"是专门做动员、组织女青年工作的，罗立人就是这个商店的负责人。许毅和罗立人从相识、相知、相爱到结为夫妻，他们相亲相爱，荣辱与共。许毅教授从事中央苏区财政经济史研究到主持中国外债史料的整理和外债问题的研究，罗大姐一直陪伴左右，支持其工作，对他带领下的这支研究人员也是关怀有加。近 30 年内，我除本职的教学工作外，一直在许毅教授的指导下从事近代中国外债和新中国外债的研究，并写下了多篇文章。罗大姐一直鼓励我，并录下了李大钊的名句"铁肩担道义，妙手著文章"，书赠与我共勉。罗大姐书写的条幅我珍藏着，也勉励着我从事学术研究。遗憾的是，病魔夺走了罗大姐的生命，她未能看到近代中国外债和新中国外债研究成果的完整出版。在开头语中写下了这段结束语中应讲的文字，是为了表达我内心对她的敬意与纪念。罗大姐书写的"铁肩担道义，妙手著文章"，愿全体从事外债问题研究的同仁共勉。

2006 年春于杭州颐景园寓所

《论明清时期的对外交流与边治》序

我与徐明德教授是大学同学,毕业后一起留校任教至今已近半个世纪了。明德留校后,从事中国古代史、明清史和中外经济文化交流史的教学与研究。他是一位勤奋好学、笔耕不辍的学者。在半个世纪的学习、教学与交往中,我读过他发表的一些文章和著作。最近,他从四十余年内所写的文稿中精选了部分,编为一集。他将章节目录、自序和部分文稿送到寓所。承作者不弃,嘱我写序。我与明德既有同窗之情,又有共事之谊,鉴于他矢志不渝,致力教学与学术研究的精神,就写一点读后感及我所知道的事以作序。

徐明德教授这部以《论明清时期对外交流与边治》为书名的专著,仅收论文二十五篇,但是字数已相当可观,因为每篇(节)短则万字,长的达三万余字。所选收的文稿分为五章二十五节。第一章"国策",论明清时期中国的闭关锁国政策。第二章"以人物为中心,反映对外交流与边治",分十节,选择朱元璋、郑和、于谦、宋应昌、张居正、张煌言、郑成功、王得禄、林则徐、胡雪岩等十位历史人物,以他们的事功,来阐述明清时期对外交流与边疆治理中的历史作用。第三章"从港口建设和海外贸易,看对外经济文化的交流",分七节,从浙江的宁波港、双屿港、乍浦港以及闽粤南澳港等进出口贸易,研究中外经济文化交流。第四章"西方耶稣会士的来华,促进中西文化的交流",分四节,选择了依纳爵·罗耀拉、利玛窦、艾儒略、金尼阁、卫匡国等西方耶稣会士的来华活动,剖析了他们对中西文化交流的贡献。第五章"附录：怎样评价历史人物"，分三节，选择王得禄、王直、胡雪岩为案例，以座谈讨论、通讯交流、调查考证等形式展开。这是作者四十多年治史成果的精华，也是他毕生心血的结晶。

《论明清时期对外交流与边治》一书最大的特点，在于作者善于独立思考，勇于提出独立的学术见解，非但有知，而且有识。20世纪六七十年代，历史学界关于历史发展动力问题的争论，不仅是学术争论，而且是一场政治斗争。1970年10月27日《文汇报》刊载了《农民战争是历史发展的动力》一文，断言"让步政策是套在农民头上的新枷锁"。徐明德从此时开始研究让步政策问题，并以朱元璋与明初的让步政策作为个案，撰写了《试论朱元璋的让步政策》一文，论述了明初让步政策的历史作用在于：缓和了阶级矛盾，造就了一个安定统一的局面，调动了劳动人民的生产积极性，促进了农业生产的发展；促进了手工业生产的发展；促使了商业繁荣，为资本主义生产关系的萌芽创造了条件。进一步阐明历史发展的全部合力是构成人类社会历史发展动力的观点：生产斗争是人类社会发展的根本动力，阶级斗争是阶级社会一定时期内的主要动力，但绝不是始终贯穿于整个人类社会历史的发展动力。统治阶级的改良和改革措施，也是在阶级社会中某个特定时期内起了动力作用的。因为阶级斗争解放了生产力，一切改良和改革措施，或者说让步政策，是起了促进生产力发展的作用。这较之单以阶级斗争、农民起义、农民战争为历史发展动力的视角开阔得多。历史是画了句号的过去，但是以历史为对象的史学研究还会有新的发现新的认识。

对倭寇和王直的评价问题，史学界一直存在着争论。徐明德教授以对明清时期中国的闭关锁国政策研究为突破口，认为闭关锁国政策颠倒了历史上的是非观，制造了一系列的冤假错案。历史上某些被定为"海盗""倭寇"的人，并非真正的海盗或倭寇，王直就是一个典型人物。王直是中国明代的历史人物,他被当时的明王朝定作"海盗""倭寇",后人按着明王朝的口径对王直谩骂了数百年。明德经过数十年的探索,得出的结论是:"王直是我国 16 世纪的重要历史人物,他的活动有利于社会的发展、历史的前进。有人把他打成'民族罪人''倭寇头目',是违背历史事实的。今天只有以对待闭关锁国政策的态度,结合 16 世纪的经济形势来进行衡量,才能看清事物的本质。这样,即使王直称不上 16 世纪反对封建闭关锁国政策的英雄,至少也称得上我国 16 世纪进步势力的代表。他的历史地位和农民起义领袖们不分上下,应该给予肯定。"

应该说"倭寇"问题很复杂,明代有真倭与假倭的问题,真倭是骚扰中国沿海、烧杀抢掠的日本强盗,而多数假倭又是反海禁的在海上武装走私的中国商人。王直是徽州商人,为了冲破海禁政策,与明朝官方冲突,被称为"倭寇"。当我们认识到明清闭关锁国政策的危害,就应对反海禁商人与真正的海盗加以区别,重新评论这些商人。明德在这一点上走在学人的前头,是值得赞扬的。徐明德教授治史利用历史文献与实地调查相结合的道路,这一点也是难能可贵的。卫匡国是意大利特兰托人,1643 年 7 月来中国传教,1661 年 6 月死于杭州。他是欧洲杰出的历史学家、地理学家、哲学家与著名的汉学家。他用拉丁文撰写了《中国历史十卷》《鞑靼战纪》《中国新地图集》等中国史地学术专著,为使欧洲和西方国家认识中国起了很大的作用。明德广采历史文献资料,撰写了《论意籍汉学家卫匡国在中西文化交流史上的卓越贡献》等学术文章外,还搜集卫匡国死于杭州的资料,寻找卫匡国墓地。他在杭州市西郊找到卫匡国墓地及墓志铭,不仅深化研究,还促进中意两国的友好关系。对清代"红顶商人"胡雪岩的研究,也是从史籍、方志及有关资料研究的同时,进行了社会调查。如关于胡雪岩的籍贯,《近代史研究》1993 年第 5 期刊载《胡光墉籍贯考辨》一文的结论是杭州人,文物出版社 2002 年出版的《胡雪岩故居》一书也说胡雪岩是杭州人。明德除查找有关资料外,还亲自到浙皖古道沿线采集口碑资料和考察古迹。他考察了临安马啸乡浙皖交界的浙川溪上胡雪岩当年出资重修的一座石拱桥。他认为胡雪岩出生于安徽省绩溪县十都胡里村,十二岁由亲戚推荐,经浙皖古道到杭州信和钱庄当学徒,此后在王有龄、何桂清、左宗棠等提携下,成为清代最著名的"红顶商人"。在杭州不但独创"胡庆余堂雪记国药号",还在杭州建造了豪华住宅。籍贯实际上是指祖籍而言,胡雪岩的原籍(也是祖籍)是安徽绩溪,寄籍是浙江杭州。因此胡雪岩是安徽的历史名人,也是浙江的历史名人。这个结论是可靠的,也是科学的。在研究王直的"倭寇"问题时,他考察了王直活动地浙江双屿港国际走私贸易市场遗址。在研究清代乍浦国际贸易港时,他多次亲赴杭州湾北岸进行实地考察,不仅参观旧址,而且获得不少感性知识。他还发现慈禧太后出生于乍浦满洲旗下营,指导学生撰文《慈禧太后出生于乍浦》在《浙江日报》上(1993 年 1 月 9 日)发表,受到新华社的肯定和称赞(《解放日报》1993 年 8 月 23 日)。一位从事中国古代史教学与研究的人,能走出书斋,进行实地考察、调查,其用力之勤,收获之丰十分值得称道。

在明清史研究的学术著作之林中,《论明清时期对外交流与边疆治理》一书,具有自身的特色。它的出版,不仅具有学术价值,也有其很强的现实意义。明德年近古稀,在学术探索上,还是刻苦学习,笔耕不辍,我祝愿他健康长寿,希望他在史学研究上继续努力,不断奉献给大家更精美的著作,为繁荣我国的社会科学作出新的贡献。

2005 年重阳节于杭州颐景园寓所

(原载徐明德:《论明清时期的对外交流与边治》,杭州:浙江大学出版社,2006 年)

《红色土地契证集粹》序

楼哉定是我的学生,也是我爱人在诸暨任教时的学生。初识哉定,对他的第一印象是一位淳厚朴实、略露几分腼腆的农家子弟。他进入原杭州大学历史学系后的第一学年,听我讲授的中国现代史(1919—1949),每周6个学时,外加课堂讨论、课外辅导,接触颇多。在交谈中,他经常会提出一些为人、做事和治学上的问题。渐渐地,我发现哉定具有聪慧天赋,且勤奋好学,善于思考,是一位可塑性很强、在学术上具有发展前程的青年学子。

"文化大革命"时期,学校停课,哲学社会科学研究处于瘫痪状态,大学毕业生必须先去集体农场或农村接受所谓"再教育"。哉定在部队农场劳动后被分配到原籍的农村中学任教。数十年如一日。他在中学从事历史教学多年,兼任了中学校长。在教学第一线,他努力学习,认真工作,积累了丰富的教学经验和行政组织协调能力。

哉定对历史研究是一位有心之人、有识之士。20世纪末的一天,在当地的古玩地摊上,他发现了七十多份清代及民国时期的地契和田赋税票,这让他激动不已。作为历史系的毕业生,他懂得土地契证的历史文献价值,遂萌生收藏土地契证的念头。

三年前,他携土地契证目录专程来杭州看望我们夫妇。我翻阅了他收藏的目录,感到惊讶、欣喜和钦佩。惊讶的是,五千余份地契、土地证、田赋税票,涵盖了全国六百多个县市,土地契证从明洪武元年(1368)直至2007年,时间跨度达640年。藏品种类十分齐全，反映土地产权变迁和土地纠纷的地契就有典、佃、换、赠、买卖、继承、诉讼等各种；在明代以来的田赋税票（农业税票）栏目里，从清乾隆二十三年（1758）到2005年我国农业税票消失的248年中，每一年的税票都能看到一些。欣喜的是，他专注于土地契证历史文献的收藏与土地契证文化的研究，成绩斐然。令人钦佩的是，在物欲横流、人心不古的今天，倾其工资收入的积余去购买和收藏这些土地契证，抢救文献、研究历史、发掘价值。收藏岂为稻粱计，乐此暖己亦照人。收与藏全在抢救、保存历史文献，翻阅藏品成为他退休生活的最大乐事。收藏研读人不老，淡泊宁静志永存，可谓老有所获，老有所为。

2015年春节前，他又专程来杭州看望我们。谈话的主题仍是土地契证的收藏和释读。我建议把收藏的土地契证整理出版，让大家共赏，供学者研究。乙未春，收到了他编著的《红色土地契证集粹》书稿，并问序于我。作为他学识、学术上成长的知情人，有责任向学术界和收藏界的朋友，谈谈我阅后的感受。

红色土地契证是我初识的一个概念。土地契证是地契、土地证、田赋税票的总称。红色则标明土地契证的性质和时段。1927年中国共产党领导秋收起义，随后起义部队统称工农红军，创建的根据地和政权称红色区域、红色政权。自此后，红色代表着中国共产党。将收藏的千余件中国共产党在各个历史时期的土地契证，精选150件，汇集成册，称得上集粹。事与时合，名与实符。

本书设两章五节，第一章是按历史发展编撰的，按历史时期分为五节。第二章是把印有毛泽东头像的土地契证集中编排，这是1947年9月中国共产党全国土地会议通过了《中国土地法大纲》后，为确保农民土地所有权，各解放区陆续颁发"土地执照"或"土地房产所有证"上才出现的历史现象。土地契证的名称有"土地执照""房产执照""翻身契""土地还家执照""地权证""临时土地执照""土地房产所有证""国有土地使用证""土地长期使用证""农村生产责任制合同书""土地承包经营权证"等。从名称就反映出中国共产党的土地制度和土地政策的变迁。这些红色土地契证是珍贵的历史文献,是研究土地变革史与土地契证文化的重要史料。

哉定是土地契证收藏的爱好者,更是中国土地制度史、土地契证的研究者。他具有学习和研究历史的基本功,即义理、考证和文章。这本册子每章有总论,每节有历史线索和历史背景的阐述,对每份契证的历史背景、时间、地点均进行了详尽的考证,对文本内容进行释读和分析,具有极高的学术价值,堪称是研究中国土地制度史、土地契证文化的上乘之作。读之,既能欣赏珍贵的地籍文献,又能了解历史,充分展示了历史学科班出身者研究之优势。值其付梓之际,作序于斯。我期待哉定持之以恒,藏品更丰富,同时不断有研究成果问世,惠益后人。

乙未春于杭州颐景园寓所

(原载楼哉定:《红色土地契证集粹》,上海:上海人民出版社,2017 年)

《中日战争赔偿问题研究》序

　　中华民族不应该是个健忘的民族。当我们乘着舒适的东洋小轿车去采购松下、日立这些高档电器,准备尽情地享受我们一衣带水的邻邦所创造的物质文明的时候,我们同时也在进一步地为东洋邻邦日本创造了财富,以至于日本越来越富有,富有到钱没地方用的地步,于是,饱食思淫,有不少的日本人又在做起了军事大国的美梦(而对中国和其他亚洲国家来说则是噩梦)。虽然从 1947年 5 月起实施的日本新宪法明文规定日本不得拥有军队,永远放弃战争手段,但事实上日本则打着自卫的旗号,不断地扩充其军事实力,其年平均军费超过 500 亿美元,过去所标榜的无核三原则(不拥有、不制造、不运进),基本上是徒具空文,它看到中国近些年来政治稳定、经济高速增长、综合国力不断加强,总感到不快,认为中国对它构成了威胁,因此在 1997 年发表了新的《日美防卫指针》,矛头直指中国。不但如此,日本国内的右翼势力还对第二次世界大战本身也来了一个反思,由自民党历史研究委员会诸公炮制的《大东亚战争的总结》就可以说是这种反思的集大成"硕果",日本右翼的这些动向实在使曾经饱受日本侵略之苦的中国人有些担忧,于是一些从事中国近现代史研究的学者这几年来有不少人就将视角放在日本侵华史方面,袁成毅同志作为他们中的一员,以一个青年学者所常有的激情投入了这方面的研究,并且选择了近代以来中日之间因历次战争所产生的战争赔偿问题作为他的博士学位论题。

袁成毅同志出生在 20 世纪 60 年代,本人虽不曾目睹过日本侵略者的淫威,但他却以一个中国人所应有的朴素的民族感情和一个学者所应有的理性去研究中日间的战争赔偿问题,我作为他的硕士和博士指导教师当然感到十分的欣慰。

中日间的战争赔偿问题过去有关的中国近代史论著中屡有涉及,但全面、系统的著述并不多见,基于这一点,他才对 1874 年日本出兵侵略台湾、甲午战争、八国联军侵华战争、抗日战争这四次重大的历史事件中两国就因战争引起的赔偿问题作了一个系统的考察,对此,参加他的博士论文评阅和评议的专家是充分肯定的。我十分同意复旦大学姜义华教授的评价:"本文(书)依据翔实的中外历史资料,系统叙述了琉球事件以来日本历次强行逼迫中国赔款的情况,后五章专门论述了二次大战后在日本赔偿问题上的纷争以及中国放弃对日索赔的过程,对于战后初期国民政府对日索赔、1949 年迁台后于 1952 年放弃对日索赔及中华人民共和国政府 1972 年正式放弃对日索赔的曲折进程作了清楚的分析,还比较研究了东南亚国家及朝鲜对日索取战争赔偿的情况,将中国向日本索赔及放弃放在一个更大的环境中加以考察。它所涉及的是一个具有重大历史意义及强烈现实意义的问题,对这一问题,国内系统全面进行研究尚属初次,因为此前论述多属一个时期、一个方面,对于战争后美、蒋及我国乃至苏联、东南亚、朝鲜、韩国等国在日本赔款问题上的不同态度,从国际环境的总体变化及各国内部形势的变化作了实事求是的分析,使论文具有深度,立论有扎实的科学基础,尤其是对于中国放弃对日索赔的原因分析有不少地方具有创见,体现了作者的独立研究能力与独立思考精神。"华东师范大学的谢俊美教授认为:"该文从中日之间军事赔偿问题入手,从一个侧面揭露了日本对华侵略,因此它又是进行历史唯物主义和爱国主义教育的重要内容。"这些评论的确说明了本书在整体上是有较大学术价值的。

当然,作为作者的专业指导老师,我也不客气地说,这部书还是有进一步加以充实的地方,在史料的选用上,日文资料还略少了些,在内容上,对近代中国对日赔款所产生的影响还缺乏全面的评论,其他我就不一一指出了,这些不足之处还需作者花更大的功夫,作进一步的深入研究。我期待着作者在这个研究方向上不懈地努力,以取得更大的成就。

1998 年 10 月于浙江大学西溪校区

《梁启超经济思想研究》序

朱俊瑞的新著《梁启超经济思想研究》将要面世。他将清样送我过目并请我作序。我已答应凡我指导的学生,有新作付梓,送我先读为快,并愿作序。既然允诺在前,也就无可推辞。

新著是在他的博士论文《梁启超经济思想研究》的基础上修改而成。他花费了三载岁月,于2001年撰写完博士学位论文,以优异成绩通过了博士论文的答辩。在得到同行专家肯定的同时,也聆听了专家提出的修改意见。作者又花费了三年的时间,搜集梁启超的文稿与有关文献、资料,研读梁启超的著作,还同同行切磋,反复推敲、斟酌,修改定稿。我花了整整半个月的时间阅读修改后的新作,感到不但在量上增加了三分之一的篇幅,而且在论述与分析上更为全面与深刻,称得上是一部精心之作。

梁启超生活在风云激荡的19世纪下半叶和20世纪上半叶,经历了清朝的衰落期、北洋政府的混乱期和民国政府的初创期。他时而登场于政治斗争的风口浪尖,时而办报、教书与著文。他是一位近代维新派的领袖。1895年,他随乃师康有为发动"公车上书",倡导变法维新。1896年,他在上海主编《时务报》,次年,任长沙时务学堂"中学"总教习,积极鼓吹和推进维新变法运动。戊戌变法失败后逃亡日本,宣传改良,主张保皇。他曾是一位政府官员。1913年初,他自海外归国,拥护袁世凯,出任司法总长。后又组织研究系,与段祺瑞合作,出任财政总长。

他更是一位学者、文人。他办报纸、创学堂,介绍西方民主主义政治学说、经济学说和自然科学知识，讴歌民主与科学，倡导文体改良，开白话文风之先。晚年潜心于学术与教育。他学识渊博，于学无所不窥，于论无所不及，著作宏富，内容涉及政治、经济、哲学、历史、文化艺术、语言、文字音韵以及宗教，等等。要研究梁启超这样一个百科全书式的人物是很难的。

20 世纪 80 年代初，我开始近代中国外债史的研究时，读了梁启超的《中国国债史》《外资输入问题》《中国货币问题》《公债政策之先决问题》《币制条议》《外债平议》《银行制度之建设》《治标财政策》等论著，发现他有关财政金融、引进外资等论述，不仅数量宏富，且以他丰厚的学养和敏锐的思维，论述了从古代到近代、从西方到东方的经济思想，把经济理论与晚清、北洋的政治社会紧密结合，对经济政策进行政治分析，对政府的财政、货币、公债等政策进行抨击。以晚清内债为例，1905 年前后，直隶、安徽、湖北、湖南、广西等地方政府以举办新政为名，举借地方公债，梁启超撰写的《论直隶湖北安徽之地方公债》《再论筹还国债》《公债政策之先决问题》等文，不仅较为完整地记录了当时举借地方公债的真相，同时也反映了他在内债问题上的深入思考。又如举借外债问题，梁启超的《外资输入问题》《公债政策之先决问题》《外债平议》等论著，依据近代西方财政学原理和国外的外债实践，对外债的产生、性质、作用、举借原则、偿还方法诸问题作了深入的探讨，具有极高的学术价值。于是，萌发了研究梁启超经济思想的念头。但只用心阅读梁启超在这方面的论著，而未能投入时间和精力研究、撰文。

1998 年潘国琪、朱俊瑞等人考入浙江大学攻读中国近现代史专业的博士学位，我为他们的指导老师。在向他们讲授学位课程的同时，也向他们吐露了研究近代中国内外债史和梁启超经济思想的心迹。我有生的精力只能花费在近代中国外债史的研究上，望他们能研究近代中国的债务与梁启超的经济思想。潘国琪选择了研究近代中国的内债问题,朱俊瑞选择了研究梁启超的经济思想。潘、朱两位都以学术为志趣,很投入、很努力地从事各自课题的研究,花费了三到四年的时间,撰写成博士学位论文。潘国琪的《国民政府 1927—1949 年的国内公债研究》已于 2003 年由经济科学出版社出版面世,他又进入财政部财政研究所的博士后流动站,继续从事晚清政府公债、北洋时期公债的研究,常有成果刊出。朱俊瑞对梁启超的研究,不仅完成了对其经济思想的研究,且在不断深化,他也进入了浙江大学教育学院的博士后流动站,从事梁启超研究中的又一薄弱领域,即梁启超学术教育思想的研究。学生们在学术研究上取得的成就,也是对老师的最大慰藉。

梁启超的学识淹贯经史,参驳古今。其经济思想特征熔铸古今,会通中西。朱俊瑞的研究正是抓住了梁启超经济思想的特征而展开的。他首先分析了梁启超对经济学概念的探讨,梁启超把经济学视为 20 世纪最重要的学科,是中国的"救亡之学",阐述了经济学在中国近代变革中的地位和作用。朱俊瑞在掌握了理解梁启超经济思想的钥匙之后,接着总结了梁启超对西方经济学说的传播和评价,并分析了梁启超对西方经济学说的取舍态度,指出梁启超不仅善于接受西方经济学说并将其介绍到中国,而且用西方经济学说的基本原理和观点来分析中国古代的经济思想和经济政策,重新认识中国古代的政治变革和社会革新。本书从学术史层面,分析和总结了梁启超的经济思想,具有重要的学术价值。

历史人物在其生活的时代所作的贡献有特殊贡献和一般贡献之分。朱俊瑞写的这本书正是着眼于梁启超经济思想的特殊部分,即分析长期以来为人所忽视的梁启超经济思想领域诸多"独树一帜的见解"。作者在考察了梁启超的学术经历、分析了梁启超的经济思想后指出:"梁启超经济思想的独特性绝不是说他的经济思想有悖于一般的经济学理论的常理,也不是说他发现了某种经济规律或重新创立了某种经济学说。他的经济思想的'原创性'主要表现为用当时国人还相对陌生的西方经济学'公例'来诊断中国社会的经济问题,尤其是直面抨击政府经济政策的不合理性。从经济理论的角度导入中国救亡的新思路,梁启超出色地完成了这一新使命。"作者的这一段表述,把握住梁启超经济思想的本质特征,同时也回答了梁启超的"独树一帜"的经济思想是什么?如何产生的?如何认识它的学术价值等问题。

经济思想与历史智慧的联姻是梁启超经济思想的重要特征。梁启超用经济学的公理"解释历史,析理国际关系"时又总是凸显政治救亡的主题,这样,"历史—经济—政治"成为梁启超经济思想的主脉。朱俊瑞正是把握住了这一主脉,来解读、阐述梁启超的经济思想。梁启超生活在中国遭受着资本帝国主义列强的"有形之瓜分"与"无形之瓜分"的年代,所以他的论著从多方面多角度来剖析中国社会面临的社会危机和经济危机。1901 年梁启超的《灭国新法论》一文,则以埃及、印度、波兰等国家和地区国丧的历史以警告国人,资本是比枪炮更具恐怖的帝国主义侵略的工具。如外资输入不得其法,轻则使国人衣食仰外人鼻息,重则是国权的逐步丧失。埃及由于举借外债而亡国,印度则亡于"区区七万镑小资本之东印度公司",波兰的灭亡也始于"英人之开矿"。在梁启超的经济思想中,分析经济问题时总是把经济问题引入政治领域,把政治改革或民主政治视为经济现代化的"先决条件"。这样,"历史—经济—政治"的分析框架既照应了梁启超经济思想的实际,也较好地体现了历史与逻辑的统一。

对梁启超经济思想的研究,朱俊瑞花费了六年的时间写成本书,这是研究的成果,也是研究的起步。正如作者所说的"要研究梁启超的经济思想,就必须首先全面了解和掌握梁启超在经济领域的所有意见和愿望"。但要做到这一点谈何容易。已整理出版的梁启超论著,研读一遍要花费几多寒暑,要搜集未整理出版的梁启超的文稿,更是件难事。我的另一位学生研究梁启超与勤王运动,在搜集资料时,就在一个研究所发现了几十封未刊的梁启超的信函。事情难办,还得去办,这就是做研究工作的责任与乐趣。本书所反映的梁启超的经济思想,主要是从熔铸古今、会通中西这一命题来阐述的,能否从梁启超经济思想的各个领域来研读梁启超的经济思想,如财政、银行、货币、内债、外债、内外贸易等理论与主张,我期待着朱俊瑞就梁启超的经济思想继续研究下去,期待着更多的学者在这方面进行研究。

2004 年春于杭州颐景园寓所

(原载朱俊瑞:《梁启超经济思想研究》,北京:中国社会科学出版社,2004 年)

《晚清铁路与晚清社会变迁研究》序

铁路,是人类社会科技发展到一定阶段而产生的先进交通运输工具,是先进的社会生产力,同时又属于人类社会重要的生产资料,它是世界各国社会经济运行机制的大动脉,这是当今世人的共识。晚清时期,西器东来,在古老的东方土地上出现第一条铁路的时候,却被许多人视为"怪龙"。

1825年,英国在达林顿至斯托克顿间修筑了人类社会第一条公用铁路。1830年,英国的乔治·斯蒂芬生在利物浦和曼彻斯特间修筑了铁路。此时的中国,有钱人坐着轿子、骑着骡、马,怡然自得地行进在黄土路上,平民百姓则步行在用脚也难走的崎岖小路上。马克思指出:美国的大炮,"迫使天朝帝国与地上的世界接触"。1865年,英国铁路专家麦克唐纳·斯蒂芬生从印度来到中国,他向清政府提出发展中国铁路的计划:以扬子江流域的华中商业中心汉口为出发点,筑路东通上海,西行经过四川、云南等省直达印度,同时从汉口南达广州;又计划从镇江经过天津至北京作为扬子江流域的一条大干线;又计划把上海和宁波连接起来,又从福州筑路通往内地。这个铁路规划虽被清政府认为是痴人说梦,但是十年后,中国大地上还是出现了第一条铁路。1875年,上海租界中的英国商人为了方便县城与吴淞口码头的交通,决定建筑淞沪铁路。不久,中国大地上终于出现了第一条铁路——淞沪铁路。1876年6月30日,9吨重的机车"天朝"号以每小时24公里的速度奔驰在江湾与上海县城之间。中国之有铁路,比西方整整晚了半个多世纪。

行驶的火车被当时一般人认为是"怪龙"。列车每天运行7趟,将铁路两端的货物迅速送到港口和城里,铁路的优越性和经济效益已经出现。不幸的是铁路运行一个多月后的8月3日,火车撞死了一个士兵,钢轮下血肉成泥。本来就视火车为"怪龙"的人们,要求清廷上的"真龙"惩治这条"怪龙"。果然,清政府责令南洋大臣沈葆桢、上海道台冯焌光,召见英国驻沪领事,要求责成铁路公司立即停止火车的行驶,听候处理。最后双方决定,中国以白银28.5万两的价格,买回淞沪铁路。上海道台冯焌光以天朝国官员特有的自豪感,拒绝洋人的诱惑坚决不乘火车,而是坐轿视察完全程。随后,他们拆除铁轨、铲平路基,捣毁车站,真是"力拔山兮气盖世",愚蠢到了绝顶。

中国大地上的第一条铁路,在古老的腐朽势力和因循守旧的传统观念摧残下夭折了。淞沪铁路的残骸被逐送到中国台湾基隆的海滩上,被沉到永不见天日的打狗湖底去了。

从中国第一条铁路的建筑与拆除,可见铁路影响之广大,不仅牵涉到中外关系,更影响到清廷和平民百姓。尹铁写道:"铁路可视为晚清社会的一个缩影,解剖这只麻雀能使我们更深刻地认识晚清社会。"因而他选择了以晚清铁路为切入点来考察晚清社会的变迁,无疑是新的视野和新的课题。在晚清时期,没有哪种经济部门如铁路那样与近代中国各层面有如此广泛的联系。汤寿潜曾说,铁路"以一公司包含农、工、商、矿各实业,虽拔山之力如海之才未易竟其蕴也。又有外交焉、度支焉、学堂焉、巡警焉、电务焉,分之即新政一大部分,今比而同之,天下至纷颐而不可以理者,莫铁路"(《奏准商办全浙铁路有限公司章程》序言)。晚清政治、经济、文化、社会、民俗等多方面因素作用于铁路,而铁路的修筑与运行又影响了晚清政治、军事、文化、社会、民俗等方方面面。晚清时期,有一个庞杂的反对修筑铁路的群体。反对修筑铁路最顽固的是清政府中守旧派官僚们,这些人愚昧、虚骄、自大、排外。他们反对的理由是铁路修建破坏风水、震动陵寝,有伤禾稼,与民争利。居住在传统运输线路,靠卖脚力吃饭的船民与苦力,害怕失业,也反对修建铁路。正如恩格斯所说:"英国资本家极力要修建中国的铁路,但是,中国的铁路意味着小农经济和家庭工业整个基础的破坏;由于那里甚至没有中国的大工业给予的平衡,亿万居民将陷入无法生存的境地。"新的生产力威胁到旧的生产力的存在时,一场搏斗是不可避免的。

《晚清铁路与晚清社会变迁研究》系统地考察了铁路知识传入中国,清统治集团对铁路的认识以及统治集团对在中国修筑铁路的两难选择,阐述了晚清铁路在争论中艰难起步,着重研究了晚清铁路建设中所反映出的中外关系。

鸦片战争打开中国大门,资本帝国主义就觊觎中国铁路的修建。它们一再提出"对华贸易的真正障碍在于缺乏铁路,挽救贸易衰微的惟一办法是兴办铁路",它们的"主要野心是想使中国进入铁路时代,一半是为有投资的场所,一半是为深入内地市场"(伯尔考维茨:《中国通与英国外交部》,商务印书馆 1959 年版,第 134 页)。

资本帝国主义以索取铁路权为核心,企图以铁路线路显示其势力范围,掠夺其在自己势力范围内的利益。俄国为了开发西伯利亚地区侵略远东,掠夺了我国东北的修筑铁路权益。日俄战争后,日本夺取了帝俄在我国东三省南部地区的侵略特权。为了经营南满铁路,日本成立了南满洲铁道株式会社。甲午战争后,日本控制了中国台湾铁路。德国侵占了山东半岛,修筑胶济铁路。法国修筑滇越铁路。日本还企图以福建为跳板,以此侵入中国内地,囊括闽、浙、赣三省铁路权益。意大利索要三门湾至杭州铁路,企图纳浙江为其势力范围,葡萄牙图取修筑澳门至广州的铁路权益,英国企图独占西藏铁路权和修筑滇缅铁路。日本、意大利、葡萄牙、美国、英国的图谋,由于种种原因在晚清时期未能实现,但足以反映出它们瓜分中国铁路权益的野心。资本帝国主义列强在中国修筑铁路,侵占了大片土地,滥伐森林,掠夺了铁路沿线的矿产资源,还擅立警察,强派军队,侵犯中国主权,后患无穷。

清代兴建了 9400 多公里铁路,资本帝国主义列强直接兴建的就达 3789 公里。在中国自建的 5620 公里铁路中,其中全部或部分依靠外债修建成的约有 4587 公里,占中国自建铁路的 82%。铁路是资本帝国主义对华侵略的重心,"借债筑路"就清政府来讲是筹措资金,就西方列强来说,反映出从对华商品输出到对华资本输出的转变。西方列强通过在华直接投资修建铁路与对华贷款修建铁路形成并控制各自的势力范围。西方列强在华直接修建铁路获取的利权,已如上述。通过铁路借款,列强掠取的经济利益和政治特权是多方面的。1908 年,津浦铁路借款最具代表性。津浦铁路借款合同金额为 500 万英镑,扣去利息 100 万英镑,折扣 35 万英镑,酬劳经理费 20.25 万英镑,实际所得仅为 344.75 万英镑。反映出晚清铁路借款的大折扣、高利息,以及名目繁多的手续费、酬劳金。此外,债权方还垄断铁路材料供应的优先权,须让债权国的人为总工程师,监督铁路财政,分取铁路进项利润,等等。在铁路借款的谈判过程中,西方列强谋求的是路权与路利。

借债筑路大大加快了中国铁路建设的步伐。铁路建设对于清政府的军事、政治和经济产生了重大的影响。铁路因其运兵运饷的迅速,在军事国防上发挥了巨大作用外,极大地促进中国社会经济的发展,铁路的修建,带动了一系列实业的发展,改变了中国的经济结构和社会结构,扩大了人们的视野,改变了人们的价值观念和生活方式。

尹铁在这部专著中运用历史学、政治学、经济学和社会学的研究方法,系统地、全面地、多角度地剖析了晚清铁路与晚清政治、晚清铁路与晚清社会经济的关系。究源发新,创发颇多。

清政府从对铁路的排拒、争论到进行试办。清政府在推行新政后,改变了全力依赖借债筑路而采取借款、官款和民办等多管齐下政策,并借助人们挽回利权的呼声而收回、赎回了一些铁路及铁路权益。由于商力的薄弱和商办铁路的缓慢,清政府宣布实行铁路国有政策,以图急造铁路、控制局面、稳定政治,达到新政自救的目的。清政府把自己的命运与铁路绑在了一起。维护铁路商办权,抵制外国控制中国的保路运动因清政府悍然宣布铁路国有政策而引发。保路运动又引发了武昌起义和辛亥革命,并最终导致了清政府的覆亡。

督抚制度,是清代政治制度的重要组成部分。在清末的铁路建设中,中央政府与地方督抚的矛盾加深。地方督抚推动了保路运动的发展。晚清的铁路建设是政出多门,各自为政的铁路建设,从而更激化了新旧矛盾,加剧了中央与地方的紧张关系,引起了巨大的社会震荡。武昌起义如此迅速地得到全国各地的响应,有其深刻的社会原因。

清政府在洋务运动兴起后,把铁路作为求强求富,这是一个不小的进步。铁路建设促进了中国社会经济特别是近代经济成分的发展。尹铁的专著中,对晚清铁路与晚清社会经济的阐述特别详尽和深刻,不但阐述了铁路对交通路线的重构,还分别对铁路与晚清公司制度的建立与发展,铁路对中国传统经济结构的冲击,铁路与矿产资源的开发,铁路促进了晚清商业发展与促进金融、电信、邮政业的发展,铁路推进了城市化进程等作了专题的阐述与分析。对前人研究的某些薄弱环节与空白点有了较大的深化、拓展与填补。其学术价值自不待言。

尹铁的专著中一个突出的优点是以厚实的史料为基础来论述晚清铁路与晚清社会的变迁。恩格斯曾说:"即使只是在一个单独的历史实例上发展唯物主义观点,也是一项要求多年冷静钻研的科学工作,因为很简单,在这里只讲空话是无济于事的,只有靠大量的、审查过的,充分地掌握了的历史资料,才能解决这样的任务。"(《马克思恩格斯选集》第 2 卷,人民出版社 1976 年,第 118 页)尹铁勤奋好学,脚踏实地,花费了六七年的时间,跑图书馆、档案馆搜集了大量的资料,查阅了大量的文献以及前人的研究成果,正是靠大量的历史资料,才撰写了有史有论的专著,固非一般浮躁虚夸者所能比。

在近代中国社会变迁研究的学术之林中,本书以铁路为视角,是具有自身特色的一部,它的出版,是史学界、经济学界和社会学界的一件喜事,作为导师,自然是倍感欣慰。故特为之作序。

2005 年 10 月杭州颐景园寓所

(原载尹铁:《晚清铁路与晚清社会变迁研究》,北京:经济科学出版社,2005 年)

《近代关内移民与中国东北社会变迁 (1860—1931)》序

　　范立君的新著《近代关内移民与中国东北社会变迁(1860—1931)》即将面世,这是有益于东北人口史、移民史研究的好事。作为他的博士生导师,我深感欣慰。

　　这部书是在他的博士学位论文的基础上修改增补而成的。关于东北移民问题的研究,作者早在攻读硕士学位时即已开始。2002年他考入浙江大学后,继续从事东北移民史的研究,花费了三载岁月,于2005年撰写完博士学位论文,以优异的成绩通过了博士论文的答辩。然后又用了近两年的时间,搜集相关资料,反复推敲、斟酌,最后修改定稿。我认真阅读了修改后的文稿,感到不但在分量上增加了许多,而且在论述与分析上更为全面、深刻,称得上是一部精心之作。

　　近代以来,关内向东北地区移民,是中国历史上最大的人口移动之一,它对东北地区的历史进程产生了巨大而深远的影响。早在20世纪40年代,吴希庸先生就曾指出:"若不明悉于东北移民之史,必无法了解全部东北史,尤无法了解东北社会经济史。"因而,东北移民问题历来是学界关注的一个很有学术价值和现实意义的重大课题。关于近代东北移民史的研究,从民国初年即已开始,虽然已取得了一些有价值的研究成果,但多为零星研究,专门的著述不多,且多散见于东北地方史中,到目前为止还没有一本全面、系统的近代东北移民史专著出版。从这个角度讲,本书的问世在某种程度上弥补了这一缺憾。

本书不仅着重论述了 1860 年至 1931 年关内移民发展演变及其与东北社会变迁的关系,而且对清初、九一八事变后东北移民的情况亦涉及不少,因而本书可谓学界第一部全面、系统研究近代东北关内移民史的力作。纵览全书,我认为作者在以下几方面有自己的独到见解,值得肯定。

第一,关于移民的动因。人口迁移是一种社会、经济、文化因素相互关联中的人口过程。因此,是一种非常复杂的现象。考察人口迁移的过程就必须深入研究影响人口迁移的各种因素。作者运用西方人口迁移理论——"推拉理论"(Push—pull Theory),并结合东北、关内的具体实际,对近代东北移民产生的动因作了全方位的综合考察。作者认为,关内人民向东北迁移,其动机由于东三省之吸引而去者少,由于原籍环境之压迫而去者多。这种观点,颇具新意。

第二,关于对移民自身的分析。作者依据较为丰富的中日文资料,运用人口结构学理论,从人口学视角切入,对移民自身——移民的类别(季节性、永久性移民)、内在结构(性别、年龄、职业、阶级结构)、外在特征(籍贯、迁移路线、空间分布)等方面进行了较为详尽的研究。在此基础上,对九一八事变前东北关内移民的性质作了明确概括。作者认为,九一八事变前,关内向东北的人口迁移是中国农村劳动力的自由流动,其性质属于中国人口自发的国内转移,是中华民族自身的 客观调节运动。

第三,关于清朝、民国政府的移民政策。作者鉴于以往研究者大都从移民现象本身着眼,而忽视了政府在其中的作用,因而拓宽了视角,对清代、民国政府东北移民政策的演变作了梳理,并以丰富的报刊资料,对社会各界对移民的救助也作了详细的阐述。作者指出,在清末移民实边的基础上,民国中央政府、东北地方当局继续实行支持和鼓励关内人民迁往东北就业的政策,其核心内容是鼓励、支持、推动移民事业的进行,包括设置移民机构,制订移民章程,保护、招集、输送、安置移民等许多政策和措施,积极推进移民事业的开展。

第四,关于移民与社会变迁的关系。在已有的相关研究成果中,多数还停留在对历史事实的叙述上,对移民与东北社会的互动关系作专门探讨的尚不多见。作者在理清移民过程的基础上,着重对移民与近代东北行政管理制度、移民与东北区域文化变迁的关系作了较为深入的探讨。书中指出,政治上,由于多年的移民活动,清朝初年所形成的旗民双重管理体制逐渐被行省的单一管理体制所取代,东北在行政体制上完成了与内地的一体化;文化上,移民的进入,使东北地区的语言文字及民间社会风俗发生了变异,促进了汉族同当地少数民族之间的交流与融合,东北地区的文化发展逐渐接近内地文化水平。

以上这些都是前人没有涉猎,或虽有所涉及,但论述有待深化的地方。应该说,移民与社会变迁是一个比较大的课题,内容非常庞杂,涉及政治、经济、文化、社会等方方面面,作者总共花费了六年时间,最后写成了本书,虽然不是“十年磨一剑”,但在今天人们慨叹浮躁学风盛行之际,已属难得。

作者天资聪颖,又勤奋努力,始终以学术为志趣,近年来在中国社会史领域取得了显著的学术成果。作为导师,我了解作者所付出的努力和艰辛。学生在学术研究上所取得的成就,也是对老师的最大慰藉。在本书出版之际,我愿意借此机会向大家推荐这部著作。也希望作者继续努力,取得新的更大的成果。

2007 年 3 月 20 日于杭州颐景园寓所

(原载范立君:《近代关内移民与中国东北社会变迁[1860—1931],北京:人民出版社,2007 年》)

《抗战时期国民政府盐务政策研究》序

　　本书作者是我前些年指导的硕士毕业生,后来他考入杭州大学(现浙江大学)攻读中国近现代史专业的博士学位,仍由我指导。他的硕士学位论文题目是《试论 1927—1937 年南京国民政府关税、盐税和统税的整理与改革》(1991 年 5 月),应该说这是他在1996 年进行博士论文选题时的考虑基础。这部书稿是他在博士毕业论文的基础上完成的,倾注了他十余年的心血。

　　过去常说,开门七件事:柴、米、油、盐、酱、醋、茶。盐是人们的日常必需,同时又有着多方面的用途;中国盐业历史悠久,盐税又是历代中国政府的重要财政来源之一。因此,有关盐务问题涉及着中国历史上的政治、经济、社会、文化等诸多领域。由于以前历代政府都过于重视盐的财政功能,凡是税收增收举措每多因袭,而对于盐政中的弊端陋习却不能尽力纠改。时间长了,便积重难返。历史上有"盐糊涂"的说法。古代盐史研究一向为学术界所重视。

　　抗日战争是一场以实现中华民族独立自主为主要任务的战争,同时也是自鸦片战争以来中国人民反帝斗争史上规模空前的、第一次取得了彻底胜利的民族自卫战争。作为世界反法西斯战争的一个重要组成部分,它又为反对法西斯侵略和保卫世界和平作出了伟大贡献。对近代中国这一非同寻常的历史给予充分的重视是很自然的。中国近代历史上抗战时期的盐政问题是民国史研究中的一个薄弱环节,资料虽说浩瀚,而整理出版的却只是其中很少一部分。选题本身富有挑战性,同时也极具学术价值。据我所知,有关国民政府盐务档案资料是很多的,不仅中国第二历史档案馆有,各个省(市)档案馆,乃至一些县市档案馆也有相当丰富的保存。由南开大学经济研究所经济史研究室编辑、南开大学出版社出版的《中国近代盐务史资料选辑》是我国第一部系统的中国近代盐务史资料选辑。近年来,随着实事求是作风的大力落实,随着学术视野的不断拓宽,民国盐务史的研究工作也越来越细化,相关的研究成果开始多起来了,学术水平有了很大的提高。1997年人民出版社出版的《中国盐业史》等专著,更是在2002年获得中国史学界最高奖——第二届"郭沫若中国历史学奖"。这也说明近代盐务问题研究及其意义得到了学术界的肯定。

学术研究需要不断创新,而创新不是轻而易举的。真正的学术创新要花费大量的时间与精力,信息网络时代可以给学术研究提供更便利的条件,却不可能带来做学问的捷径。抗战时期国民政府的盐务研究,前人虽已有若干成果,但仍嫌薄弱,有待深入探讨。本书作者对此在理论上做了深刻思考,在资料搜集方面付出很大的努力,充分参考并认真审视前人成果,做出可喜成绩,对于中国近代经济史和抗日战争史的研究,都是很有意义的。

我觉得,他这部经过修改、即将出版的专著有这么几个特点。

首先,拥有丰富的第一手资料。他充分利用浙江省档案馆馆藏的两浙盐务管理局档案,数次到中国第二历史档案馆,翻阅、抄录、复印了大量未刊档案。同时,他也仔细阅读并利用了民国时期刊行的财政年鉴、专家论著,还有1949年以后出版的有关资料、著作。"社会生活现象极端复杂,随时都可以找到任何数量的例子或个别的材料来证实任何一种意见。"(《列宁选集》第2卷,人民出版社1960年版,第733页)档案资料固然是第一手资料,但仅仅利用档案资料能不能充分说明问题还是值得注意的。执政当局的政策法令的制定、颁布与实施是一回事,而其执行情况则是另外一回事,决不能仅仅从纸面上来理解、去证明。所谓察其言、观其行,就是这个道理。振平在理解运用档案资料的基础上,尽力寻找材料加以印证。正因为如此,他的研究既有可靠的史料基础,又有对史料的冷静分析,研究结论是客观科学的。

其次,论著以主要的篇幅,全面系统地研究了抗战时期国民政府的盐务政策。将国民政府盐政变革放在民族解放战争的历史背景中去研究,肯定其官运政策,从总体上肯定其盐政变革,认为变革具有历史必然性。把国民政府的盐政变革明确划分为三个阶段,即盐统制阶段(从全面抗战爆发到 1941 年底)、盐专卖阶段(从1942 年 1 月到 1945 年 2 月)以及准专卖阶段(从 1945 年 3 月到抗战胜利)。既从宏观上把握了国民政府盐务政策演变的脉络,又从微观上对国民政府盐务机构、管理、征税和食盐产制、运输、销售、缉私等方面进行具体剖析,从而比较全面完整地再现了抗日战争时期盐务史。能够从历史唯物主义立场出发,将国民政府盐政变革放到整个近代中国历史发展这一大背景下进行考察和进行评论,比较客观地评价了其利弊得失。作者认为,抗战前期国民政府的盐务政策的特点是实行全面的食盐统制,其核心为举办官运。而盐政改革的重心则着眼于战时国统区的军民食需、社会秩序的稳定,以适应战时环境与抗战需要。这与抗战前南京国民政府盐政改革的目的、改革的侧重点有着明显的不同。国民政府的食盐统制政策为抗战后期的盐专卖奠定了基础。肯定了它的历史作用,指出它的历史局限性,很有说服力。

第三,注意运用多学科综合的研究方法。社会历史是复杂的,也是严肃的,这就决定了研究社会历史并不是轻而易举的事情。他在理解、借鉴前人研究成果的基础上,尽其所能运用历史学、经济学、社会学等多学科综合的研究方法,梳理抗战前后盐政的演变轨迹,对抗战时期国民政府盐务变革进行了全面深入的探讨。

这部著作,能够反映出作者谨严的学术态度和不囿于已有说法、独立思考的学术精神,提出了不少原创性的学术观点。

当然,任何一部著作都不可能是完美的。作者肩负繁重的教学任务,从事科学研究的时间受到限制,因此,在史料的发掘方面还需要花时间下工夫。对有些问题的分析,还有待在今后的研究中不断深化、补充和订正。

经过十余载的磨砺,这部书稿终于交付出版。对此,我感到非常欣慰。相信也期待着作者在以后的工作和研究中取得更好的成绩。

2004 年春于杭州颐景园寓所

(原载董振平:《抗战时期国民政府盐务政策研究》,济南:齐鲁书社,2004 年)

《民国时期宁波慈善事业研究
（1912—1936）》序

　　改革开放以来特别是 20 世纪 90 年代中期以后，市场经济的
迅猛发展，使中国大陆催生了一个为数可观的富裕阶层。但同时
随着中国社会经济结构转轨进程的加快，大批社会弱势群体随之
形成，并长期存在，由此社会救济以及在内地被遗忘已久的慈善事
业开始成为人们关注的社会话题。近年来，和谐社会理论的提出，
使慈善事业在社会发展与进步中的地位与作用更为瞩目。

　　惊人的现实问题推动学术界对相关历史问题的研究。近年
来，慈善史这个一向为学术界所忽略的研究领域成为社会史研究
的热点问题，有关论著相继问世。但研究选题不平衡的状况相当
明显，特别是中国地域辽阔，幅员广大，各地社会经济发展水平相
去甚远，慈善事业呈现出明显的地域差异。在此情况下，加强区域
研究显然是推进整体研究的重要途径。孙善根同志的《民国时期
宁波慈善事业研究（1912—1936）》就是近年来区域社会史研究的
一部力作。

　　宁波地处出海口，又位于长江三角洲的南翼，自古以来就是中
国重要的对外贸易与交往的港口城市，进入近代后又成为首批通
商口岸城市。显然，近代宁波在近代中国社会变迁中颇具典型意
义，一直受到中外学术界的关注。但由于史料等原因，学术界对近
代宁波的研究相当缺乏，许多方面还基本上是空白。有鉴于此，身
为宁波人的孙善根在浙江大学历史系攻读博士学位时，即以民国

时期宁波慈善事业为论文选题。作为他的指导教师,我对论文有着很深的印象。现在这本书稿就是作者在博士论文的基础上精心修改而成的。在本书出版之际,作者让我写几句,我欣然答应。

本书以大量第一手史料对民国前期宁波慈善事业进行系统的梳理与研究,不仅填补了近代宁波社会研究的空白、在学术研究上具有拓荒性的意义,而且对发展当代中国慈善事业也有其现实的价值。通读全书,以下几个特点尤为明显。

其一,求真务实,治学严谨。

尽管史料即史学的说法有些偏颇,但史料无疑是史学的立身之本,真实是历史的第一要义。本书作者正是遵循这一原则而在史料搜集、整理上下了最大的功夫。这也是本书最大的价值所在。时下中国社会的浮躁尽人皆知,此风也无例外地刮进学术界。急功近利,戏说成风,几条甚至一条注释打天下的现象司空见惯。但本书作者却耐得住寂寞。为搜集史料,几年来,其足迹遍及上海、杭州及宁波本地各县(市)区档案馆、图书馆、文管会等处。全书注释不仅多达1100多个,且90%以上均为首次发表,可以说基本上做到了"一份材料,一份货"。其中凝聚了作者多少艰辛和努力,想必同人都能体会。近年来,受市场经济大潮以及不尽合理的学术评价体系的冲击,学术成果失真的现象已呈蔓延之势,"短、平、快"已成为许多学人的追求,以至雷同抄袭之风盛行。在此背景下,本书作者求真务实的学风实在难能可贵,更值得倡导。

其二,论从史出,观点鲜明。

本书不仅史料丰实,而且观点鲜明而富有新意。尽管全书没有长篇大论,但其学术观点尽显其中。作者以近代宁波为个案,指出慈善事业是近代地方社会的重要领域,慈善事业的发达使地方社会得到一定程度的整合,社会凝聚力大为增强,从而有效地拓展了民间社会的生存和发展空间,成为地方社会发展与进步的重要动力。而以商人为代表的社会责任群体的崛起是包括慈善事业在内的近代宁波各项社会事业的主要推动力量。这些观点不仅对于我们完整地理解区域社会史具有重要意义,而且对于我们调动民间人士参与慈善公益事业,构建和谐社会也将有其重要的借鉴作用。

其三,呈现真相,注重细节。

长期以来,由于受"假、大、空"文风的影响,人文社会科学著作教条化、抽象化、概念化的现象相当普遍,历史学同样如此。史学著作成为枯燥乏味的代名词,人们阅之味同嚼蜡,昏昏欲睡。这显然严重阻碍了史学社会功能的发挥。这种情况已引起有识之士的关注,史学著述细节化就是一个值得尝试的途径,这方面中外都有成功的范例。历史因细节而生动,也因细节而加深对历史场景的理解,从而使读者在一定程度上得以触摸历史的真实面相。历史的细化也有助于保持史料的原生态。近年来,如何保持史料的原生态成为史学界时常提起的话题。本书在这方面做了有益的探索,这种探索也是富有成效的,值得提倡。

其四,强烈的社会责任感。

历史是一门科学,但这并不影响其承载的社会责任。慈善事业是人类文明程度的重要标尺,是人类社会一项崇高的事业。但新中国成立以来很长一个时期,由于极"左"思潮的影响,慈善事业被认为是麻痹人民斗志的"鸦片",而从事善举的"善人"则理所当然地被视为阶级敌人的"帮凶",比"公开的敌人"还要坏。对此,本书作者"不平则鸣",恢复历史真相,彰显人性的光辉成为其进行本课题研究的最初动机之一。正如作者在导论中所说:"面对他们(指从事慈善事业的志士仁人),我常常激动不已,甚至泪流满面。也许他们不曾拿起枪血洒疆场,也不曾拿起笔激扬文字。但正是他们的努力维系了地方社会的安定与和谐,也彰显了道义的力量与人性的光辉。然而沧海桑田,岁月无情,随着时间老人的匆匆步履,加之价值评判的错误,他们的事迹已大多湮没无闻,甚至在相当一个时期内被误解乃至被黑白颠倒。此时此刻一种使命感油然而生——作为史学工作者应该把他们的'德行'彰显于天下,史学本来就有惩恶扬善的社会责任!"这不仅是恢复历史本来面目、告慰逝者的需要,而且也是昭示来者,激励当代中国人投身慈善事业的强大动力。全书字里行间都浸透了作者的这一研究宗旨,其强烈的人文关怀与社会责任感令人感佩!通读全书,我分明感受到作者对自己脚下这片土地深深的挚爱之情和强烈的责任意识。我赞赏作者的这种社会责任意识!史学是一门人学。在急剧变迁的当代中国社会,史学工作者不应关起门来做学问,而应当把自己的视角、自己的兴趣转向社会,关注时代,关注生活,如此才能赢得本学科生存与发展的广阔天空!

当然,本书作为一部学术著作也存在着不足之处。正如作者自己所言,与丰富的史料相比,全书的学术分析工作显得比较单薄,特别是缺乏与同时期其他地区慈善事业的比较研究,从而未能完全凸显民国时期宁波慈善事业的区域特点。

区域史研究是一个大有可为的学术领域。后生可畏,本书作者已经有良好的学术基础,希望在不远的将来能看到其新的学术成果不断问世。

2007 年 6 月

(原载孙善根:《民国时期宁波慈善事业研究》,北京:人民出版社,2007 年)

《品味历史 品味教学》序

　　周百鸣先生大学毕业二十余年，前十年在教育第一线从事历史教学，后十余年调至浙江省教育厅教研室，从事中学历史教学的研究与管理工作。百鸣正当年壮力富，立志于历史学科的教学与研究，在工作余暇，勤学善悟，笔耕不辍，撰写与发表了不少学术论文与调研报告，还参加编撰了全国和浙江省的许多种历史教科书及教师教学用书等，积多年之成果，选择了部分文稿汇编成集，定名为《品味历史 品味教学》。付梓之际，拜读选辑，获益匪浅，也品味到历史的价值与史学工作者、教育工作者的情趣与艰辛。历史是一门感人的学科，历史教学在培养人、塑造人方面有着不可取代的价值。现借题发挥，谈点感受，权充作序。

　　前些年，我参加教育部的专家组，两次赴武汉，对华中师范大学中国近代史研究所进行实地考察与评估。听取华中师大的汇报前，在会议室的电视屏幕上显现了著名历史学家章开沅先生的一句语录："历史是划了句号的过去，史学是永无止境的远航。"这大概是章先生一生治史品味出来对历史、历史学的理解。我深有同感。作为史学工作者，对历史的不断探究是我们的责任，不断地发新是我们的乐趣。书法家陈如吉先生为我挥毫写下"究源发新"的匾额，悬挂在书房里，是我对史学的品味，也是我治史的座右铭。历史，需要一代又一代的人为之付出艰苦的创造性劳动，才能究源发新，使我们的认识走近历史。周百鸣先生就是一代又一代人中的一员。文集中选录的史学研究的一些论文，一个共同的特征是广征博引,运用大量史料来说明要探究的问题,并在理论层次上作出分析。他撰写《商港城市明州兴起原因探析》一文,根据史籍记载和20世纪70年代宁波市考古发掘出唐代明州港城的许多遗址遗物,认为明州商港城市兴起于中晚唐。作者进一步探讨明州商港城市为什么能在唐代中晚期兴起,他从港口腹地经济、交通路线、商品经济、海外贸易、社会环境等诸方面,广征博引,得出结论:"城市是人类社会发展到一定阶段的历史性产物,城市的兴起和发展,是由社会经济发展程度、科技发展水平、自然地理条件、人文因素等多方面原因共同促成,明州商港城市在唐代的兴起与发展,就是一个很好的实例。"这个结论不仅仅是史实的结语,还提升到了理论思维高度。

历史学是实证科学,一刻也不能没有理论思维。表述历史的能力,不仅是掌握历史、分析历史的能力,更应具总结历史的能力。总结历史的能力,也是历史思维的扩展,即理论思维。恩格斯说:"一个民族想要站在科学的最高峰,就一刻也不能没有理论思维。"(《马克思恩格斯列宁斯大林论思想方法和工作方法》,人民出版社1984年版,第108页)《略论南宋时期的浙江书院》一文,考订了南宋时期浙江地区的34所书院(全国约150所),阐述书院的功能及其作用,更进一步探究南宋时期浙江书院如此发达的原因,认为:"书院是中国封建社会发展到一定时期,为适应其经济、文化、经济的需要而产生的一种独特的教育机构和场所。南宋时期书院在浙江各地的普遍设立及其丰富多彩的教学、研究活动,促进了古代浙江文化教育的发展,活跃了学术空气,造就了大批人才,使浙江的人文之盛位于全国之前茅。"为什么在春秋晚期越国能够最终战胜比它强大的吴国,并且能够争霸中原呢?百鸣分析后认为在很大程度上要归功于越王句践的人才政策。于是他写下了《论句践用人之道》一文,全面阐述了"盛衰存亡,在于用臣;治道万端,要在得贤"(袁康《越绝书》卷八《越绝外传越地传第十》)这一知世名言。"失士者亡,得士者昌",这是吴越争霸胜败之所在,其经验和教训,足供后世借鉴。

历史学并不是一门单纯的记忆性学科。古人早已明白这一点,如"鉴前世之兴衰,考当今之得失""以史为鉴,可以知兴替""鉴于往事,有资于治道"等,古代统治者与治史者都能认识到历史学的重要性。当今,我们更应把握住历史学的真谛,历史学是一门修身和认知社会的学科,具有长期的、含蓄的、意识导向型的特点。治史应理清历史现象的来龙去脉,准确地表述历史概念,探讨复杂的历史现象背后的深层原因,总结历史的经验与教训,使人们获得智慧,得到启迪。以培养合格的社会公民为己任的历史学科,其作用是其他学科无法替代的。早在1996年颁布的《全日制普通高级中学历史教学大纲》中就明确指出:"历史学是认识和阐释人类社会发展进程及其规律的一门学科,与人类在政治、经济、社会等方面的活动密切相关,具有提高国民素质的教育功能,是人文社会科学中的一门基础学科。""历史教学在普通高中教育中具有重要地位。通过历史教学,使学生了解人类社会的发展过程,从历史的角度去认识人与人、人与社会、人与自然的关系,从历史中汲取智慧,提高人文素养,形成正确的人生观和价值观,从而更好地在德、智、体、美等方面全面发展。"历史教学的任务就是要让学生通过历史学习,了解历史发展真相,运用辩证唯物主义和历史唯物主义的原理去探究人类在历史发展过程中的地位与作用,明确自己的责任,把握发展方向,从而提高学生素质。百鸣在《高中历史教学培养学生人文精神的探讨》一文中,对通过历史教学完善学生素质作了简赅而生动的概括,即"一观两情三感四态":通过历史课程的学习,从历史中汲取智慧,形成浓厚的以人为本、善待生命、关注人类命运的人文主义价值观;培养高尚的爱国之情,关爱人类和自然之情;激发强烈的民族自豪感、为国为民的历史使命感和社会责任感;形成百折不挠、积极进取的人生态度,求真务实、锐意进取的科学态度,尊重、理解多元文明成果的海纳百川的态度,人与人、人与社会、人与自然和谐发展的顺应规律的态度。作者还对培养学生人文精神的途径与方法进行了探索,指出:"历史教学中学生人文精神的培养,绝非一朝一夕、一招一式之功,需要长期不懈的努力,倡导一种不与现实割裂、不与大众割裂的'活生生'的历史教学,培养人的教学,紧密关切人的生存、生活、发展乃至创造,深刻认识人类文化遗产,大力弘扬人文精神和科学理念。"他品味出现代教育功能理应强调教育的育人功能与社会功能的和谐统一。百鸣还将现代教育心理学中有关非智力因素的原理引入历史教学研究,在《略论历史教学中优化学生的非智力因素》一文中指出:"在历史教学过程中,能否优化学生的学习动机和学习兴趣,能否调动、激发学生的学习情感,能否升华学生的意志品质和培养学生良好的性格品质,是牵涉到我们教学成败的关键。"并从 5 个方面论述了如何在历史教学中优化学生的非智力因素。此外,论文集中百鸣对中学历史考试评价及中学历史教学改革方面的一些研究论述和心得也颇见功力。教学是最基本的、最主要的教育活动。教学过程是一个复杂而艰难的过程,只有不断探索、研究和掌握教学过程及其规律,才能使教学过程不断优化,收到最佳效果。

这本论文集的主题为品味历史、品味教学,反映了百鸣多年来对历史教育的思考,也反映出百鸣在史学与教学研究及教科书编撰等方面的成果。期待百鸣再接再厉,成果不断,惠益后人。

乙酉年中秋于杭州颐景园寓所

(原载周百鸣:《品味历史 品味教学:历史教学论文集》,杭州:杭州出版社,2005 年)

《行走在历史与现实之间
——中学历史教学论》序

我虽兼任浙江省中学历史教学研究会会长一职,偶尔出席几次中学历史教学研讨会,听几堂教坛新秀的公开示范课,但是对中学历史教学没有专门研究。新年伊始,朱可先生送来了他20年来的中学历史教学的实践与研究心得《行走在历史与现实之间——中学历史教学论》书稿。有幸在付梓前拜读,获益匪浅,感受颇深。约请杭州师范学院教授朱俊瑞博士阅读了书稿,我们交流了读后心得,记下文字,权当作序。

我国的史学和历史教育源远流长。六家三体,历久不衰;治史法度,迭有翻新。"治天下者以史为鉴,治郡国者以志为鉴。"早在几千年前,先人就懂得了"史之为鉴""得可资,失亦可资"的道理。一代又一代史学家们原始察终,见盛观衰,上下探索千年文明之演进规律。从历史演变的得失来解释兴亡之运,盛衰之迹,"观乎天文,察乎时变",将过往之一切成功经验与失败教训总结升华为种种关于"变易通久""和合中庸"的智慧思考,积淀生成为自强不息、厚德载物的民族忧患意识与民族奋斗精神。正是基于这种历史理性与历史意识,使得华夏文明在古代世界得以独领风骚、长盛不衰,在现代世界又得以浴火重生而再度复兴。这是中华文明史的精义所在。所谓"欲明大道,必先知史",没有历史和历史教育,没有对往昔人类知识与经验的承继与发展,没有对自己历史的认同与守护,不仅无法踏入人类文明的大道,也无法保持民族自身的自尊心、自信心和归属感。失去与自己历史联系的民族，忘记或背叛了自己历史的民族，必将沦为一个心灵漂泊的精神放逐者。这种精神上漂泊、无所依归的痛苦，是一个民族最大的不幸，它会从根本上瓦解这个民族之生存延续不可或缺的认同与根基。"灭人之国必先去其史"，祖国的意识、爱国的情感，只能产生于本民族对自身历史的学习和掌握之中，只能奠基于历史的情感之上。历史镌刻着民族的灵魂，流淌着祖先的血脉，它是国家和民族的精神故乡，是民族生命力的活水源头。在这个精神故乡里，凝聚着每一个民族沥血之路上先贤祖辈的光荣与梦想，汇集着每一个民族的古圣先哲那经过时间考验的一切伟大智慧和情感。借助于历史认识与历史教育，人类的智慧、理想、经验、情感才得以积累起来，传承下去。所以，历史教育实际就是守护自己的历史、守护自己的故土家园。正是世代相传的历史教育，使人们看清过去走过的路而得以把握现在的位置；正是对代代相传的"天人之际遇，古今之变因"的历史之谜的不懈探究，对文明之兴亡交替、社会之治乱相因的历史迷雾的孜孜追问，才使不同时代的人们拨动起同样的情感心弦。历史学虽然是以岁月之往事为研究对象的，奠基于历史科学之上的历史教育则始终是立足现实、面向未来的。当意识到今天的一切都建立在先辈业绩的基础上，是历史塑造了今日，人们才会懂得我们不能不从历史中汲取智慧，不能不通过以往的岁月来真切地理解现实。所谓"对历史负责"，其实也就是对未来负责，对子孙后代负责。古往今来，那些能够把握现实、能够不断开创未来的民族，总是一个真正能够懂得历史、正视历史，能够从本民族和其他民族的历史中汲取智慧或总结教训的民族。同样道理，以为可以戏弄历史，企图将历史上浓浓的血腥美化作淡淡的胭脂，将累累的罪恶粉饰成王道的善举，这样的历史教育最终难免重蹈覆辙，化为本民族的灾难。朱可以"行走在历史与现实之间"为题对当前的中学历史教育进行反思，其立论的价值当不止于中学历史教育，也关涉整个历史研究和历史教育。

真正的历史学和历史教育能使学生在感受历史厚重的同时，享受一种独特的人生体验，甚至是一种艺术的美的感受。被梁任公誉为史学天才的张荫麟，早在清华高等科求学时就感受到史学兼有科学和艺术的特征："史学应为科学欤？抑艺术欤？曰，兼之。斯言也，多数积学之专门史家闻之，必且嗤笑。然专门家之嗤笑，不尽足慑也。世人恒以文笔优雅，为述史之要技，专门家则否。然历史之为艺术，固有超乎文笔之上者矣！今以历史与小说较，所异者何在？夫人皆知在其所表现之境界一为虚一为实也。然此异点，遂足摈历史于艺术范围之外矣乎？写神仙之图画，艺术也。写生写真，毫发毕肖之图画，亦艺术也。小说与历史之同者，表现有感情、有生命、有神采之境界，此则艺术之事也。惟以历史所表现者为真境，故其资料必有待于科学的搜集与整理。然仅有资料，虽极精确，亦不成史。即更经科学的综合，亦不成史，何也？以感情、生命、神采，有待于直观的认取，与艺术的表现也。……要之，理想之历史须具二条件：(1)正确充备之资料；(2)忠实之艺术的表现。"（《论历史学之过去与未来》，《张荫麟文集》）正是这样一种历史意识，使他读罢梁启超的《欧洲战争史论》等历史著述，感受到的是"元气磅礴，锐思驰骤，奔砖走石，飞眉舞色"，一种足以"使人一展卷不复能自休"（《跋梁任公别录》，《张荫麟文集》）的体验。通过历史学，通过历史学家为我们提供的关于悠悠往昔岁月、关于遥远异国他乡的人类生活图景，人们获得了无限丰富的知识与智慧，体验到了其他时代的人们的情感与思想，感受到了遥远世界其他民族的欢乐与痛苦。今天，在静谧安详的夜晚或皓月当空之时，打开一本本伟大的历史学著作,那悠悠数千年的文明史,那广阔世界史背景下的各民族的生活涓流,便已经流淌在我们的心中,蜿蜒于面前。它可以丰富人生经历,开阔人生视野,使人们不只是简单地生活在自己的时代、自己的国度里,而是生活在一个时间与空间更为广阔、更为漫长的"世界历史时空"里,从而得以和以往时代、同所有地域的人进行跨文化、跨时空的对话交流,汲取全人类的智慧与经验,把自己短暂而局促的个体生命,融入世界历史的无限进程中去,获得对自我个体有限性的超越和升华。不仅如此,在漫长的古今中外史学发展史上,那一代代杰出史学家为追求真实而秉笔直书甚至为此而献出生命的光辉人格,那一代代优秀史学家上下求索洞察世事的思想智慧,更具有熏陶人格、垂训后世的审美价值与审美意义。而那些为人们所世代传诵之史学名著名篇,大多或文笔优美,语言流畅,形象生动感人,或结构谨严,文体典雅,闪烁着理智光芒,它们也都能给人以美好的精神愉悦与情感体验。朱可在自己的论著中,设立专门的篇章,再度论述"中学历史教学与美育"的结合这一永恒话题,从历史教育中提升艺术的含量,从美的感受中升华学生的人格,照应了先人"君子以多识前言往行,以畜其德"的古训。

新中国成立以后,我国的历史教育,包括中学历史教育事业取得了一定的成就,以各级学校为主体的历史教育体系基本建立起来,有一支从事历史教学和研究的教师队伍,历史教学在内容和方法上不断改进,爱国主义教育基地建设不断发展,历史教育在国民教育体系中的位置基本确立。但是,当前历史科学和历史教育面临着严峻的形势已成为不争的事实。当代工具理性的膨胀,功利的浪涛在不断吞噬着人们对理想与崇高的追求,作为人文学科之一的历史科学难以应对这种扭曲的市场选择或所谓的"价值选择"。以高校的历史教育为例,在以就业人数为坐标衡量学校教育的尺度下,因就业难导致招生难、因招生难导致历史学学科专业的边缘化的恶性发展,必然引发有责任的史学工作者"历史学向何处去"的焦虑和不安。但是,失去包括历史教育在内的人文教育只能是一种残缺的教育,只能成为人类精神危机的催化剂。精神的荒芜已经使当代的人们目睹并品尝到了前所未有的人性的冷漠、孤独、痛苦与失落,社会的有识之士早已按捺不住内心的焦虑,有关强化人文教育的呼声逐渐成为更多人的共识。历史教育作为一种培养人的活动,弘扬的是民族的精神,关注的是人精神层面的建构,中学教育又是国民人文教育的重要阶段,一个公民接受历史教育、了解祖国的历史始于中学时期,其人格的塑造和精神的培育也主要在这个阶段。正因为如此,当今的历史教育工作者特别关注中学历史教育的发展。朱可长期从事中学历史教学的研究和实践,对当前的中学历史教育受实用主义的影响以及历史学自身存在的一些问题有切身的体验和深沉的忧患。他分析说:"由于高考指挥棒的导向、由于不正确的人才观的影响、由于对历史学科的教学方法的错误思考,历史学科经常受到功利性的压迫——学科的功能被淡化,学科的作用被曲解,学科的方法被歪曲,造成历史学习枯燥乏味、历史方法机械单一、历史思维僵化呆板。学生们普遍被要求罗列和强记一些不需要思考的历史用语、重要事项和历史事件,从而使历史学科成为一门只考查记忆力的学科。""历史学绝对不是可有可无的摆设,历史也不能只被认作充实人们认识内涵的一种工具,它应该在升华人类精神境界、提高人类智慧水平上起到积极的作用。"从内容上可以看出,作者不仅致力于对中学历史教育精神的思考,在实践的层面上,还提出了诸多加强历史教育的对策和具体实施措施。这本著作集中反映了作者多年来对中学历史教育的思考,也反映了一个有责任感的青年对中学历史教育的深切关注。当然,中学历史教育的问题不是一下能解决的,但有众多的思考者的积极参与和呼吁,历史学就能唤起社会公众对它的关怀,历史科学也会不断展示自己的古老而常新的生命力。

金普森
2005 年春于杭州颐景园寓所

(原载朱可编著:《行走在历史与现实之间——中学历史教学论》,杭州:浙江教育出版社,2005 年)

《虞舜文化》卷头语

2010年5月18日我应邀出席了绍兴市虞舜文化研究会成立大会、会稽山藏书楼落成典礼与揭牌仪式,听取了绍兴市虞舜文化研究会筹建工作报告及会稽山藏书楼筹建介绍。绍兴市民政局负责人宣读了"关于准予筹备成立绍兴市虞舜文化研究会的批复",绍兴县文化发展中心领导宣读了建设会稽山藏书楼的批文。深感虞舜文化积淀深厚,绍兴一方人士对越文化研究的重视与志趣,越文化研究正在形成声势。这是一件令人欣喜的事。

中国古代三皇五帝之说,尽管有多种说法,虞舜被尊为五帝之一却是一致的。虞舜确有其人。虞是国号,舜是氏族名。舜姓姚,号有虞氏,名重华。舜是谥号,史称虞舜。舜二十几岁以孝闻名天下。相传因四岳(尧舜时四方部落首领)推举,舜为部落联盟继承人。尧对舜考察三年后命他摄政,尧去世后舜继位。《舜典》今本《尚书》篇名,南朝齐姚方兴从《尧典》分出下半篇,叙述虞舜的史事。此外《孟子·告天下》与《史记·五帝本纪》等古籍中均有舜的事业与人品的记载:《孟子·告天下》记载:"舜发于畎亩之中……故天将降大任于是人也,必先苦其心志,劳其筋骨,饿其体肤,空乏其身,行拂乱其所为,所以动心忍性,曾益其所不能。"《史记·五帝本纪》记载:"舜南抚交趾、北发,西戎、析枝、渠瘦、氐、羌,北山戎、发、息慎,东长、鸟夷,四海之内,咸戴帝舜之功。……天下明德皆自虞帝始。"这些记载反映了舜修身、治国、严天下的"神人以和"的情景与境界。

舜继位后，又咨询四岳，挑选贤人，治理民事，又经四岳推举，选拔治水有功的禹为继承人。舜曾巡守会稽山。出于对虞舜的崇敬，在会稽山区的人们把虞舜神化了，有了种种虞舜传说有舜耕家园，天降嘉禾的传说；有舜是真命天子一代贤君的传说；有舜支持大禹治水、百官随舞的传说；等等。虞舜传说演变成虞舜神明灵异的神话。会稽山区的人们都希望以舜王大帝这一种神灵来强化社会治安，维护社会秩序，凝聚一方百姓，于是会稽山区出现了立庙祭祀，一座座舜王庙在会稽山区出现，最大的一座坐落在绍兴王坛镇乌龟山上。此外有陈侯山舜王庙，湖头山舜王庙、湖墩舜王庙、塘里舜王庙、王化大舜庙以及上虞的庙下舜王庙等成为祭祀舜的场所。信奉舜的人们建立了舜王庙会，势力遍及绍兴、上虞、诸暨、嵊州等县市。庙会是虞舜的信仰圈内的群众性的信仰活动。在漫长的岁月里积淀了会稽山区数百年来传统文化的影子。去年的9月，我参与了王坛舜王庙会活动。舜王庙内的舜王一般有两座，一座固定的坐像，一座活动的行像，逢庙会，对舜王祭祀后，信徒们敲锣打鼓载歌载舞抬着舜王像出巡，途经的村落，供祭品祭祀。一般出巡三天才返回原舜王庙供奉。数百名信徒抬着舜王像在拜神烧香之余，尽可欣赏自然风光和人文景观。此外遇到大的自然灾害，也会抬舜王出巡，以求镇妖魔、保安康。人们相信舜王的庇护，从而获得心理上的慰藉，信心和力量。

《虞舜文化》会刊的创办，就是站在民众的立场上，通过虞舜资料的搜集与研究把几千年来深埋于民间人们心中民众信仰、民众欲求、民众艺术一层一层地发掘出来，来认识民众的生活，从而认识整个社会。

对舜王庙、舜王庙会的研究属民俗学研究范畴。民俗是各民族所创造、享用和传承的生活与文化，是历史留下的珍贵遗产。后人要做的不仅仅是祭祀活动，举行舜王庙会，更要研究虞舜文化，把虞舜精神发扬光大,起到缅怀先贤,鼓励来者的作用。

绍兴是历史文化名城。提升一座城市的品位,离不开历史文化的传承。虞舜文化是绍兴地区一种特有的文化现象。王坛舜王庙是全国规模最大、保存最完好的一座,是会稽山区虞舜文化的载体。《虞舜文化》会刊,作为虞舜文化活动研究的平台,促进民俗学的研究,弘扬虞舜精神,繁荣民间虞舜文化活动,提升人的品质和境界,为绍兴历史文化名城建设添抹亮丽的色彩。

领导的重视、专业与民间研究者的志趣和企业界人士的支持是开展虞舜文化研究的前提、条件和基础。绍兴有越文化的深厚底蕴,绍兴一批先富起来的企业家,十分关注、重视和支持越文化研究。浙江佳隆防腐工程公司总经理王家德就是杰出的代表,他把越文化研究作为企业文化的重要组成部分,他更热衷于王羲之学术研究,担任兰亭书画院王羲之研究中心主任,又独资建造了会稽山藏书楼,更全力支持虞舜文化研究。在一批像王家德这样的企业家支持下,会稽山地域文化更显生机和活力。

2010 年 6 月 18 日于杭州颐景园兰苑

《天目抗日》序

国林先生的新作《天目抗日》即将付梓,嘱我写序。这本书主要是以国民革命军和浙西行署的天目山大本营为中心,述析浙西在浙江抗战中的历程与地位。对这段历史,我在 1959 年在进行浙江现代革命文物征集时,前赴临安、孝丰、安吉等地进行过调查,并查阅过昌化、於潜的县志以及浙西行署的档案材料,而后写过《论浙江省区的抗战》《新四军与浙江省区的抗战》等文章。近日读《天目抗日》文稿后,也谈点对天目抗日问题的看法,权充作序。

浙江省区的抗战以 1941 年 4 月的宁绍战役为界分为两个时期。第一时期从 1937 年 8 月的"八一四"中日空战[①]至 1941 年 4 月的宁绍战役前;第二时期从宁绍战役至 1945 年 9 月 6 日日本侵略军在富阳宋殿村(后改受降乡)向中国第三战区司令长官投降。浙江省区的抗战坚持了整整八个年头。浙江省区为中国抗日战争的胜利作出了重大贡献。

1937 年 11 月 5 日,日军第四舰队的 30 多艘艇突然向杭州湾沿岸的奉贤、柘林、金山卫、乍浦、澉浦等城镇发起炮击。在日本空军的掩护下,日军分别从金山卫西侧的金山嘴和东侧全公亭登陆。接连在此登陆的三万余日军,兵分两路,一路经北向东直驱上海,一路向西北占领嘉善、平湖、嘉兴、南浔、吴兴、长兴,直至攻陷南

---

① 1937 年 8 月 13 日,日本侵略军将战火烧到了上海。8 月 14 日至 16 日,驻杭州笕桥机场的中国空军出击迎战日本空军,三天中,在浙西上空歼日机 21 架。此战揭开了浙江省区抗战的序幕。

京。日军占领南京后,即于次日分兵沿京杭国道南下,再次杀向浙西,相继占领了武康、安吉、德清、余杭。12 月 24 日,浙江省会杭州沦陷。在不到两个月的时间内,浙江最富裕的杭嘉湖地区全遭荼毒。浙江省军政机关迁移到金华、丽水地区,与敌人形成隔江对峙局面。

1938 年元旦,白崇禧代表蒋介石偕第 3 战区司令长官顾祝同到金华,召集第 10 集团军总司令刘建绪、第 21 集团军总司令廖磊和浙江省主席黄绍竑举行会议,"会商浙江前线军事部署,决定钱塘江南岸由刘建绪部负责、北部由廖磊部负责"①。

杭嘉湖地区沦陷以后,国民革命军第 10 军团各部深入杭嘉湖敌后开展游击战争。62 师成为杭嘉湖地区的游击主力,所属 368 团在 1939 年多次破袭沪杭铁路沿线日军,367 团在筏头阻击进犯浙西天目山的日军,371 团奇袭马镇、南栅日军。62 师广大官兵深得浙西人民的赞誉,称其为"笠帽兵"。除 62 师外,浙西有组织的或自发的游击武装群雄竞起,遍地揭起了守土抗战的旗帜,据不完全统计,约有七八十支游击武装。

当浙江军政机关迁到金华、丽水地区时,浙江省一区择地於潜,安置专员督察公署,以天目山区为浙西抗日战略基地。不久,浙西行署、江南挺进第一纵队、军委会浙西行动队相继抵达於潜,全力进行政治、经济、文化、教育、军工的建设,共创天目山抗日根据地。

在浙江第二期的抗战中,抗日战场是国民党领导的以国民革命军为主体的正面战场和共产党领导的以新四军为主体的浙东抗日根据地、浙南抗日游击根据地和浙西抗日根据地的敌后战场。在正面战场上主要战役有 1941 年的宁绍战役,1942 年第一次浙

---

① 程思远:《政坛回忆》,广西人民出版社 1983 年版,第 109 页。

赣战役和 1944 年第二次浙赣战役。

在敌后战场,新四军浙东游击纵队,下属三、四、五支队、金萧支队、浦东支队等,以灵活的游击战术,不断抗击日伪军,建立起面积达 2 万余平方公里,人口达四百余万的浙东抗日根据地。

浙西抗日根据地是苏浙皖边抗日根据地的组成部分,是新四军于 1943 年南下浙西后逐步开辟的。其地区包括钱塘江、富春江以北与以西的长兴、孝丰、安吉、广南、吴兴、武康、德清、余杭、临安、新登、富阳等 11 个县。它北靠苏南,西连皖南,以天目山为依托,京杭国道横贯全境,是抗击日寇并准备收复日寇占领下之京、沪、杭的前进战略基地。1944 年为配合美军在东南沿海登陆作战和迎接战略反攻,11 月,新四军一师主力南下,1945 年 1 月成立了苏浙军区,统一了浙江新四军的领导。苏浙军区的任务是在江南大发展,以便在战略反攻时配合盟军登陆,"破敌、收京、入沪"。

在新四军南下过程中,与国民党在浙西的军政势力发生矛盾。苏浙皖挺进军、忠义救国军集中 5 个团、12 个团、28 个团的兵力向新四军阻击,因而爆发了三次大规模的内战,且规模一次比一次大。接连发生的原因有二:一是浙西是京、沪、杭三角地带,敌伪顽三方在这里犬牙交错,三角斗争特别尖锐激烈。二是在浙江省区第二期抗战中,浙江地方的国共合作关系已经破裂,浙江省政府各级政权机构、团体、报社、军队中的共产党人被迫退出,特别是 1942 年 2 月,中共浙江省委机关在温州遭到破坏,省委书记刘英被国民党杀害。

从上述浙江省区的抗战看,天目山在抗日战争中具有重要的地位。从时间上看,浙西坚持了整整八年的抗战,比起浙东来多三年半。从战略上分析,天目山位于苏浙皖边区,北可控制京沪,西可掩护皖东,南为金严屏障,是收复杭嘉湖的根据地,抗战八年中处于东南抗战前哨。从抗战实践上看,由于在浙西对日军的一系列阻袭,为国军主力部队适时地从上海、杭州等地撤退赢得了更多的时间,而且也使上海和杭州等地工业设备能更多地迁往内地。由于 62 师等部在杭嘉湖地区的游击作战,使敌人后方很难安稳,因此在很长一段时间内日军都不能突然逾越钱塘江这道天然屏障,这就为钱塘江以南地区争取到了数年的相对安宁,国民党正规军也就可以乘此机会从浙江抽出来增援其他战场的作战。

对浙西抗日战争史的研究较之浙东、浙南来讲,相对薄弱些。战时的汪浩写过《抗战中之浙西》,温延龄著有《浙西初期抗战史话》,两书的时间局限于浙江省区的第一期抗战。1965 年,王梓良写成《浙西抗战纪略》,叙事简略。杭州大学楼子芳等人合著的《浙江抗战史》,在对全省的叙述中,对浙西无法去作详尽的叙述。记录浙西抗战后期的是杨福茂主编的《浙西抗日根据地》,收录了迄今为止最齐全的历史文献、报刊资料、回忆录和参考资料。但只限于新四军主力南下所创建苏浙军区。《天目抗日》一书则以中华民族的利益为最高原则,系统地、全方位地记述了以国民革命军和浙西行署的天目山大本营为中心的抗日斗争。全书 100 万字,分为三册,各有侧重。

"东南抗日前哨",叙写天目山区在东南战区乃至全国的地位。浙西行署、28 军军部、忠义救国军总部、江南挺进第一纵队留守处、军统浙西行动队本部,都建立在这里。"向祖国运动"中,上海500 爱国青年经过天目山转到大后方去,盟国各界人士也经过天目山转向重庆。盟军准备在东南沿海登陆,中美合作所的前进指挥所和重伤医院设在这里,国民革命军大量集结,力图海陆夹击。

"浙西战时施政",围绕浙西行署各方面的施政展开。土特产的运销,食盐、粮食的紧缺和走私,经济封锁的利弊,都很详细。普通中学、职业中学、师范、小学,叙述粗中有细,突出各省立学校。"敌伪研究"、"民族通讯社"、《民族日报》和《浙西日报》,也不惜重墨。浙西的政绩,对全国的影响,跃然纸上。

"首次轰炸东京",专记盟军事务,对这次重大行动,中国还没有做过专题研究,美国和加拿大却出过不少书籍,罗尔·V.格《杜立特东京袭击者们》一书的译文及国内的各种记录,为研究者提供全面的资料和信息。

国林先生出版这部著作,是一件值得庆贺的事。他在并不十分优越的条件下,作出了许多努力。他学的是古文献学,而后在地方志办公室工作,研究的又是抗日战争史,在专业上有很大的跨越。在繁忙的工作之余,搜集当时的报刊、书籍、档案,此外对当事人进行采访,足迹遍布临安、杭州、湖州、上海,采到大量的第一手材料。本书的某些不足,也不能苛求,因为在时间、经费等方面都受到限制。我衷心祝愿国林先生保持勤奋治学和勇于创新的好学风,在史学园地里辛勤耕耘,取得更多更好的收获!

2000 年 12 月 6 日于杭州大营盘巷寓所

(原载王国林著,浙江省临安市政协编:《天目抗日》,北京:中央文献出版社,2001 年)

加强民国时期杭州史研究

　　杭州是我国东部发达地区的省会之一,是国务院第一批公布的 24 个历史文化名城之一,我在《浙江通史》总论中曾写道,在距今约 10 万年前的旧石器时代中晚期,原始人群"建德人"已生活在浙西山地。良渚文化是继河姆渡文化之后浙江历史发展的第二次高峰。越王勾践励精图治,浙江文明重新崛起。钱镠在杭州建立吴越国,偏安东南一隅,成为当时中国罕见的一方乐土。南宋定都杭州,杭州一跃而成全国的政治,军事、经济和文化中心。元代,杭州成为大运河南端的百年繁华之地。明清时期,杭州成为资本萌芽和近代工业兴办的最早地区之一。民国时期,杭州在政治、经济和文化教育上造就了空前的事业。以上说的是各个历史时期杭州在中国历史上的独特地位。

　　民国时期的杭州,从辛亥革命杭州光复到 1949 年杭州解放的 8 年历史,可划分为五个阶段。

　　第一阶段是 1911 年至 1917 年,浙人治浙时期。突出的是在杭州摧毁了清王朝统治,提高了民族资产阶级的政治地位和社会地位,激发了人们对近代工业的投资热情,近代民族工业有了较快发展。商品经济也得到新的发展。杭州形成了湖滨新市场、沪杭线终点的城站市场、钱塘江北岸的江干市场和运河终点的拱墅市场。

　　第二阶段是 1917 年至 1927 年,北洋系统治时期。突出的是高举民主和科学的旗帜反对北洋军阀统治。掀起了以"一师风潮"

为代表的新文化运动,建立了工会("浙江印刷公司工作互助会"1920年7、8月间)和农会(衙前农民协会,1921年),展开了有领导、有组织、有纲领的现代工人运动和农民运动。特别是中国现代史上"最先发轫"的以萧山衙前为中心的萧(山)绍(兴)农民运动(1921年9月至12月)和1924年杭州纪念"五一"节为始端的第一次工运高潮。1922年中共杭州小组成立后,杭州的历史更有了新的亮点。

第三阶段是1927年至1937年,南京国民政府统治时期。国民政府改革地方建置,撤销道制,实行省、县两级制,规定在政治上经济上有特殊情形者可酌设市①。于是,浙江省政府划出杭县城区和西湖全境,设杭州市。首任市长邵元冲,他力图使杭州跻身于特别市行列。按特别市标准组建市政机构。杭州建市,有力地推动了市政建设和经济文化的发展。

第四阶段是1937年至1945年,日伪统治时期。1937年12月,杭州沦陷,遭到了空前洗劫,沿途杀人放火,从南星桥到闸口一带尽成焦土。乔司的戊寅公墓、富阳的千人坑就是铁证。杭州工商业遭到毁灭性的破坏日伪统治杭州时期杭州人民的反日伪斗争、杭州市自卫总队活动于市郊的三墩、勾庄、康桥、瓶窑、塘栖等地,天目山区成为东南抗日前哨。周恩来1939年3月途经建德、淳安、分水、於潜,在天目山会晤黄绍竑。杭州也出现了毁家杀敌的沈佩兰,长期与日伪辗转周旋的杭州市市长陈纯白等抗日人物。

第五阶段是1945年至1949年,国民政府统治后期。是受降与接收,恢复杭州市的建制。人们怀着喜悦心情,筹集资金,修缮房屋,添置机器设备,商店开门营业,工厂开工生产。突出的是解

---

① 国民政府关于《市组织法》规定:"一、首都;二、人口在百万以上者;三、在政治上经济上特殊情形者。"

放战争爆发后,杭州的爱国民主运动迅猛展开。先有反压迫、反饥饿的斗争,后有反内战、反饥饿、反迫害斗争。1947年10月的于子三事件后,掀起了"反迫害、争自由、求生存"的革命巨浪。终于在1949年迎来了解放之日,杭州步入了一个新的历史时期。

要认识今天,创造明天,就要了解昨天。民国时期的杭州,就是今天杭州的昨天。只有很好的研究昨天的杭州,才能更好地建设新的杭州。

以下就加强民国时期杭州研究,从何着手,谈几点想法。

第一,整理和编印民国时期杭州历史研究的史料研究昨天的杭州,就要把昨天杭州有关档案、报纸期刊资料、家乘资料、私人保存的账册、日记等资料进行搜集整理,杭州还有一大批年龄和我差不多或比我大的老人,他(她)们是生长在旧杭州,有的不但生活在杭州,有的还在旧杭州的机关、企业、高等教育部门工作过,这是需要组织力量进行数轮的口述史料。花费若干年时间,出版一套《民国时期杭州史料集存》。

第二,收集、整理研究民国时期杭州的论著就浙江省而言,民国时期地方史研究,宁波地区走在其他地市的前头。关于民国时期宁波的社会、经济、文化教育均有研究成果问世,特别是民国人物研究,取得了丰硕成果。关于民国时期杭州的研究成果虽不及宁波,还是有一些的。从革命史、中共党史的视角,杭州党史研究室做了许多工作,收集了大量资料,也出版和发表了一些著作与论文,这也属民国时期杭州的范畴,把所有研究民国时期杭州的成果加以搜集,有利于民国时期杭州研究规划的制定。

第三,建立民国时期杭州的研究机构对中华民国史进行研究,中国社会科学院近代史所黎澍、李新领衔的民国史研究,做了大量的工作,两老先后谢世后,黎澍的弟子耿云志、李新的弟子陈铁健等继续在做。目前力量最集中,成果最显著的是南京大学中华民国史研究中心,它是教育部的社科基地。三年前,杭州师范大学组建了民国浙江史研究中心,它是浙江省社科基地,短短几年也做出显著的成绩。国内史学工作者建议杭师大,再挂一块牌子——"杭州师范大学中华民国史研究中心",这样一套班子两块牌子。就全国而言,有两个中华民国史研究中心,由一家变成了两家。对杭师大的民国浙江史研究中心,杭州市要加大投入、扩大编制,增拨资金,使该中心成为全国的、浙江的,也是杭州的民国史研究中心,力争成为全国的研究基地。

第四,创办一份期刊。中国第二历史档案馆主办的《民国档案》杂志,南京大学中华民国史研究中心主办的《民国研究》期刊,全国仅此两种刊物,公布民国档案,发表民国史研究成果,沟通民国史研究信息。这两种刊物对推进民国史研究起了很大的作用。杭州师大民国研究中心亦应办一份不定期的刊物(这是申请国家社科基地的必备条件之一),刊名可定《民国浙江》,至于杭州,可在《民国浙江》上发民国杭州专号。

以上想法与建议,请专家指正,供领导定夺。

2009 年 6 月 15 日

收集、整理民国杭州史料赘言

"民国时期杭州研究",是一个大型的、综合性的学术文化课题,用当前时髦的语言表述是大型的综合性的学术文化工程。民国杭州研究可以从社会学、政治学、经济学、历史学甚至教育学的范畴与方法进行研究,关注的核心是民国时期杭州社会的变迁。民国时期杭州研究的汇合点或称综合点是历史学的研究,主要研究民国时期杭州发生的事件和问题,分析前因后果、因果联系等等,不管从哪个范畴进行研究,都离不开民国时期杭州史料。史料是民国杭州研究的前提和基础,就历史学而言,收集,整理史料是史学研究的先行官。

现就民国时期杭州研究的史料收集、整理与出版诸问题谈点赘言。

一

资料的收集与整理,是任何学术研究必须做的,而做起来是劳神费时花钱财的事。我一生从事历史教学与史学研究,是深有体会的。称得上真正具有学术意义的是我参与的中央财政部组织的两个课题的研究。

一个是中央革命根据地财政经济史的调查研究。"文化大革命"结束,刚恢复自由的齐燕铭、许毅两位老同志于 1976 年受命组织力量进行革命根据地财政经济史料的整理与研究。他们先在北京,对中央档案馆馆藏的中央革命根据地有关财政经济档案进行查阅与整理。1977 年转到江西南昌,对江西省档案馆馆藏的中央革命根据地财政档案进行查阅与整理。此时,齐老提出应有闽浙赣的学者参加。浙江省要杭州大学派教师,学校领导决定让我与经济学系的夏和坤老师参加,于是我先到南昌,而后到瑞金。此时中央财政部财政科学研究所、中国人民银行金融研究所及全国 11 所高等学校从事历史学、经济学教学与研究的 45 位同仁深入到赣南、闽西各县以及湘赣和闽浙赣等革命根据地,进行调查走访,广泛搜集资料,花费 18 个月时间,基本上跑遍了相关地区的档案馆、图书馆、纪念馆和资料室,搜集到数千万字的资料,还征集到 1931—1935 年时期刊印发行的《工农读本》、《土地问题讲授大纲》、列宁小学课本等,共 61 种。在摸清家底以后,齐燕铭提出编写《中央革命根据地财政经济史长编》。齐老专门对"长编"一词作了解说。而后花费了三年多时间,最后形成了由许毅主编、我任副主编兼总纂的 102 万多字的《中央革命根据地财政经济史长编》。①

二是近代中国外债的研究。从 1983 年起,我又参与了许毅教授领衔的近代中国外债资料的整理。由于近代中国外债的外文史料多,文种多、国别多,当时还聘请了已退休的在民国金融机构工作过的 10 余名专业人员参与其事,与档案部门协作,编纂了《清代外债史资料》(3 卷)②、《民国外债档案史料》(1—12 卷)③、《民国历届政府整理外债资料汇编》(2 卷),花费了近 10 年时间,完成了总计 1000 多万字的资料整理工作。待这套资料正式出版时,已有 4

---

① 《中央革命根据地财政经济史长编》,人民出版社 1982 年版
② 《清代外债资料》,档案出版社 1988 年版。
③ 《民国外债档案史料》,档案出版社 1992 年版。

位编辑者谢世。这是迄今中国出版最为齐全的外债研究资料。随后对晚清时期、北京政府时期、国民政府时期和新中国时期的外债进行了系统的研究，撰写了《从百年屈辱到民族复兴》丛书，以外债为切入点，揭示了中国资本主义的原始积累、近代生产方式的形成，分析了中国官僚资本的形成与扩展，阐述了中国特色社会主义的由来，等等。这一课题的研究，花费了 25 年的时间，研究成果到 2006 年 5 月由经济科学出版社出版。10 年的资料搜集与整理，15 年的潜心研究，才比较圆满地完成了这一课题的研究。外债史料获得了国内外学术界的好评，成为他们进行研究的宝贵财富。整理时由于没有搜集到台湾档案部门收藏的史料，1995 年我去台湾，在台湾的档案馆查阅了民国时期的外债档案，发现了一些我们未收入的史料。在与馆长交谈时，谈起外债史料问题，他说许毅主编的清代、民国外债档案史料两套书他们馆里买了。我建议由台湾学者出一本《民国外债档案史料》补编。至于英、美、德、法、俄、日、葡萄牙、西班牙等国所藏的近代中国外债史料，则期待年轻学者去搜集、整理了。

完成上述两课题的研究，一是有强有力的组织者；二是有一批甘坐冷板凳的学者；三是有巨额的经费支撑。

二

民国杭州研究艰难，一是资料分散，未经整理，二是学科相当广泛，几乎包罗万象，三是研究者力量分散，至今没有统一的组织与协调。胜任者未必热心，热心者未必胜任。

现就上述三难，再多言几句。

我国历史资料素称浩如烟海。尤其到了民国时期，单就杭州而言民国时期的杭州是省属直辖市,除省、市政府公报、近代报纸杂志资料外,还有大量的档案、方志、公文、会议记录、文集、信札、笔记契约、账册等等,民间还有谱牒、碑刻等等,数量之多,不可胜数。

学科广泛,几乎包罗万象,如反映社会发展的、生态人文环境的:天文历法、地理、生态环境(含江湖、园林)、人口、民族;反映政府机构情况的:政府组织、职官、法律、礼仪、吏治、军事(合兵制);反映社会经济领域的变化:农业、手工业、财政赋税、盐政漕运、商业、对外贸易、工矿交通、金融货币;反映民间社会情况的:社群、秘密教门、华侨、市镇、民俗、信仰(含寺庙)、灾赈(含抗台风)、西湖墓葬;近代世界文化对杭州发展的影响:租界、西学、外事;文化领域内的变化:思想、学术、教育、科技(含水利、建筑、医药等)、文学、艺术(含绘画、书法、戏剧等);杭州人物史料(汤寿潜,汪大燮、夏尊佑、孙宝琦、章太炎、王克敏、张尔田、陈叔通、金润泉、陈蝶仙、叶熙春、张宗祥、余绍宋、邵裴子、张东荪、叶良辅、都锦生、施肇基等)。

近 30 年来,杭州市有关部门已经整理出版了不少档案史料,如《民国时期杭州市政府档案资料汇编》《杭州解放档案文献图集》《中国共产党杭州市组织史资料》《杭州工匠史资料》《杭州革命文化史料汇编》《杭州抗战纪实》,以"三案"为特征的《杭州文史资料》,等等。问题是没有统一的规划、统一的组织,因而出版的资料也是分散的、零星的。现在要做的是在原有基础上进行系统的搜集与整理。杭州师大民国浙江史研究中心已经着手在做此项工作。研究中心与国家图书馆合作,影印民国浙江史料,出版了《民国浙江史料辑要》。目前已出 10 册,今年可出 44 册。

三

如何有领导、有计划、有步骤地收集、整理与出版,不仅仅是学术界的事,更是主管部门的事。

《重修浙江通志稿》是余绍宋主持纂修的。余绍宋何许人士？余绍宋(1883—1949)是浙江龙游人,早年留学日本,学成回国,任浙江官立法政学堂教务主任。中华民国成立后,两任北京政府司法部次长、代理总长。他曾是政法大学、中山大学教授,编纂过《民国龙游县志》,主持纂修《重修浙江通志稿》时是浙江通志馆馆长。浙江通志馆的前身就是浙江省史料征集委员会,余绍宋任主任委员,其间还曾任浙江省第二届临时参议会副议长、代议长。余绍宋在方志学、目录学、史学及书画领域均有精深造诣,作出了开拓性的贡献。梁启超说:"越园①之治学也,实事求是,无证不信,纯采科学家最严正之态度。剖析力极敏,组织力极强,故能驾驭其所得之正确资料,若金在炉,惟所铸焉,选辞尔雅而不诡涩,述事绵密而不枝蔓,陈义廉劲而不嘹杀。""越园之学得诸章实斋者独多,固也。然以此书与实斋诸志较,其史识与史才突过之者盖不鲜。"②得到梁启超如此高评价与推重,实在不多。

所以赘述余绍宋主持纂修《重修浙江通志稿》一事,是想说明史料的搜集和整理、志书的编修要有像余绍宋这样学识渊博、治学严谨、剖析力敏捷、组织力极强的人才能胜任。

我参与的中央革命根据地财政经济史史料的搜集与整理的组

---

① 越园是余绍宋的号。余绍宋号越园、樾园,别署寒柯。
② 梁启超:《龙游县志考》,"饮冰室文集之四十三",《饮冰室合集》,中华书局1936年版,第5页。

织者是齐燕铭和许毅，[①]而后编纂的《中央革命根据地财政经济史长编》的主编是许毅。近代中国外债史资料的搜集与整理的主持单位是中央财政部，主持人以及成书的主编是许毅。他们与余绍宋一样，是专家学者，又是政府官员，没有他们的领衔，如此规模宏大的史料搜集、整理与出版是难以完成的。

西湖丛书的资料收集与编写，杭州市已组织人力进行了多年，计划收集、整理西湖文献，出版《西湖文献集成》，撰写《西湖通史》，还编撰了几十本图文并茂的《西湖全书》。为完成丛书的资料收集以及编撰，组织了西湖丛书编纂指导委员会，而三部书又分别成立了编辑委员会。统一由杭州出版社出版。指导委员会主任，总主编均由市委书记出任，实为德政之举。杭州档案馆对明代钱塘人（今杭州）田汝成撰的《西湖游览志》《西湖游览志余》进行了整理，辑成 13 册，于 2008 年 3 月由中华书局影印出版[②]，为出版界、学术界的校刊研究提供方便，实为德政之一章。杭州市档案馆还与中国第一历史档案馆合作，整理了中国第一历史档案馆馆藏太平天国在杭州的有关档案，于 2007 年 12 月由中国档案出版社出版了《杭州太平天国档案史料选编》。[③] 这样的工作很实在，有利于杭州研究的展开。

为了加强民国时期杭州研究，必须把搜集、整理与出版民国杭州史料工作做起来。特提出如下几点建议：

1. 借鉴杭州西湖研究的经验，由杭州市的党政领导与科研、

---

① 齐燕铭（1907—1978），北京人，著名的文化人。1938 年加入中国共产党，历任中央人民政府办公厅主任、总理办公室主任、国家专家局局长、文化部党组书记、副部长、全国政协秘书长等职；许毅（1917—2010），南通人，马克思主义经济学家、财政专家，1941 年加入中国共产党，历任中国建设银行行长、中央财政部党组成员、财政科学研究所所长，教授、博士生导师。

② 中华书局 2008 年版。

③ 档案出版社 2007 年版。

教学、档案、文管、出版等单位成立民国时期杭州史料编纂指导委员会负责规划、筹资和协调史料的搜集,整理和统筹出版事宜。

2. 科研机构、高等院校、档案馆、图书馆和文物管理部门,应组织人员,根据本地区、本单位和本部门的资料收藏情况,整理出版,由杭州师范大学民国浙江史研究中心联合浙江省档案馆、图书馆、博物馆和中国第二历史档案馆整理出版民国杭州史料。凡纳入该资料丛刊的,只在开本(采用大 32 开本或小 16 开本)和封面式样上的统一,由同一出版社出版。应留意港台与国外图书馆收藏的民国杭州史料的收集与整理。

3. 编辑出版民国时期杭州图集。图集的取材,可在广泛收集有关文物、老照片和遗迹照片的基础上精选,预计可收数千幅左右。图录文字尽量从简,作者和时期考证要准确。

4. 河南大象出版社于 2009 年 8 月推出的《民国史料丛刊》,分政治、经济、社会、史地、文教 5 类 30 目,共计 1128 册,称得上鸿篇巨制。出版商摸准了大型清史编修后,中华民国史研究升温带来的商机,从 10 余万种民国版图书中选编 2194 种影印出版,对研究民国史,肯定是大有裨益。丛刊中肯定会有民国时期杭州史料。《民国史料丛刊》售价 18 万元一套,研究人员囊中羞涩,实无力购置,杭州市应购几套,藏在杭州图书馆、杭州师大民国浙江史研究中心,便于研究者查阅。

2009 年 9 月 8 日于杭州颐景园

在"浙江历史文化与现代化学术
讨论会"的讲话

　　由浙江省历史学会、温州市历史学会联合主办的"浙江历史文化与现代化学术讨论会",在浙南名城温州召开。我代表省历史学会欢迎来自全省各地的各位史学同仁与会,感谢温州市历史学会同仁为大会所作的努力。期待这次讨论会能有力地促进学术交流与学术发展。

　　这次会议的中心议题是"浙江历史文化与现代化",为什么确定这样一个主题?这是依据当前的情势以及这一问题的学术价值来定的。在当今经济与文化日趋融合的态势下,不研究经济已无法更准确地认识文化,不研究文化也无法更深刻地认识经济。浙江要建成经济强省、文化大省,不研究浙江历史文化不行,在当前建设文化大省之际,注重浙江文化研究则尤为必要。提炼浙江人的精神,就是从传统的历史文化中,获取今天特别有用的内核,构建新时期的新动力。

　　浙江具有悠久的历史文化传统,是我国百越文化的发源地。浙江的发展在新石器时代后,均与全国同步前进,甚至走在前列。但是在夏商周以后相当长的一段时间里,浙江的文化处于停滞或退步的状态。当中原混乱时,汉族和中华文化的精英南下,浙江这块土地对保护中华文化起了重要的作用,为中华文明的发展做出了极大的贡献。南宋时期成了全国政治文化中心,明代中叶以后又是资本主义萌芽发生较早较快的地区。到了近代,浙江的舟山成为英国殖民主义者最早觊觎霸占的地区,宁波成为最早通商的口岸之一,接着温州又在外国侵略者的觊觎范围之中,1876年"中英烟台条约"的签订,温州被迫辟为通商口岸。这种社会历史条件,使浙江在我国学术文化史上具有特殊重要的地位。我国自秦代至现代,12个省的杰出专家学者2395人中,浙江籍人士共443人,占全国的18.5%。也就是说全国5个杰出人才中必有1个是浙江人。因此,有人说山东是"一山一水一圣人",而浙江是"千山万水千秀才",地缘特征的千姿百态决定了各地的差异。

不说远的,从近世中国来说,浙江的历史文化具有以下特征:

一是在中西文化碰撞与汇合的大态势下,浙江近代文化反映了熔铸古今、会通中西的特征。浙江学人大多既重视泰西之学,也重视中国传统文化;既注意倡导新学,也不笼统摒弃旧学。可以说是古今中外,兼容并包。俞樾、孙诒让是国学一代宗师,其学熔铸古今,会通中西;章太炎、王国维一方面继承了优秀的学术传统,一方面又融合西方的优秀文化。

二是在近代民族危机和国力日衰的情势下,融炽烈的爱国激情、迫切的变革要求、勇敢的思想启蒙为一体,是近代浙江文化的又一特征。龚自珍首倡变革,沈家本接踵其后,力促清末变法运动。鲁迅的《狂人日记》,通过一个被迫害的"狂人"自述,对封建的旧道德进行无情鞭挞,揭露中国几千年来用"仁义道德"掩盖起来的封建专制统治,大声疾呼"救救孩子"!

其三是在近代浙江特定的生存环境下,形成了创造、求实、开放和图强精神的浙江人的传统精神的又一特征。因此在改革开放的年代,浙江人的所作所为,一定程度上反映了文化精神的积淀,并且形成了聪明好学、长于思考、善于经营、富于机变的性格。浙江是海洋大省,海有东海,江有钱塘江、瓯江、甬江,河有大运河,湖有西湖、南湖和东湖。浙江人既有海的豪放——风险精神,又有湖的平静——求实精神。

我们要研究浙江历史文化特征,希望大家能本着严谨、科学的态度,对浙江社会的政治、经济、文化、教育等方面的问题开展深入讨论,相互学习,相互交流,相互切磋,百家争鸣,求同存异,使浙江的历史科学取得更新、更加辉煌的成就。

祝各位专家、学者身体健康,生活愉快!

预祝会议圆满成功!

2000 年 11 月 9 日

编纂大型清史之管见

《清史稿》内容存在缺漏错误，其史料价值不高，剪裁组织不完善，因而有重修清史之必要。

戴逸、李文海先生在 2001 年撰《一代盛事 旷世巨典：关于大型清史的编纂》一文，提出："清史的编纂既然是继承和发扬我国修史的传统，就应该和已有的二十六史相衔接，吸收已有史书的优点，但清代后期已从封建社会向近代社会跨进，历史内容和单纯的封建社会很不相同，修史的体例、体裁、方法应该超越前史，有所创新。"我很赞同上述意见。

我们今天要写一部怎样的清史？全国不少专家各抒己见，但是如何达成共识，拟定一个既与旧史相衔接，又有所创新，既继承已有史书的优点，又能体现现今的时代特征的体裁，还需专家学者的共同讨论。

"大型清史"，什么意思？我的理解：一是大，二是型。下面就大与型谈点意见。

大是指清史的规模，2000 万字，3000 万字，或 4000 万、5000 万字，规模得视类型而定。按今日章节式之体裁，写成有清一代之通史，若干专史亦列入其内，规模之大，肯定是空前的。萧一山所著的《清代通史》为 400 余万言的长篇巨著，王戎笙主编的《清代全史》10 卷，也有数百万字。规模的问题，待体裁、部件定下后，才知规模有多大。

体例、体裁、文体等属型的问题，即何种型号。既然提出与原二十六史相衔接(二十四史加上《新元史》《清史稿》),即肯定了大型清史采纪传体之体例。其结构可设编年、传记、纪表、图、清史著述书目六大部件。编年以记史事,按时间为序,取代传统的本纪、传记,确定入选人物原则后,确定传主,分别作传。纪,以纪事本末体来记述相对独立的史事。南明、太平天国和准噶尔政权、吴三桂政权均可采传统的载记分别叙述。军事、外交独立性相对强些,也可列入纪。至于政治、经济、科技等均可在编年中得到体现。表、图、清史著述书目三类内容明确,恕不赘述。

通史与专史两大部分不应列入大型清史的内容。其理由是:传统的正史,一是保存史料,二是供人阅读。后人治史,读正史,引用其史料,来阐述治史者之见解,写出通史或专史。传统的志,个性不独特的在编年记载;个性独特的,则在纪中以纪事本末的体例来作专纪。对纪要突破传统的载记的内容,赋以纪事本末体的纪来理解与运用。

文体理应用白话文,即精练的现代书面语,从五四运动提倡白话文至今,国人写作都采白话文。现今学习古汉语,是为阅读古籍,并非提倡用文言写作。现今史学队伍中,能用文言写作的,人数寥寥。

(原载国家清史编纂委员会体裁体例工作小组编:《清史编纂体裁体例讨论集 上》,北京:中国人民大学出版社,2004 年)

从"德自舜明"说起：全国虞舜文化研讨会发言

"德自舜明"(《尚书·舜典》)，"天下明德皆自虞帝始"(《史记·五帝本纪》)，史籍载明德治是始于虞舜。

儒家主张德治，用统治阶级的德政来统治人们。《论语·为政》："道之以政，齐之以刑，民免而无耻：始于虞舜。道之以德，齐之以礼，有耻且格。"认为政、刑只能起到镇压的作用，德、礼可以收服人心，从而达到社会的和谐安定。

德，总是以一定社会的道德原则、规范为实际内容，以特定社会的道德要求为标准。中国历史上的儒家一直有崇尚德性的传统。历代统治者，大多主张德政，采取一些有益于人民的政治措施和经济政策，从而获得较好的政绩。在西方，对德政、德性亦有诸多阐述。德国康德提出，德性是人在恪守责任时，意志不为外物所动的一种道德力量。美国麦金太尔主张德性是人类后天获得的、内蕴于实践活动的各种好的性格、品质、倾向。因而世界各国出现"道德教育"的主张。在我国，全面发展教有就包括政治教育（即政治方向和态度）、思想教育（世界观和方法论）和道德教育（人的行为准则和道德规范）。

被尊为五帝之一的虞舜，是儒家学说里的典范人物。孔子言必称尧舜。孟子提倡舜帝的"修身、齐家、治国、平天下"。就修身而言，舜为后人倡导了多方面的道德规范。俞日霞概括为：为子，孝；为兄，仁；为友，义；为臣，忠；为君，贤（《绍兴虞舜文化研究》）。

孝为人伦之首。在家不孝,焉能尽忠。舜身体力行,推行孝道,为万世楷模。舜的异母弟象对舜万般刁难,但舜对象以德报怨,仁至义尽。"大舜有大焉,善与人同,舍己从人,乐取于人以为善。"(《孟子·公孙丑上》)舜对尧的忠诚,尧让舜推行五典参与百官事务,舜处理得井然有序,舜辅助尧,忠心耿耿。尧把帝位传给舜。舜为帝王,仍不忘以身作则,勤于政事,忠实守信。舜征求四岳意见,命十二州长官讨论王子德行。孔子称舜是"无为而治"。舜立诽谤之木,广开言路,其善者,无小而不举,其于恶者,无微而不改,重修身,重身教,为一代贤君。虞舜时期,国家安定,国力强盛,天下咸服,八方来朝。

舜是"修身、齐家、治国、平天下"的典范人物。在会稽地区,围绕舜王的孝、仁、义、忠与贤有许多传统故事,把虞舜神话了,舜的所作所为达到了"神人以和"的境界。正如郭沫若所论的:"透过这样的神话,或者把这样的神话仅仅作为民族部落的代号,仍然可以从传说材料中理出当时历史的一些头绪来。"

"神人以和"是舜留下的宝贵财富。韩愈《黄陵庙碑》:"尧死而舜有天下,为天子,二妃之力,宜常为神,食民之祭。"舜诞生的众多传说之一是其诞生于浙江上虞,《会稽旧记》《史记》正义、晋代周处《风土记》、宋代王十朋《会稽风俗志》等典籍中,均有舜生于姚墟(今上虞市上浦镇虹蚌村)的记载。加上舜曾巡狩会稽山,因而在会稽山区的王坛一带先后建造了六座舜王庙,立庙祭祀。把舜视为神,人们祈求舜王的庇护,从而获得心理上的安慰、信心和力量。

"神人以和"贵在和,舜的精神内核就是一个"和"字。天地之和,神人之和。无论过去、现在还是将来,人与自然之间,国家与国家之间,民族与民族之间,人与人之间,都应该和而不同,和睦相处。德的本意就是孝、仁、义、忠、贤,从而达到亲、睦、和。清明和谐,是人们的理想社会。在物欲横流、精神缺失的情景下弘扬虞舜文化,更具现实意义。

附记:2010 年 10 月 31 日上午应邀出席绍兴祭舜大典,并任主祭人之一。参祭者 2000 余人,擂鼓三通,鸣金三点,奏《辕门乐》《万寿全图》《将军令》,恭读寿词、表章。祭拜后,举行龙会、狮会、马灯会。人山人海,热闹非凡。大典后,请舜大帝神轿起驾,在会稽山区巡游三天。下午,受邀出席全国虞舜文化研讨会,在会上作了《从"德自舜明"说起》的发言,全文如上。

共享虞舜文化阳光：
第二届全国虞舜文化研讨会发言

文化建设在经济、政治、文化、社会建设"四位一体"战略布局中的重要地位越来越凸显、作用越来越突出。不久前，中共十七届六中全会在总结我国文化改革发展的丰富实践和宝贵经验的基础上，专门作出了《关于深化文化体制改革推动社会主义文化大发展大繁荣若干重大问题的决定》，这一决定的贯彻执行，将在我国进一步兴起社会主义文化建设新高潮，对夺取全面建设小康社会新胜利，开创中国特色社会主义事业新局面，实现中华民族伟大复兴具有重大而深远的意义。

文化是民族的血脉，是人民的精神家园。虞舜文化是我国传承了几千年的优秀文化。要充分发挥虞舜文化引导社会、教育人民、推动社会和谐发展的重要功能。

四川省提出"一县一品牌""一乡一特色"的群众文化活动思路是可以借鉴的。虞舜文化既是绍兴县弘扬优秀传统文化的品牌，也是王坛镇弘扬优秀传统文化的特色。王坛镇舜王庙就是弘扬优秀传统文化的平台。绍兴县从 2005 年起恢复虞舜典礼，每年农历九月二十七日，即舜的诞生日举行虞舜大典。我参加了 2010 年和 2011 年的虞舜大典，并任主祭人之一。虞舜大典的一天，舜王庙像巨大的磁场，把会稽山地区的人民，从四面八方吸引到舜王庙。以村为单位，各路人们，敲锣打鼓，彩旗招展，舞龙队、马灯队、高跷队等排成长龙，舜帝的善男信女手捧香烛追随其后，浩浩荡荡的人群十分壮观。在祭舜大典上进行表演与进香。祭舜大典结束后，某村(每年各村轮流)由八名青壮年男人抬舜帝坐的大轿出巡到各村，在各村的集中场所祭祀并举行文艺表演，成为会稽山地区一年一度的具有突出的独特性的节庆文化。三天后，抬舜帝回舜王庙。在生动、活泼的虞舜文化活动中，广大农民群众尽情释放文化激情，展示文化才能，接受虞舜文化熏陶，使会稽山群众共享虞舜文化的阳光，提升了综合文化素养。

虞舜文化的阳光普照神州大地，除浙江省外，山西、山东等省也有虞舜活动。虞舜文化研究，不仅在海峡两岸展开，国外的学者也十分关注。这也反映了弘扬虞舜文化的价值与意义。

在当今功利主义盛行、物欲横流、人情淡漠的情形下，弘扬虞舜文化的价值与意义更为重大。

虞舜文化的核心价值和永恒精神是"神人以和"。因为无论过去还是未来，人与自然之间，国家与国家之间，民族和民族之间，人与人之间，都应该和而不同，和谐相处。为子，孝。我国古代所谓二十四孝，舜列为首位，而孝又是人伦之首。在家不孝父母，为国焉能尽忠。舜冬天抱竹哭了三天三夜，感动了土地公和玉皇大帝，让竹林长出笋来，满足了舜的继母冬天吃笋。这个故事流传甚广，连日本的小学课本上也记叙此事，孝感恸天。为兄，仁。《史记·五帝本纪》记载，舜为帝王后，不记前仇，以德报怨，封其弟象为诸侯。其胸襟何等宽广。为友，义。《孟子·公孙丑上》记载："大舜有大焉。善与人同，舍己从人，乐取于人以为善。"舜的为子、为兄、为友的孝、仁、义，反映出舜的大德，即亲、睦、和。虞舜文化的核心价值就是德与和。

舜王庙是会稽山的人民崇拜舜、信仰舜的产物。让虞舜文化弘扬光大，虞舜阳光普照神州大地，坚持政府主导是关键，企业家的支撑是基础。有王坛镇这样的领导、王家德这样的企业家，协力举行虞舜活动、举办虞舜文化研讨会,进一步让虞舜文化弘扬五湖四海,虞舜精神传承千秋万代,让人民共享虞舜文化阳光建设和谐社会,创造美好的未来。

2011 年 10 月 19 日

浅谈民国史研究

——在纪念光复会成立 100 周年暨民国史研究学术研讨会上的讲话

20 世纪中国近代史研究经历了从边缘走向中心的过程。

进入 21 世纪之前,那种关注重大事件研究的盛况难以再现,在继续推进社会史经济史研究的同时,一些新的研究领域被开拓出来。民国史的研究成为近代史研究的重头戏。

21 世纪最大的文化贡献是什么呢?夏商周断代工程可以算一件,如果这是第一件的话,第二件就是修清史,修清史就是一代盛典,把清代这 300 年的历史进程总结,传之后世,这是中国历史学界的责任。第三件就是修中华民国史,我出席了两次清史编撰体例体裁讨论会,编写了《编纂大型清史之管见》一文。修清史的史料条件,学术条件和网络条件均已成熟。国内一批研究民国史的学者,聚会南京,商讨为修民国史做准备的事宜,清史修成便修民国史就在会议上确定了日程,这是顺理成章的了。

中国有历代修史的传统,一个朝代灭亡以后,后继的朝代就为了总结历史,借鉴往事,吸取经验教训,都要为上一个朝代编撰历史,宋修唐史,元修宋史,明修元史,清修明史,这一修史的优良传统绵延不断,许久未绝。民国修清史,清王朝灭亡后北洋政府从 1914 年到 1927 年,历时 14 年完成了 536 卷的《清史稿》,但是《清史稿》站不住脚,一是当年写时档案还是保密的,二是资料史实不全,三是清代遗老的观点也经不起推敲。为了作为一部正史流传下去,隔了一代还是有必要重修清史,修清史是我们这一代来完成的了。而修民国史是我们这一代义不容辞的责任,修清史、修民国史都是政府作为修史任务来完成的。但是修民国史的前期工作应当而且可以做起来的。至南京会议上,与会者向国务院提交了编纂民国史前期工作的报告,提出把修民国史的前期工作做起来,其原因是台湾问题正明摆着,此其一;启动不宜过早,历史当事人很多健全,涉及今人利害关系与意见分歧,此其二;史料未及整理,民国史料分散在海峡两岸,研究未及深入展开,突然展开质量难以保证,此其三。当然启动也不宜过迟,民国灭亡已有半个多世纪,编纂民国史理应在编纂清史后接着启动,希望政府、社会、学术界共同关注此事,特别是中青年学者关注此事。编修民国史,这一巨大的文化工程应及时启动。

2003年教育部整理社会科学研究重大课题攻关项目,历史学类有两项,其中一项就是《〈民国史〉研究》,承担单位是南京大学民国史研究中心项目,首席专家是张宪文教授,项目批准经费是80万元,计划于2006年完成。《〈民国史〉研究》立项后,我参与了课题的设计,共列了11个子题。旨在一是开拓民国史研究,在某些领域有所拓展与深入。二是为编纂民国史做前期工作。集中列了一个《民国档案史料研究》,主要是收集整理民国档案在海内外多处档案机构及相关单位的馆藏、编研与公布出版状况,使国内外民国史学界及专家学者对民国档案典藏和利用有较为全面的了解和认识。像这样的课题,既是推进民国史研究,也是为编修民国史作前期工作。

浙江在民国期间的地位很特殊,我在浙江第一次民国史学术研讨会上说了这个问题,不再赘述。当今在浙江从事民国史研究的同仁,更要重视并有组织地开展民国史的研究。有朝一日编修民国史文化工程启动的时候,浙江学者应该承担一些任务,特别是一些中青年学者。

　　研究领域过于狭窄也是我国历史学界普遍面临的较为突出的问题之一。借鉴国外国内的开拓思路的新方法，系统地了解、借鉴和跟踪国外较为成熟的新兴学科，是开拓我国历史研究领域的一个更为根本，更有广泛意义的路径。

　　学科交叉是当代社会科学发展的一个重要趋势，但目前中国历史学研究的一个严重问题是学科封闭，即使有些学者把自己使用的方法称为学科方法，大多也不过是贴标签而已，根本谈不到多学科的研究，必须花较大的工夫对其他学科的基本理论部分研究到深入后才能了解正确运用学科交叉研究的方法。

建议加强民国浙江史研究

中国有"易代修史"之传统。清王朝灭亡后,中华民国北京政府于1914—1927年间,组织由赵尔巽任主编,编纂清史,名《清史稿》。由于时局的动荡,纂修人员多为清代遗老,内容遗漏错误甚多,史料价值不高,剪裁组织也不完善。在新中国成立后,有关部门及学人多次提议重修清史,修清史计划数次落空,直到20世纪末,政府拨巨资,由戴逸、李文海等清史专家牵头,组织全国学人编纂3000万言的清史。浙江部分史学工作者参与了编纂计划、体例、史载之讨论。戴、李邀我参加编纂,承担专题撰写。当年我参与的国家社科课题近代中国外债研究和承担主编的浙江社科重大课题多卷本《浙江通史》,正在进行中,婉谢了邀请。结果,浙江史学界无人承担编纂的具体任务。

编纂清史,属隔代修史。当编纂清史计划启动之时,从事民国史研究的几位专家聚集南京大学民国史研究中心商讨编纂民国史之准备,由与会专家签名写了一份报告送国务院。当清史修成后,编纂民国史就会提上议事日程。因而,我找了浙江省有关部门的领导,倡建民国史研究机构,呼吁浙江史学界做好编纂民国史的前期工作。

民国史研究,就浙江史学界而言,应从研究民国浙江史入手。就民国浙江史在民国史中的地位而言,民国时期浙江在政治、经济、文化和教育上都开创了独特局面。杭州光复,浙江军政府成立,参与筹建中华民国南京临时政府,七年的浙人治浙,等等,均为民国史的重要事件。特别是中华民国国民政府建立后,由于浙江籍的政治人物成为民国政府的最高领导人,形成了"蒋家(蒋介石)天下陈家(陈果夫、陈立夫)党"以及"国民党半个中央在浙江"的局面,浙江在全国的地位凸显出来。政务方面,浙江在政府运作系统、行政区划、县政建设的均有独到之处;经济方面,"宁波帮""江浙财团"崛起,工商金融业有长足发展;浙江的文化和教育也在全国独领风骚。我在《浙江通史·总论》中开出了一大批具有全国乃至世界影响的浙籍政治家、军事家、实业家以及教育界、文化界的名录。这些人都将收入民国史,有的要单独立传。对他们的资料要搜集,对他们的作为与贡献要研究。编纂民国史启动之时,浙江史学界应有所作为,再也不能出现编纂清史之尴尬情景。

浙江民国浙江史研究中心,有计划、有组织地开展民国浙江史研究,取得了丰硕成果,一是整理出版《民国文献资料丛编》,二是开展专题研究,出版《民国浙江研究丛书》。建议还要加强民国浙江人物资料的搜集整理与研究,耄耋老人寄希望于在座各位。

十年"磨"一鉴

——在《杭州通鉴》首发座谈会上的发言

作为一部极具权威的全面、系统、翔实记录杭州 8000 年文明史,5000 年建城史的《杭州通鉴》,今天首发,终于与广大读者见面。从 2005 年 7 月启动到 2014 年 12 月首发,杭州市委和政府的历任领导,矢志不渝,30 多位年富力强的专家学者花费 10 年的金色年华,完成 393 万余字的《杭州通鉴》的编撰,称得上"十年'磨'一鉴"。

《杭州通鉴》是杭州有史以来的第一部通鉴。据骆寄平先生统计,杭州现有见于著录的历代地方志 360 多种,其中府、县志 180 多种。方志,"方者,地域也","志者,记述也"。方志集一地资料之大成,纵贯古今,横及百科。方志毕竟是记述一个地方的资料性工具书。"通鉴"的"通",则贯通,由此端至彼端,中无阻隔,有通顺、通达、通盘陈述的含义。在历史编纂学上有通史、通典、通考等等。"鉴"是古代器名,古时没有镜子,古人盛水于鉴,用来照影。战国以后制作青铜镜照影,铜镜也称作鉴,以后引申为审察,儆诫或教训。北宋司马光撰写《历代君臣事迹》,宋神宗以其"鉴于往事,有资于治道",命名为《资治通鉴》。《杭州通鉴》从"建德人"、"萧山跨湖桥文化"、良渚文化、南宋都城、杭州解放一直到 2005 年的杭州绕城高速公路建设等大事,要事融于一书,彰显要领,铭鉴古今,不仅为历史研究者提供系统而完备的资料,亦为后人引发"存史、资政、教化"的功能。

　　《杭州通鉴》的一稿、二稿我都拜读了，特别是对第三稿，花费了 2011 年的整个冬季，认真而仔细地研读了，写下了读后记。本月 22 日，执行主编之一的方健先生送来正式出版的《杭州通鉴》，又花一周时间阅读。其感受是八个字：博得其要，真实可信。

　　《杭州通鉴》的问世，是杭州市党政领导持续重视和众多部门的不懈支持、积极配合的结果。其间不少专家学者提供资料，不吝赐教。有志于斯的编撰人员，经年累月，不顾酷暑严寒，奔走于档案馆、图书馆和杭州市各地、各部门，埋头于书斋斗室之中，其中的辛勤和心血凝聚在 393 万字的字里行间。功夫不负有心人，终于圆满完成了编撰任务。《杭州通鉴》的出版发行，实为杭州市德政之一章，文化之盛事。对此，我作为老一辈史学工作者，向领导、同仁和编撰人员谨致以深切的感谢和深情的敬意。

《浙江通史》首发式上的讲话

时光是不能往后看的,仿佛并非很久,其实已经很久。《浙江通史》列为浙江省哲学社会科学的重大课题,仿佛还是昨日之事,当《浙江通史》正式出版与读者见面的今天,回头一看,已有 10 个年头了。1996 年酝酿组织力量编纂多卷本的《浙江通史》,1997 年 2 月我向浙江省社科规划办提出申报。经浙江省哲学社会科学规划领导小组批准,于 1997 年 8 月 29 日,正式公布为省社科五项重大课题之一。我与时任浙江省社科院历史研究所所长的陈剩勇教授商定的多卷本《浙江通史》,上起于建德人时期,下至 1949 年中华人民共和国成立,全书共分 12 卷。各卷分别为:史前、先秦、秦汉六朝、隋唐五代、宋代、元代、明代、清代(上中下)、民国(上下)。《浙江通史》的定位,是一部学术著作,《浙江通史》的编纂思路可用三句话概括。

一是阐述和展示"建德人"以来浙江文化的丰富内涵和文明的辉煌成就。

二是阐述和展示"建德人"以来浙江人的生活,进步和社会变迁的过程。

三是阐述和展示自古以来浙江这块土地的开发、利用及其演变过程。

突出环境、人、社会、文化诸因素,努力写成一部浙江人的历史,一部浙江社会发展史,一部浙江土地开发和自然环境的演变史,一部浙江文化和文明的发展史。

体例、体裁没有采用纪传体和编年体,也没有采用纪事本末体,而按朝代分卷,采用章节体,每卷后有大事记,以补章节体编年之不足。在定位思路、体例,以及编纂中应注意的问题取得共识后,约请了我省对浙江历史素有研究的 15 位专家学者承担了《浙江通史》的研究与撰写任务。以历史唯物主义为指导、坚持求是求真的原则,经过多年的搜集资料,潜心研究,广泛地吸收了学术界的成果,写出了 580 余万字的《浙江通史》。这是一部史料翔实、述论结合、文字流畅的高品位的学术著作。

当 12 卷本撰写大纲初稿出来后,于 1997 年底,召开了专家咨询会议,出席这次会议的有我省著名学者沈善洪教授、毛昭晰教授、孙达人教授、沈文倬教授、徐规教授、陈桥驿教授、魏桥研究员、黄时鉴教授、陈学文研究员、董楚平研究员、杨树标教授、梁太济教授,审议了《浙江通史》的编撰思路和 12 卷撰写大纲。初稿出来后,又聘请 2 到 3 位专家,对每一卷进行审读。根据反馈的意见,由作者进行修改。各卷完稿后,由主编进行统稿。目前出版的《浙江通史》可以说是少长咸集,集体智慧的结晶。

为了加强对《浙江通史》编纂工作的指导,保证编纂任务的圆满完成,中共浙江省委、浙江省政府决定成立《浙江通史》编纂工作指导委员会,省委副书记刘枫任主任,省委常委、宣传部部长梁平波、副省长张志纯任副主任,并由省委宣传部副部长、省社科院党委书记侯玉琪任指导委员会办公室主任。为撰写《浙江通史》,浙江省社科规划办、浙江社科院、原杭州大学、浙江省图书馆、省档案馆、浙江人民出版社都给予了大力支持,因此《浙江通史》是我省实施建设文化大省战略的一项重大成果。在此,我代表课题组的成员向关心与支持《浙江通史》撰写出版的各位领导、各位专家学者,表示衷心的感谢。

《浙江通史》12 卷本的出版与发行,是浙江史学工作者的一大成果，可喜可贺。但是浙江史学工作者仍任重而道远。《浙江通史》12卷本，只写到中华人民共和国成立。新中国成立半个多世纪了，新中国成立后50多年的浙江历史，亦应有人去汇集史料，进行研究，当时机成熟时，要组织力量再写一部当代浙江通史。浙江史学界研究当代史的力量很弱，浙江大学也只有一二个人，且忙于教学。研究中共党史的人不少，但是这支队伍的知识面有待拓宽，文化素养有待提高。撰写当代浙江史，和《浙江通史》一样，要突出人与社会、环境与开发、文化及文明成就的关系。

在此，我讲一点研究民国浙江史的想法。

2003年初，中共中央、国务院批准将编纂清史列入国家重点项目工程，这对于历史学界来讲是一个振奋人心的消息。国家投入近10亿的资金来编纂一部3200万字的《清史》。目前已进入攻坚阶段。我参加了几次会议，讨论清史编纂的指导思想、体例、体裁与编纂大纲。但是浙江没有人参与承担《清史》编写任务，不是不愿承担，而是无力承担。这对浙江史学界来说并不是件体面事。

清史工程启动后，民国史研究的专家学者两次聚会于南京大学中华民国史研究中心，举办了中华民国史研究高层论坛，商讨编修中华民国史的准备事宜，并向国家领导人递交了《关于开展编纂〈中华民国史〉筹备工作的建议书》。

"后朝修前朝之史"乃是中华文化的优良传统。古往今来，中国的正史已经修纂了25部。中华民国结束50多年后，其正史尚未官修。早在1956、1961、1971年，周恩来、董必武等多次提出编纂中华民国史。由于多种原因，未能组织力量编修。我想编纂清史进入一定阶段以后，编纂中华民国史一定会列入国家重点工程项目。到此项目启动时，浙江史学界再也不能出现编纂清史工程时的被动、尴尬局面。

民国时期的浙江，我们在《浙江通史》总论中写了。当时浙江在经济、政治和文化上造就了空前的事业。推翻清王朝,创建中华民国,浙江作出了杰出贡献。"浙江治浙"和北洋势力直接执掌浙江时期,浙江和浙人对中国工商业发展最具影响的"宁波商帮""浙江财团"崛起,浙江经济、文化教育长足发展。南京国民政府建立后,浙籍军政人物成为中华民国国民政府的最高领导人,形成了"蒋家(蒋介石)天下陈家(陈果夫、陈立夫)党"以及"国民党半个中央在浙江"的局面,浙江在全国的地位凸显出来。在蒋介石权力不断上升的过程中,国民党统治的强化中,国民政府的组建中,浙江籍的国民党元老、金融巨头甚至帮会骨干都有他们的特殊作为。浙江在政治上被置于国民政府的绝对控制之下,在经济建设方面领全国之先,在教育与文化方面在全国独领风骚。在经世致用,实事求是和追求真知的学风浸润下,一大批较早觉醒的浙江仁人志士熔铸古今,会通中西,既重视泰西之学,也重视中国传统文化,既注意倡导新学,也不笼统摒弃旧学,可以说是古今中外、兼容并包,随时代变化与时俱进,开创了民国时期浙江在政治、经济、文化和教育上的独特局面。

可喜的是不久前,经省委批准成立了中华民国浙江史研究中心。我想当务之急是应引进民国史研究专家,建立起一支民国史研究队伍,开展民国史资料的搜集与整理。中华民国档案浩如烟海,主要收藏于南京中国第二历史档案馆。近日二档馆馆长来浙江,他们可以提供浙江的档案,数量很大。民国浙江史研究中心先把这批资料整理出版,出它50—100册;此外选择既是浙江又是关涉全国的若干课题,进行研究,出版专题研究成果。当编修中华民国史重大工程启动之时,浙江史学界不但要有人参与,还要承担一部分编修任务。

"历史是画了句号的过去,历史学却是永无止境的远航",愿浙江史学界为繁荣浙江史学共同努力，为建设浙江文化大省添砖加瓦。

2006 年 6 月 21 日

开幕词
——浙江省中学历史教学研究会换届年会暨吴高泮教学艺术研讨会

　　浙江省中学历史教学研究会换届年会暨吴高泮教学艺术研讨会在新崛起的国际商贸城义乌举行。我代表中学历史教学研究会向来自全省各地教学第一线的史学工作者表示欢迎。对义乌市各级领导、义乌中学对本次会议的支持表示衷心的感谢。

　　在浙江，有着悠久的史学传统，也有一支人数众多，并已取得丰硕成果的史学工作者队伍。这支队伍大部分散在全省各中学里，很需要有一个团体来加强彼此间的联系，对大家共同关心的问题展开一些活动。浙江省中学历史教学研究会就是在中学界的史学工作者的群众性的学术团体。

　　应该说，浙江中学历史教学研究会有一个很好的传统。这个传统就是提倡严谨平实的治学态度，坚持以现代教育思想指导中学历史教学改革，在历史教学中推进素质教育，以人的发展为本，扎扎实实提高历史教学质量，在学会内部形成和谐、团结、合作的良好氛围。希望通过这次会议，继续弘扬这个传统。

　　本次会议的内容，主要有三个方面，一是回顾与总结五年来的学会工作，进行理事会换届，部署今后的工作；二是举行吴高泮老师教学艺术研讨以及组织教学示范课；三是研讨历史考试测量改革。浙江省中学历史教学研究会自成立以来，举办过多次的教学示范课。中学历史教学研讨、历史研究成果评奖、中学生历史知识竞赛等活动。本次年会期间将举办吴高洋老师教学艺术研讨,这是学会成立以来的第一次,也是一次"格调品级"较高的学术活动。韩愈在《师说》中讲,"古之学者必有师。师者,所以传道、授业、解惑也。"讲的是教师的职责。凡教师,均担当此重任,但是教学的效果不一样,教学质量的高下相距甚远。何以如此,源于教学艺术的水准不一样。教学与艺术的关系犹如写字与书法、说话与演唱。非文盲,都会写字,但称不上书法。书法就是一种艺术,古有王羲之、柳公权、颜真卿、董其昌等,近有吴昌硕、郭沫若、启功、沙孟海等,他们是艺术大师。非哑巴都会讲话,这只是语言交流。朗诵、演唱就不一样,有各种唱法的歌曲,有各种剧种的戏曲,如京剧、越剧、金华地区的婺剧、义乌的道情等。每个剧种中有各种流派,均有艺术大师。他们的演唱,使听众得到艺术的享受,得到人生的启迪。在中学历史教学中,也应具有高超教学艺术的教师。吴高洋学习时,勤学善悟,品学兼优,大学毕业时被分配到浙江师范大学任教。那时还是计划经济时代,毕业生是统一分配的。初步分配方案定下,我征求高洋的意见,他反映了家庭的实际困难,提出一是回家乡工作;二是到中学任教。就这样他回到老家义乌中学担任历史教学工作至今。20多年来,他将历史教学视作一种情趣爱好,把握住历史学的真谛。历史学是一门认识社会和修身、齐家、平天下的学科。他在教学中除讲清历史现象的来龙去脉外,还准确地表述历史概念,探讨复杂的历史现象背后的深层原因,总结历史的经验与教训,从而使学生获得智慧,得到启迪。他的教学深受学生们欢迎。我想通过研讨他的中学历史教学艺术,一定会使与会者得到启发,一定会促进全省历史教学的改革和课程建设,从而提高中学历史教学的质量。我省还有很多像吴高洋这样的老师。浙江省教坛新秀、浙江省历史优质课评比一等奖获得者朱可最近出版他的中学历史教学论,书名是《行走在历史与现实之间》。浙江省历史教学研究会副会长兼秘书长周百鸣，也将他从事中学历史教学的研究心得与调研报告，汇编成集，定名为《品味历史　品味教学》。我为上述两书写了序文，也品味到历史的价值与史学工作者、中学史学教学工作者的情趣与艰辛。历史是一门感人的学科，历史教学在培养人、塑造人方面有着不可取代的价值。以后学会还可组织这方面的评论活动。

预祝大会圆满成功。谢谢大家。

2005 年 12 月 2 日于义乌市

随感三则

——出席中日战争与战争遗留问题学术研讨会有感

一

为进一步推进与深化中日战争史研究,《抗日战争研究》编辑部、《民国档案》编辑部与杭州师范学院中国近代史研究所联合主办中日战争与战争遗留问题学术研讨会,是很有意义的。会议的名称很好,中日战争史的研究要深化、拓展,不但研究中日战争史,而且把战争遗留问题凸显出来,提到学术层次上来加以调查与研究。之所以说很必要,一是今年离抗日战争胜利已经有六十个年头了,但是战争遗留下来的诸多问题至今没有得到解决,还不断发现新问题。二是自 20 世纪 30 年代始,日寇铁蹄蹂躏长城内外,大江南北,所到之处暴行累累。作为战争受害的一方,有理由得到历史的公正的对待与精神的、经济的赔偿。三是这一段血泪斑斑的历史,20 世纪 40 年以后出生的人已知之甚少了。只有把中日战争的历史搞清楚,才能使战争遗留问题得到公正解决,牢牢记住这段历史,记住这一段历史凝积的教训,对世界上所有的人都有意义,尤其是日本人。

二

在世界列强侵华战争中,日本给中华民族带来的灾难最为深重。它不断地发动侵略战争,宰割我国土,欺凌我民族,把烧、杀、淫、掠强加在中国人民头上。就近代史讲,1874 年 5 月 6 日日本政府借口台湾杀死琉球船民事,企图侵占台湾。6 月 2 日,日军三路进攻台湾。10 月 31 日,中日议定《北京条约》,日军虽然退兵,但中国赔偿所谓的"抚恤""建路、建房"银 50 万两。1879 年 3 月30 日,日本侵占琉球,废琉球国王,改为冲绳县。1894—1895 年的中日甲午战争,其结果是于 1895 年 4 月 17 日中日签订《马关条约》,割让台湾,赔偿日本军费二万万两,开沙市、重庆、苏州、杭州为通商口岸,日本臣民在中国通商口岸城邑任便设立工厂、输入机器,只交所订进口税,日本在华制造的一切物品得免征各项杂税。《马关条约》的签订,适应了列强对中国进行资本输出的要求,大大加深了中国的半殖民地化和中华民族危机。通过甲午战争从中国掠取的财物及赔款,成为日本走向现代化的契机与资本。日本经济的繁荣含有中国人民的血和泪。

从九一八事变开始,东北地区遭受了长达 14 年的侵占,从七七事变开始,我们国家遭受了长达 8 年的空前浩劫,从 1937 年 11月 5 日,日军在杭州湾登陆开始,杭嘉湖平原陷入敌手也达 8 年之久。1941 年日军发动了宁波战役,1942 年的浙赣战役使杭甬线、浙赣铁路两侧大片国土沦丧,侵略者铁蹄践踏了几乎整个浙江。乔司大屠杀,被害平民 1600 余人,烧毁房屋 2000 余间,葬有千人尸骨的余杭乔司镇的戊寅公墓至今尚存,富阳宋殿村一个村就有370 余人惨死在日本鬼子的屠刀下,剃头的陈家 9 人中 8 人被鬼子刺死,至今宋殿村还存"千人坑"遗址。桐乡乌镇发生死难者达50余人之惨案,噩耗传来,哭声遍于邻里,哀嚎震彻四栅。日寇在浙江举起屠刀,刺杀浙江平民的同时,大肆掠取钱财,垄断工矿业,疯狂掠夺萤石、生丝等重要生产资料,到处搜刮民脂民膏。日军在侵华战争中,还进行残酷的生物化学战。1941年到1942年,日军的细菌部队多次在衢州、宁波、金华等地散布细菌,进行灭绝人性的细菌战。为了汲取历史的经验教训,需要认真地、深入地研究旧中国被欺凌、被侮辱的历史,特别是日本帝国主义强加在中国人民头上的侵略战争史。

日本至今亡我之心不死,企图复辟军国主义,觊觎中国的土地和资源。中日世世代代友好下去,这是中国人的善良愿望。只有侵略者得到真正惩罚,使其低头认罪,战争遗留问题得到公正的、合理的解决,才能有中日世代友好的可能。

三

中日战争遗留问题,过去了半个多世纪,为什么仍得不到公正合理的解决,是值得深思的问题。胜利的一方,理应得到战争赔偿。中国政府在抗日战争中,就公布了《抗战损失调查办法》《查报须知》,1944年2月,行政院成立了抗战损失调查委员会,调查从1931年9月以后因日本的入侵中国所蒙受的直接和间接损失,以备向日本要求赔偿。特别是抗战胜利时,抗战损失调查委员会改称赔偿委员会,更加紧了此项工作。1947年5月中国政府统计中国在抗战时期所蒙受损失为:公私财产直接损失311余亿美元,间接损失204余亿美元,军费损失41亿余美元,军民总伤亡1278万余人。这是第一次以官方名义公布的战争损失,当然很不完整。

浙江省沦陷县份、战区县份均在 1946、1947、1948 年先后填报了因战争遭受的损失,未必包括在第一次官方公布报告之中。抗战胜利后,解放战争爆发,对日索赔工作被延误了。国共两党斗争的结果,美国扶植日本来制约苏联与新中国,战争赔偿问题搁浅。海峡两岸的领导人出于各自利益,放弃了对日索赔。国家赔偿可由政府宣布索取或放弃,民间赔偿也无权代表,只能由受害者来决定。从 20 世纪 80 年代开始,日军细菌战的受害者奔波了 10 余年,其艰辛可想而知。王选女士搜集证据,跑了多少地方,拿起法律武器,从 1997 年提起诉讼,至今已持续了七年。她的活动,影响广泛,社会反响强烈,意义重大,让公众了解事实真相,向世界传达了中国受害者的声音,但是要达到日本政府向细菌战受害者谢罪、赔偿的诉求还遥遥无期。台湾老兵为公正待遇向日本政府提出诉求,要求与日本侵华军中的日本人同样待遇,半个世纪了,也未得到解决。还有中国劳工问题、慰安妇问题等民间索赔,亦未能如愿。为什么呢? 其原因,东京地方法院在 2002 年 8 月 27 日对细菌战受害者诉讼的判决已经说明,东京法院承认由日军 731 部队等实施细菌战,造成众多中国居民死亡。但根据国际法,个人不能向国家索取赔偿,因此不支持原告团的诉求。中日民间诉讼必须转为政府行为,由中国政府出面向日本政府提出索赔。

2004 年 4 月 22 日于杭州颐景园寓所

让世人牢记这段历史

——在《日寇入侵浙江旧影录》首发式上的讲话

在纪念中国人民抗日战争暨世界反法西斯战争胜利 60 周年的时刻，汪力成主编、赵大川编著的《日寇入侵浙江旧影录》，由杭州出版社出版发行。本书以日寇随军记者的摄影图片为主，并搜集了近年出版的一些图片资料，客观再现第二次世界大战期间日寇入侵浙江的过程和罪恶行径。《支那历史画报》《半岛部队纪念册》《圣战纪念写真帖》《浙赣作战胜利的记录》《第十三军浙赣战记》等等，这些当年日军鼓吹侵华战争的图片，今天成为其侵略中国的罪证。《旧影录》的出版，就是要让全世界的人都知道日本侵略的历史，要让全世界的人牢记这段历史。此书出版的意义在于：一是警告日本政府和日本人，不要篡改历史。《日寇入侵浙江旧影录》就是日本侵略中国罪证的一部分。妄图通过篡改教科书等行径以掩盖其罪证，是枉然的。二是告诉中国人，不要忘记历史。国弱遭人侵侮与掠夺，只有奋发图强才能屹立于世界民族之林。三是昭告天下，日本在第二次世界大战期间侵略中国、侵略东南亚诸国，偷袭珍珠港，等等，给世界人民带来了灾难，世界要和平，不要战争。

世界资本帝国主义国家从 19 世纪 40 年代开始，以战争的手段侵略中国，接着从经济、政治、军事以及文化各个领域不断地一次又一次地发动侵略，给中国人民带来了灾难。但是，给中华民族制造最深重灾难的是日本。

　　从 1871 年中日邦交建立以后,日本单独或伙同其他列强发动了几次对中国的侵略战争:1874 年侵台战争、1894 年甲午战争、1904 年八国联军侵华战争、1931—1945 年的中日战争。在这几次战争中,中国一次不战而屈(日本出兵侵占台湾,结果是日本退兵,中国赔偿日本 50 万两白银,这为 1879 年日本吞并琉球,改琉球为冲绳县作了铺垫),两次以失败告终(甲午战争,中国向日本赔款 2 万万两,日本还侵占了我国台湾;在八国联军侵华中,日本充当了更为可耻的角色,22000 多日军成为进攻天津和北京的主力军,不但残酷地杀戮中国人民,而且大肆抢劫。抢劫所得的 7 万两给侵华日军,66 万两给日本中央金库,其余则归陆军省支配。在中国支付的 45000 万两的赔款中,日本得到了 75844689.28 海关两),只有一次成为战胜国(1931—1945 年的中日战争)。中国在 1945 年击败日本后,虽拥有了战胜国的身份,却并未享有过战胜国的尊严,结果是在战争结束 27 年以后,才最终了结了日本的战争赔偿问题——对日分文未取。

　　中华民族到底该用什么样的心态面对日本。中华民族是个非常重传统的民族,对日本始终是采取以德报怨的态度。但是这种以德报怨的态度换来了什么? 日本是一个多次侵略别人而一直不以为耻辱的国家和民族。同为第二次世界大战的德国法西斯,曾经给欧洲、非洲大陆造成巨大灾难、滥杀了成千上万无辜百姓,德国政府至今还向全世界人民真诚地忏悔,他们希望得到全世界人民的原谅,希望德国人永远记住这罪恶的一幕。而日本呢? 这个曾经给中国、东南亚甚至全世界造成灾难的日本,却一直不肯承认侵略过别国的历史,甚至冒天下之大不韪,公然歪曲和篡改历史,从来就没有从内心表示过歉意。

　　日本是依靠侵略中国获取巨额赔款而走上近代化道路的。随着经济的发展,日本越来越富有。有不少日本人又做起了经济、军事大国的美梦，妄想成为联合国安理会常任理事国。日本人的美梦对中国和其他亚洲国家来说则是噩梦。虽然从1947年5月起实施的日本新宪法明文规定日本不得拥有军队，永远放弃战争手段。但事实上日本则打着自卫的旗号，不断地扩充其军事实力、军费逐步增长，2003年还派兵去伊拉克。日本新宪法徒具空文。从中共十一届三中全会以来，中国政治稳定、经济高速增长，综合国力不断增强。日本人认为中国对它造成了威胁，中国的强大威胁它什么呢？无非是妨碍它实现"大东亚共荣"的美梦。

日本军国主义的幽灵多年来始终在亚洲上空游荡。日本右翼势力的动向实在使饱受日本侵略之苦的中国人担忧。正如汪力成先生说，在此情境下，"我们有责任将其真实的历史从头，再次展现在人们面前，进一步提醒国人，提醒世人'莫忘历史'，再次警告日本军国主义'历史不容篡改'"。

汪力成先生是大陆商界的风云人物、企业家，赵大川也是浙江省优秀的农业企业家，他们都是一个民族和国家情结十分厚重的人，创业之际，致力文化事业。赵大川先生在王水福先生、汪力成先生等支持下，出版了《图说首届西湖博览会》《龙井茶图考》《图说晚清民国茶马古道》《西湖风情画》《径山茶图考》等著作。他穷尽20年心血，收藏了日军侵华期间出版的画版、图册、纪念册等，在汪力成先生的策划与支持下，编著了《日寇入侵浙江旧影录》一书，以纪念中国人民抗日战争暨世界反法西斯战争胜利60周年，这是份厚礼。

七七事变纪念日的前几天，赵大川先生送来了《日寇入侵浙江旧影录》一书。翻阅全书，怦然心动，思绪万千。我出生在日本侵华的一·二八事变以后，我的童年就是在日寇侵华枪炮声中，在日本飞机的轰炸下度过的。我目睹过日机的空中轰炸，也亲见过被日军炸成一片的废墟。回忆往事，历历在目。感慨之余，写下了以上文字。

　　还想再说一句,"双鬓向人无再青"(陆游诗),有价值的成果是常"青"的。作为专业的史学工作者,我做得太少、太少,而作为业余史学工作者的赵大川先生却做了许多、许多。在此,向他们祝贺,向他们致敬!

2005 年 7 月 5 日于杭州颐景园兰苑

图书在版编目（CIP）数据

重阳文存 / 金普森著. -- 杭州：浙江大学出版社，2024.8

ISBN 978-7-308-25045-0

Ⅰ. ①重… Ⅱ. ①金… Ⅲ. ①史学－中国－文集 Ⅳ. ①K207-53

中国国家版本馆 CIP 数据核字(2024)第 106376 号

重阳文存

CHONGYANG WENCUN

金普森　著

责任编辑	蔡　帆
责任校对	潘丕秀
封面设计	周　灵
出版发行	浙江大学出版社
	（杭州市天目山路 148 号　邮政编码 310007）
	（网址：http://www.zjupress.com）
排　　版	杭州好友排版工作室
印　　刷	浙江海虹彩色印务有限公司
开　　本	880mm×1230mm　1/32
印　　张	15.25
字　　数	369 千
版 印 次	2024 年 8 月第 1 版　2024 年 8 月第 1 次印刷
书　　号	ISBN 978-7-308-25045-0
定　　价	168.00 元(二册)